概论  民商法

（上册）

AN INTRODUCTION
TO CIVIL
AND
COMMERCIAL LAW

贺东山　许中缘　龚　博◎主编 ▶▶▶

中南大学出版社
www.csupress.com.cn
·长 沙·

图书在版编目(CIP)数据

民商法概论 / 贺东山,许中缘,龚博主编. --长沙:
中南大学出版社,2025.6. --ISBN 978-7-5487-6132-7

Ⅰ. D923

中国国家版本馆 CIP 数据核字第 20258SK314 号

民商法概论
MINSHANGFA GAILUN

贺东山　许中缘　龚博　主编

□出 版 人	林绵优	
□责任编辑	沈常阳	
□责任印制	唐　曦	
□出版发行	中南大学出版社	
	社址:长沙市麓山南路	邮编:410083
	发行科电话:0731-88876770	传真:0731-88710482
□印　　装	广东虎彩云印刷有限公司	

□开　　本	787 mm×1092 mm 1/16	□印张 36.75	□字数 916 千字
□版　　次	2025 年 6 月第 1 版	□印次 2025 年 6 月第 1 次印刷	
□书　　号	ISBN 978-7-5487-6132-7		
□两册定价	108.00 元		

图书出现印装问题,请与经销商调换

编写组 /

主 编

贺东山，男，湖南长沙人，法学博士，中南大学法学院副教授，长期从事民商法领域的研究，承担法学专业基础课和核心课的教学工作，兼任湖南省法学会工程法学研究会理事，武汉大学劳动和社会保障法研究中心访问学者。公开发表论文20余篇，CSSCI论文主要有《我国反就业歧视立法发展进程中的缺失及完善路径》《弱势群体法律保护国外之特色与我国之途径》《试论残疾人就业法律保护机制的改进》。教改论文《信息技术在课堂教学中的应用——以培养实践能力的真实场景为视角》。出版专著《新法律环境中的弱势群体就业权保护研究》。主编研究生教材《劳动关系管理专题研究》，参编本科生教材《民法学》《商法学》。主持中央高校基金项目"新法律环境中的弱势群体就业权保护研究"；中国法学会部级项目"非正规就业群体合法权益法律保护研究"；湖南省教育科学"十三五"规划课题"新时代城乡新增就业群体教育扶贫与促进平等就业研究"。参与多项国家社科基金重大招标项目、国家社科基金青年项目以及教育部后期资助重点项目。多次荣获教学类竞赛优秀奖、985高校教材建设和省级教改项目立项。

龚博，女，湖南长沙人，英国DURHAM大学法学博士，华东政法大学博士后，中南大学法学院副教授、硕士研究生导师，兼任中国法学会商法学研究会理事，湖南省法学会民商法研究会常务理事、副秘书长，湖南省法学会家事法学研究会常务理事。长期从事商法研究，曾主持国家社科基金后期项目"国有公共企业治理法律问题研究"，教育部人文社科项目"股利分配请求权救济制度研究""公司资本流出法律制度的革新研究"等多项国家级、省部级社科项目，在《法学》《法学评论》等法学核心期刊上发表多篇专业论文。

1

主要成员

匡凯，男，湖南湘潭人，法学博士，社会学联合培养博士，中南大学法学院副教授、硕士研究生导师，主要研究领域为民法学、法社会学。主持国家社科基金青年项目"基于裁判文书的民事二审法官裁判影响因素实证研究"，湖南省社科重点项目"中外土地征收制度的资料整理与比较研究"，参与其他课题若干项。在 *law and Policy*、*European Journal of Criminal Policy and Research*、*Australian & New Zealand Journal of Criminology*、*China：An International Journal*、《光明日报(理论版)》等国内外核心学术期刊上发表论文 10 余篇，出版专著《民法科学性的历史演进与现实回应》，参与译著两部。

陈范宏，别名陈中勋，男，湖南安化人，中南大学法学院副教授、硕士研究生导师，中国政法大学民商法学博士，中国政法大学-美国加州大学伯克利分校联合培养博士，俄亥俄州立大学、意大利博洛尼亚大学访问学者。主要研究领域为民商法学、商业特许经营、近代宪法史。出版专著《显失公平规范研究》(国家社科基金优秀博士论文)、《论遗嘱自由之限制》，并在《比较法研究》《暨南学报》《北大法律评论》《中国政法大学学报》及 *The Journal of World Intellectual Property* 等期刊发表论文 20 余篇。主持国家社科基金青年项目、国家社科基金优秀博士论文项目、广州市哲学社科"十四五"规划一般课题、广州市哲学社科"十三五"规划青年课题、中国民法学研究会青年学者研究课题各 1 项。参加国家社科基金重点课题、一般课题、青年课题各 1 项。曾获 2022 年"佟柔民商法发展基金青年优秀研究成果奖"、第十四届江平民商法奖学金、2017—2018 年度中国政法大学优秀博士论文奖，连续三年获教育部"博士研究生国家奖学金"等荣誉。

范沁宁，女，福建南平人，中南大学法学院讲师。在《武汉大学学报(哲学社会科学版)》《重庆大学学报(社会科学版)》《商业研究》等核心期刊上发表学术论文多篇。主持省部级课题 2 项，参与国家重大课题 2 项，参与省部级、市级、校级课题多项。

夏沁，女，湖南常德人，中国人民大学法学院博士后，中南大学法学院副教授、硕士研究生导师、法学院学术发展中心主任、土地法制研究中心执行主任，入选中南大学升华学者优青岗。荷兰马斯特里赫特大学法学院、德国汉堡大学私法研究所访问学者。曾获中国法学会民法学研究会 2021 年"佟柔民商法发展基金青年优秀研究成果奖"、湖南省法学会民商法研究会 2022—2023 年年会"通程律师事务所青年学术基金"优秀论文奖一等奖、湖南省优秀博士论文奖等荣誉。在《法学家》《清华法学》《农业经济问题》等核心学术期刊发表论文 20 余篇，多篇被人大复印资料转载。主持国家社科基金后期资助项目"物上之债制度研究"、湖南省社会科学成果评审委员会一般资助项目等。

谢冰清，女，中南大学法学院副教授，硕士研究生导师；中国社会法学研究会理事，中国保险法学研究会理事，中国法学期刊研究会理事，湖南省法学会社会法学研究会副会长，湖南省医疗保障研究会专家委员会委员，湖南省医疗保障研究会长期护理保险专业委员会常务委员。主持、参与国家社科基金项目、司法部课题等多项科研项目，课题成果多次获得省部级领导批示。在《法学家》《法商研究》《环球法律评论》等法学核心期刊上公开发表论文 20 余篇。出版专著 2 部。曾多次参与立法修订专家咨询会，并参与多部法律条文的起草。

总编（兼主编）

许中缘，男，中南大学二级教授，博士生导师，法学院院长，获国务院政府特殊津贴，国家"万人计划"领军人才等。兼任中国法学教育研究会常务理事，中国法学会民法学研究会常务理事，湖南省法学会副会长，湖南省人民政府学位委员会第六届学科评议组法学组委员，湖南省马克思主义理论与法学类专业教学指导委员会副主任委员，中南大学人文社会科学教学指导委员会主任委员，国家社科基金重大项目"习近平总书记关于民法典重要论述的学理阐释及实践研究"和"中外土地征收制度的资料整理与比较研究"首席专家。研究成果《商法的独特品格与我国民法典编纂》入选 2016 年度国家哲学社会科学成果文库。在《中国社会科学》《中国法学》《现代法学》《法商研究》《法学》《法律科学》《清华法学》《法学评论》《法学家》《法制与社会发展》《比较法研究》等法学核心期刊发表学术论文 100 余篇。出版《商法的独特品格与我国民法典编纂》、《民商合一视角下民法典分则的商事立法研究》、《体系化的民法与法学方法》、《民法强行性规范研究》、《民法总则原理》(21 世纪法学研究生教材)、《民法典体系化的哲学》等学术专著 8 部。

特约顾问

胡平仁，男，汉族，湖南省嘉禾县人，中国致公党党员，法学博士，中南大学法学院教授、博士研究生导师，曾兼任中国法学会法理学研究会常务理事、中国法学教育研究会理事、湖南省法学会法学理论研究会会长、湖南省社会学学会副会长、中国致公党第十五届中央委员会法治专业委员会委员、中国致公党湖南省委参政议政委员会副主任、中国致公党湘潭市委副主委，《湘江法律评论》第 7~10 卷主编。长期致力于法理学、法哲学、法社会学和法律传统领域的研究与教学，尤其是数十年如一日聚焦法理学的体系性创新。对法理学的独特视角、基本问题和法益分析方法，法律权力、法律接受和法律艺术(尤其是诉讼艺术)，法哲学的范围与品格，21 世纪法学研究新范式，法社会学的民间立场及思维方式，广播电视法治的核心理论等问题有原创性贡献，也是国内率先开展法律政策学研究的少数学者之一。

序言 /
Preface

　　民商法作为调整平等主体之间财产关系和人身关系的法律规范，其理论体系建立在人格尊严、私法自治、契约自由、诚实信用等基本原则之上。这些原则不仅是法律规范的核心要义，而且是市场经济运行的基本准则，强调个人意志的自由表达和自主决定，体现了法律对市场主体人格尊严和自由权利的尊重。在市场经济条件下，民商法通过确立物权制度、合同制度、侵权责任制度等，为市场主体的经济活动提供了明确的行为规范和权利保障。这种制度设计既维护了交易安全，又促进了经济效率，使市场机制能够在法治轨道上良性运行。因此，民商法不仅是社会主义市场经济法律体系的核心组成部分，更是构建法治社会、推进国家治理现代化的重要支撑。

　　现代民商法体系呈现出鲜明的时代特征。数字经济、金融创新等新兴领域的出现，对传统民商法理论提出了新的挑战。《中华人民共和国民法典》的颁布实施，标志着我国民商法体系进入了一个新的发展阶段，为市场经济法治化建设提供了更加完善的制度保障。在构建和谐社会、推进国家治理现代化的进程中，民商法将继续发挥其独特而重要的作用。

　　民商法专业人才的培养是法治建设的重要基础。面对日益复杂的市场经济环境和不断创新的商业模式，培养具有扎实理论基础和实践能力的民商法专业人才显得尤为重要。高等院校应当创新人才培养模式，注重理论与实践的结合，强化案例教学和实践训练，培养学生的法律思维和实务能力。

　　在这部《民商法概论》付梓之际，我们深感肩负着传承与创新的双重使命。本书的编写立足于中国法治建设的实践需求，着眼于培养具有现代法治理念的法律人才。在内容编排上，我们力求体系完整、重点突出；在理论阐述上，我们注重基础性、前沿性并重；在实践应用上，我们强调案例分析与规范解读相结合。全书以民法典为核心，涵盖物权、合同、人格权、婚姻家庭、继承、侵权责任等民事法律制度，以及公司、证

1

券、票据、破产、保险等商事法律制度，旨在为读者呈现一幅完整的民商法知识图谱。

在编写过程中，我们坚持理论与实践相结合，既注重理论体系的完整性，又突出实践问题的针对性；坚持传承与创新相统一，既尊重传统理论精髓，又反映最新立法成果和学术动态。我们反复研讨、数易其稿，力求在保证学术性的同时，增强可读性和实用性。当然，由于民商法体系庞大、内容繁杂，加之编者水平有限，书中难免存在疏漏之处，恳请广大读者批评指正。

民商法的学习是一个永无止境的过程。希望本书能够为广大法学学子打开民商法的大门，引导他们深入思考民商法的精髓，培养他们运用民商法解决实际问题的能力。更期待本书能够为推动中国民商法理论研究和实践发展贡献绵薄之力，为社会主义市场经济法治建设添砖加瓦。

是为序。

目录 / Contents

第三编　债权与合同法

第四编　人身权与继承法

第五编　侵权责任法

第六编　代理与民事诉讼时效

绪　论

　　民商法学既是法学的基础学科，又是一门实践性极强的应用学科，主要研究民商法的基本理论。通过本课程的学习，学生应系统了解和掌握民商法的基本理论、国内外民商法的发展与研究现状，以及我国民商法研究的前沿问题。在此基础上，学生应能知晓我国民商事法律制度中存在的问题与不足，并能就如何完善我国民商事法律制度提出自己的见解。

　　民商法概论属于法学专业必修课，同时也是法学专业核心课程之一。开设该课程的目的在于使学生系统全面掌握物权、债、合同、侵权责任、公司、破产、证券、票据、保险等方面的基础原理和理论知识，并具备基本的分析民商事法律关系与行为的能力，使学生既掌握民商法理论，又具备综合应用分析问题的能力。该课程为后续课程提供必要的理论知识和实践基础。通过本课程的学习，学生应掌握以下内容：民商法学的概念、调整对象、基本原则以及民商事法律关系的基本原理；物权变动与保护、所有权、用益物权、担保物权的性质；债的发生与类型、债的担保与消灭、合同的订立与履行、缔约过失责任与违约责任；人格权、身份权、继承法与遗产继承的特点；侵权行为与归责、一般侵权行为、特殊侵权行为、侵权责任与损害赔偿等知识。此外，学生还需了解并掌握自然人、法人、合伙等民事法律关系主体，以及物、行为等民商事法律关系客体的基本内容和诉讼时效的计算方法。同时，学生应掌握公司法律制度、破产法律制度、证券法律制度、票据法律制度、保险法律制度在商事活动中的实际应用；了解市场经济法律体系中的重要组织制度和交易制度，以及从事相关商事活动的方法、程序和规则。通过对上述内容的学习，学生应能够灵活运用民商法学的知识，分析社会实践中与民商法有关的案例和法律现象。

第一编

民法总论

第一章　民法概述

【导语】民法是调整平等主体之间人身关系和财产关系的法律，民法是私法并具有特殊性质。

【重点】民法的概念、民法的性质、民法的调整对象、民法的适用范围、民法的基本原则

第一节　民法的概念与性质

一、民法的概念

《中华人民共和国民法典》（简称《民法典》）第 2 条规定："民法调整平等主体的自然人、法人和非法人组织之间的人身关系和财产关系。"

（1）民法调整的人身关系是指与人身不可分离、以人身利益为内容、不直接体现财产利益的社会关系。人身关系包括人格关系和身份关系。人格关系是基于人格利益而发生的社会关系；身份关系则是以一定身份利益为内容的社会关系。

（2）民法调整的财产关系是平等主体之间以自愿为基础的具体的经济关系。以内容为标准，财产关系可以划分为静态的财产关系和动态的财产关系，即财产归属关系和财产流转关系。财产归属关系主要是指财产所有关系。财产流转关系包括货币借贷、货物运送、货物保管和知识产权转让等有偿财产流转关系，以及借用、赠与等无偿财产流转关系。

（一）民法的语源

据考证，私法意义上的"民法"一词源自日本学者对荷兰语"burgerlyk regt"的翻译。过去通说认为，民法一词源于罗马法中的市民法"juscivile"。

语源演化如下：juscivile（古罗马语）→burgerlyk regt（荷兰语）→民法（日语）→民法（中文）。

就语源而言，民法一词可以追溯到罗马市民法，即民法源于中世纪后期市民国家的市民法。

　　罗马在古代呈现为城邦结构，被理解为自由人参与城市生活和防卫的组织形式。为了巩固市民共同体，逐渐形成了适用于市民自己的市民法。随着罗马领域的逐渐扩大，市民法与万民法相互渗透和补充，共同构成了罗马私法体系的主要组成部分。

　　罗马法经历了从早期成文法到成熟法典编纂的演变历程。《十二表法》形成于公元前451年，是罗马第一部成文法，标志着罗马法的诞生。市民法，又称公民法，形成于公元前3世纪中叶，指适用于罗马公民的法律体系。万民法，形成于公元前3世纪至公元前1世纪中叶，适用于罗马帝国统治范围内的所有人。《民法大全》（又称《罗马法大全》或《国法大全》），由以下四部分组成：《查士丁尼法典》（世界第一部完备的奴隶制法典）、《法学阶梯》、《学说汇纂》、《新律》。从《十二表法》到《民法大全》，罗马法逐步形成了系统化的法律体系，奠定了现代民法的基础。

（二）形式意义上的民法

　　形式意义上的民法是指民法典。民法典是指按照一定的体系结构将各项基本的民事法律制度加以系统编纂从而形成的基本民事法律。

　　在大陆法系各国，具有代表性的民法典编纂体系主要有罗马式与德国式两种。

　　罗马式是由罗马法学家盖尤斯（Gaius）在《法学阶梯》（*Institutiones*）一书中提出的。查士丁尼在编制法律时采用了这种形式，即将民法分为人法、物法和诉讼法。《法国民法典》沿用了这一形式，将民法典分为"人法""财产法""财产权取得法"三编。

　　德国式是《罗马法大全》《学说汇纂》中采用的体例，是潘德克顿学派（Pandektae）在注释罗马法特别是在对《学说汇纂》进行解释的基础上形成的。该体系将民法典分为五编：总则、债权、物权、亲属、继承。首先确定了总则，规定了民法共同的制度和规则，然后区分了债权和物权，区分了财产法和身份法，把继承单列一编，从而形成了完整、明晰的体系。

　　大陆法系国家大多采用了德国式民法典体系。

（三）实质意义上的民法

　　实质意义上的民法是指所有调整民事关系的法律规范的总称，包括民法典和其他民事法律、法规。比如，在我国制定颁布《民法典》之前，已有作为民事基本法的《民法总则》《合同法》《物权法》《担保法》，以及大量单行民事法律和法规，因此，我国实质意义上的民法在《民法典》制定颁布之前就一直存在。

二、民法的性质

　　我国民法以权利为本位，这是以人为本理念在法律上的体现。

　　民事权利是人们进行生产、交换以及保障生活的基本权利，民法是法治的基础，是国家法律文明程度的重要标志。

　　民法的基本任务是确认和保护民事权利，以权利为本位是发挥民法功能的核心所在。

（一）民法的私法性

　　利益说，根据法律保护的利益涉及公共利益还是私人利益，可以区分公法与私法。此种标准最初为乌尔比安所倡导。

隶属说("意思说"),德国学者拉邦德倡导应根据调整对象是隶属关系还是平等关系来区分公私法,公法的根本特征在于调整隶属关系,私法的根本特征在于调整平等关系。

主体说,德国学者耶律内克倡导应当以参与法律关系的各个主体为标准来区分公法和私法,如果这些主体中有一个是公权主体,即法律关系中有一方是国家或国家授予公权的组织,则构成公法关系。该学说为现代公法私法划分的通说。

(1)凡是平等主体之间的财产关系和人身关系都属于私法关系,其主体是在行使民事权利。

(2)具有等级和隶属性质的关系属于公法关系,公法关系中必然有一方是公权主体,其参与社会关系也仍然要行使公权力。

(3)私法关系的参与主体都是平等主体,国家介入也是作为特殊的民事主体来参与的。

(二)民法的权利性

民法作为实体法,既是行为规范又是裁判规范。

民法作为行为规范,具有确立交易规则和生活规则两方面的功能。绝大多数民法规范都是行为规范。

除行为规范外,民法同时还为司法裁判提供了一套基本的体系、框架、规范和术语,使整个司法过程都处于法律的严格控制之下,从而限制了法官的自由裁量权。

民法最基本的职能在于对民事权利的确认和保护,民法具有权利法的特征。

(1)民法始终以保护权利为己任。

在历史上,民法无论是以义务为本位,还是以权利为本位,或以社会为本位,都强调对私权的充分保护。

(2)民法体系的构建以权利为基本的逻辑起点。

民法总则中的主体制度确认权利归属,民事主体又称为权利主体,民事法律行为和代理实际上是民事主体对民事权利的行使。民法分则以权利为内容展开,形成了物权、债权、人身权等权利体系。

(3)民法通过权利确认当事人的行为规则。

我国民法确认了权利不得滥用、诚实信用等法律原则,对权利进行必要的限制,从而平衡权利的冲突和正确解决纠纷。权利人行使权利是其依法享有的自由,但行使权利不得妨害他人的权利。

(4)民法通过救济手段确认权利。

无救济则无权利。通过民法的方法提供司法救济是确认权利的重要手段。民法将侵害各种权利的责任形态集中加以规定,使受害人遭受侵害之后能够明确其在法律上享有的各种补救手段,甚至可以在各种救济手段之间进行理性的选择。

(三)民法是市场经济与市民社会的基本法

民法是市场经济的基本法。

从历史来看,民法始终是与商品经济或市场经济的发展紧密联系在一起的。1804年的《法国民法典》以罗马法为蓝本,巧妙地运用法律形式把刚刚形成的资本主义社会的经济规则直接译成法的语言,从而"成为世界各地编纂法典时当作基础来使用的法典"。

从民法的内容来看，民法调整的财产关系实际上主要是财产归属关系和财产交易关系。民法是市场经济的基本法，市场经济就是法治经济，这就意味着市场经济的建立和完善离不开民法的支持。同时，民法制度也应当按照市场经济的内在要求来构建。

市民社会（civil society）原指伴随着西方现代化的社会变迁而出现的、与国家相分离的社会自组织状态。现代社会中的每个人既是市民社会的成员，也是政治国家的公民。当其以市民社会成员的身份为实现自己的权利而与他人发生各种民事关系时，必然要求获得民法上的保护。从这个意义上说，民法是市民社会的权利典章，是市民社会中民事权利的保护神，而市民社会的关系都要求通过民法调整，以实现市民社会的正常秩序。

第二节　民法的渊源与沿革

一、民法的渊源

民法的渊源是指民事法律规范借以表现的形式，它主要表现在各国家机关根据其权限范围所制定的各种规范性文件之中。

规范性文件一般是指属于法律范畴（宪法、法律、行政法规、地方性法规、自治条例、单行条例、国务院部门规章和地方政府规章）的立法性文件和除此以外的由国家机关和其他团体、组织制定的具有约束力的非立法性文件的总和。

目前这类非立法性文件的制定主体非常之多，例如各级党组织、各级人民政府及其所属工作部门，人民团体、社团组织、企事业单位、法院、检察院等。

（一）宪法

宪法是国家的根本法，由全国人民代表大会制定，具有最高的法律效力，也是《民法典》和各种单行民事法规必须遵循的法律依据。

（二）民事法律

民事法律是由全国人民代表大会及其常务委员会制定和颁布的民事立法文件，是我国民法的主要表现形式。

《民法典》是我国基本的民事法律，其效力仅次于宪法。

合同法方面已颁布实施了《民法典》第三编"合同"。

物权法方面已颁布实施了《民法典》第二编"物权"、《土地管理法》、《城市房地产管理法》等法律。

侵权法方面已颁布实施了《民法典》第七编"侵权责任"等法律。

知识产权法方面已颁布实施了《专利法》《商标法》《著作权法》。

亲属法方面已颁布实施了《民法典》第五编 婚姻家庭"和《民法典》第六编"继承"。

商法方面已制定了《合伙企业法》《企业破产法》《公司法》《保险法》《海商法》《票据法》《证券法》等法律。

(三) 国务院发布的行政法规、决议和命令

国务院发布的行政法规、决议和命令中, 有关民事部分的内容, 也是民法的重要表现形式, 其效力次于宪法和民事法律。

(四) 最高人民法院发布的司法解释性文件

为了在审判工作中正确贯彻执行法律, 最高人民法院可以在总结审判实践经验的基础上发布司法解释性文件, 包括发布的在审判工作中适用某个法律的具体意见, 这些文件也可以作为民法的渊源。

(五) 地方性法规和行政规章

地方各级人民代表大会、民族自治地方的自治机关在宪法、法律规定的权限内所制定、发布的决议、命令、自治条例、单行条例中有关民事的法律规范, 也是民法的渊源。行政规章包括政府规章和部门规章。地方各级政府部门在其职权范围内依据法律、行政法规所制定的规范性文件, 称为地方政府规章。部门规章是指国务院各部、委员会、中国人民银行、审计署和具有行政管理职能的直属机构在本部门的职权范围内制定的规范性文件。行政规章中有关民事的内容, 也是民法的渊源。

(六) 国际条约和国际惯例中的民法规范

国际条约是两个或两个以上的国家就政治、经济、贸易、军事、法律、文化等方面的问题确定其相互权利义务关系的协议。国际条约的名称包括条约、公约、协定、和约、盟约、换文、宣言、声明、公报等。国际惯例也称为国际习惯, 主要是指属于法律范畴的国际惯例, 具有法律效力。

(七) 国家认可的民事习惯

习惯是指当事人所知悉或实践的生活和交易习惯。我国是一个幅员辽阔的国家, 在少数民族聚居的地区, 习惯在民法渊源中具有一定的意义。在我国, 习惯作为民法的渊源是受限制的, 只有经国家认可的习惯, 才具有民法渊源的意义。

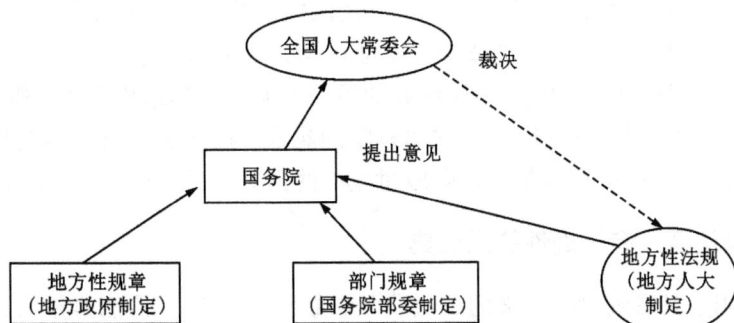

图 1-1　地方性立法示意图

（八）判例及司法解释

《最高人民法院公报》发布的民事判决实际上对各级人民法院裁判民事案件具有普遍指导意义。而司法解释是最高人民法院依照法定权限对各级人民法院在审判实践中如何具体适用有关法律规定所作的解释和说明，具有法律效力，可在裁判文书中直接援引，作为人民法院审理案件的依据。

（九）法理

法理是指法的原理。作为民法渊源的法理，是由立法精神演绎而形成的处理民事关系的原理，作为民法渊源的法理的作用在于弥补民法规定之不足。我国民法虽然没有规定法理是民法的渊源，但是法理对解释民法和裁决民事案件实际上起着重要作用。

二、民法的沿革

民法作为一个法律部门，起源于民法法系国家的法律。民法法系（Civil Law System）形成于 19 世纪，主要表现形式为民法典。民法法系以古罗马法为基础，是以 19 世纪初《法国民法典》和《德国民法典》为传统产生和发展起来的法律体系。民法法系以成文法为主，是重视逻辑、抽象化的概念体系。

（一）罗马法的编纂及其影响

公元前 8 世纪，罗马城建立，成为城市国家，形成了适用于城邦市民的市民法。

公元 6 世纪东罗马皇帝查士丁尼在位期间先后编纂了《查士丁尼法典》《法学阶梯》《学说汇纂》和《新律》，中世纪时期统称为《国法大全》。

《学说汇纂》是选用 39 位著名法学家的 9123 条言论汇集辑录而成的，是罗马法最重要的文献。罗马法对罗马奴隶制时期的商品经济关系作了详细规定。西欧封建社会中期以后，许多国家掀起了罗马法复兴运动，罗马法几乎被整个欧洲所接受。罗马法和在其基础上形成的中世纪后期的市民法成为反映资本主义商品经济要求的民法的渊源。

（二）19 世纪民法典的编纂及其典型

19 世纪资本主义经济迅速发展，欧洲一些国家为巩固资产阶级革命成果，或为统一国家的法律，法典编纂运动随之兴起。1804 年《法国民法典》是 19 世纪民法典的一个典型。其体系参考了罗马法《法学阶梯》的体例，开创了实体法与程序法分别立法的先例。

1896 年《德国民法典》是 19 世纪民法典的另一个典型。其结构严谨，概念精确，逻辑清晰，被法制史学者称为 19 世纪德国法律科学的集成，在法典编纂技术与民法学发展两方面较《法国民法典》有显著的进步，对 20 世纪一些国家的民法典产生了巨大的影响。

（三）20 世纪至今有代表性的民法典

20 世纪初叶，具有划时代意义的民法典是《瑞士民法典》。该法典是为适应经济发展需要、统一各州的私法而制定的，是世界上第一部采取民商合一的民法典。该法典共四编：第一编人格法，第二编亲属法，第三编继承法，第四编物权法，于 1907 年通过，

1912 年 1 月 1 日生效。

世界上第一部社会主义民法典是 1922 年颁布的《苏俄民法典》，该法典分总则、物权、债和继承四个部分，共 436 条。内容包括总则、物权、债、继承各编。

(四) 我国的民事立法(1949 年以前)

我国古代公法特别发达，私法不发达。西周是我国奴隶制法制的鼎盛时期，土地所有权、债务、侵权行为的认定等均在典籍中有不少记载。民事法律的主要渊源为"礼"，"分争辨讼，非礼不决"。

唐代昌盛时期农业复兴，手工业和商业繁荣，出现了契约"样文"，立约便捷，但是有关契约的法律规定却很少。刑事法典《唐律疏议》体系完整，内容详备，被认为是中华法系具有代表性的法典。宋代商品经济空前发展，民间借贷"任依私契，官不为理"(《宋刑统》)。

1911 年《大清民律草案》未及公布，清王朝即覆灭。1929 年至 1930 年施行的《中华民国民法》，分为总则、债、物权、亲属、继承五编，共 1225 条，这是我国第一部民法典。

(五) 我国的民事立法(1949 年以后)

1962 年全国人大常委会第二次组织起草民法，至 1964 年 7 月完成《中华人民共和国民法(试拟稿)》，包括总则、所有权、财产流转三编，共 262 条。

1986 年 4 月 12 日，全国人民代表大会通过《民法通则》，这是我国民事立法的重要里程碑。

1999 年 3 月 15 日，全国人民代表大会通过了《合同法》。我国民事立法进入了新的阶段。

2007 年 3 月 16 日，全国人民代表大会通过了《物权法》。

2009 年 12 月 26 日，全国人大常委会通过了《侵权责任法》。

2017 年 3 月 15 日，第十二届全国人民代表大会第五次会议审议通过了《民法总则》。

2020 年 5 月 28 日，第十三届全国人民代表大会第三次会议审议通过《民法典》，共七编，1260 条。《民法典》的颁布成为我国民事立法新的里程碑。

第三节　民法的调整对象与适用范围

一、民法调整的财产关系

财产关系是指人们在产品生产、分配、交换和消费过程中形成的具有经济内容的关系。

平等主体间的财产关系包括财产归属关系和财产流转关系。财产归属关系是指因占有人占有、收益、处分财产而发生的社会关系。财产流转关系指因财产的交换而发生的社会关系。

平等主体间的财产关系具有如下特点：民事主体在民法上的地位平等；当事人意思

表示自由；等价有偿。

二、民法调整的人身关系

人身关系是指与人身不可分离、以人身利益为内容、不直接体现财产利益的社会关系。包括人格关系和身份关系两类。人格关系是基于人格利益而产生的社会关系。人格利益包括生命、健康、姓名、肖像、名誉等方面的内容。身份关系是基于身份利益产生的社会关系。身份利益包括亲属和监护等方面的利益。

人身关系具有以下特点：非财产性；专属性；固有性。

三、民法在时间上的适用范围

民法在时间上的适用范围是指民事法律规范在时间上所具有的法律效力。民法的效力自实施之日发生，至废止之日终止。

法律是否溯及既往是指新的法律颁布实施后对生效之前发生的事件和行为是否适用。如果适用则具有溯及力；如果不适用则不具有溯及力。我国《立法法》确立了法不溯及既往原则，新公布实施的民事法规只适用于该法规生效后发生的民事关系。

四、民法在空间上的适用范围

民法在空间上的适用范围是指民事法律规范在地域上所具有的效力。

(1)凡属全国人民代表大会及其常务委员会、国务院及其所属各委、部、局、署、办等中央机关制定并颁布的民事法规，适用于中华人民共和国的领土、领空、领海以及根据国际法、国际惯例应当视为我国领域的一切领域。

(2)凡属地方各级权力机关根据各自的权限所颁布的民事法规，只在各该权力机关管辖区域内发生效力，在其他区域不发生效力。

空间效力一般可以分为域内效力和域外效力。域内效力是指一国的法律效力可以及于该国管辖的全部领域，而在该国管辖领域以外无效。域内效力的一般原则是民事法律规范的效力及于制定该民事法规的机关所管辖的领域。域外效力是指法律在其制定管辖领域以外的效力。

五、民法对人的适用范围

民法对人的适用范围就是民事法律规范对于哪些人具有法律效力。主要表现在：

(1)我国民法对居住在中国境内的中国公民或设立在中国境内的中国法人，具有法律效力。

(2)我国民法对居留在我国境内的外国人、无国籍人和经我国政府准许设立在中国境内的外国法人，原则上具有法律效力。

第四节　民法的基本原则

民法的基本原则反映民事生活的根本属性，尤其是市民社会的一般条件、趋势和要求。其效力贯穿民法始终，体现民法的基本价值，集中反映民事立法的目的和方针，并对各项民法制度和民法规范起统率和指导作用。

民法的基本原则是法院解释法律、补充法律漏洞的基本依据，在我国司法实践中发挥着非常重要的指引作用。民法的基本原则对总则中的各章节都具有统领作用，是《民法典》中最基础、最原则、最通用的部分。

我国《民法典》确立了六项基本原则：平等原则、自愿原则、公平原则、诚信原则、守法和公序良俗原则、绿色原则。

一、平等原则

《民法典》第 4 条规定："民事主体在民事活动中的法律地位一律平等。"民事主体的法律地位平等是民法将平等主体之间的财产关系和人身关系作为其调整对象的必然体现。

平等原则集中反映了民法所调整的社会关系的本质特征，也是全部民事法律制度的基础。市场经济最本质的特征就体现在主体之间的平等性上。

平等原则是民事法律关系区别于行政法律关系、刑事法律关系的重要标志。其具体含义包括：民事主体资格(民事权利能力)平等；民事主体的地位平等；民事主体平等地享有权利，承担义务；民事主体的民事权益平等地受法律保护。

二、自愿原则

《民法典》第 5 条规定："民事主体从事民事活动，应当遵循自愿原则，按照自己的意思设立、变更、终止民事法律关系。"自愿原则在民法中具体体现为所有权受保护、合同自由、婚姻自由、家庭自治、遗嘱自由以及过错责任等基本理念，其内涵主要表现为赋予民事主体在法律范围内的广泛行为自由。

自愿首先体现在当事人的意思形成自由，其次表现在意思表达自由。意思自治是私法的基本原则，也是私法与公法相区别的主要特征之一。

民事主体在民事活动中充分表达其真实意志，具有意志自由。根据自愿原则，民事主体有权选择其行为方式，并有权选择补救方式。从本质上看，自愿原则就是要给予市场主体充分的自主权利，鼓励和保障民事主体自由地从事各种市场活动。

三、公平原则

《民法典》第 6 条规定："民事主体从事民事活动，应当遵循公平原则，合理确定各方的权利和义务。"公平原则要求民事主体应本着公平的观念实施民事行为，司法机关应根据公平的观念处理民事纠纷。

公平原则在民法中的具体体现包括如下几个方面：公平的理念贯彻在整个民事法律制度的设计当中，均衡配置当事人之间的权利义务；公平原则在合同关系中直接体现为等价交换原则，法律另有规定或者当事人另有约定的除外；在侵权法中公平原则体现为公平责任。

四、诚信原则

《民法典》第 7 条规定："民事主体从事民事活动，应当遵循诚信原则，秉持诚实，恪守承诺。"诚实信用原则要求民事主体在从事民事活动时应当诚实、守信用，正当行使权利和履行义务。

诚实信用原则作为市场活动的基本准则，是协调各方当事人之间利益，保障市场有秩序、有规则进行的重要法律原则，也是维持当事人之间利益以及当事人利益与社会利益之间平衡的原则。诚实信用原则的功能表现为：填补法律和合同漏洞的功能；确立行为规则的功能；平衡的功能；解释的功能。

法律漏洞是指法律体系存在违反立法计划的不圆满性状态，其特点在于违反计划性、不圆满性。立法过程中的各种主观因素，导致的法律规定本身的缺陷、不周密等造成法律适用困难的现象，均可称为法律漏洞。合同漏洞是指当事人在合同中对于某些合同条款没有约定或者约定不明确的现象。例如，在出现法律或合同漏洞的情况下，司法审判人员可以依据诚信原则填补漏洞。

诚实守信，就是以善意方式行使权利和履行义务等行为规则。诚信原则是道德伦理规范在法律上的表现，该原则确定了符合伦理道德要求的规则，要求当事人必须具有诚实、守信、善意的心理状态。这一原则在合同法中具体表现为附随义务，包括前合同义务（互相保护、通知、保密、协作及诈欺禁止）、履行中的附随义务及后合同义务（通知、协助、保密）等，违反附随义务也要承担相应的责任。

平等交易关系中的各个交易主体因追求经济利益常常会发生冲突或矛盾，这就需要借助诚信原则来加以平衡。诚信原则不仅要求平衡当事人之间的利益，而且要求平衡当事人的利益与社会利益之间的冲突与矛盾，即要求当事人在从事民事活动中，要充分尊重他人和社会的利益，不得滥用权利，损害国家、集体和第三人的利益。

诚信原则要求在法律与合同缺乏规定或规定不明确时，司法审判人员应依据诚信、公平的观念，准确解释法律和合同。一方面要求司法审判人员能够依据诚信、公平的观念正确解释、适用法律，弥补法律规定的不足；另一方面，诚信原则也是司法审判人员在解释合同时所应遵循的一项基本原则。

五、守法和公序良俗原则

《民法典》第8条规定：民事主体从事民事活动，不得违反法律，不得违背公序良俗。"公序良俗是由"公共秩序"和"善良风俗"两个概念构成的。

在德国民法中与公序良俗相当的概念是善良风俗。在英美法中与此类似的概念是公共政策。我国的公序良俗包括两个方面的内容：一是公共秩序，主要包括社会公共秩序和生活秩序；二是社会公共道德，是指社会全体成员普遍认同、遵循的道德准则。

六、绿色原则

《民法典》第9条规定："民事主体从事民事活动，应当有利于节约资源、保护生态环境。"

法律不仅调整人与人之间的关系，还要调整人与自然之间的关系。环境权是生态文明时代的代表性或标志性权利，环境利益是环境公益诉讼的利益基础。公民有享有良好环境的权利，如清洁空气权、清洁水环境权、采光权、通风权、安宁权和景观权等。环境权的价值在于让民法担当起环境保护之重任。同时，民事主体从事民事活动时有节约资源和保护生态环境的义务。

第五节　民法与邻近法律部门的区别

一、民法与经济法

经济法是国家权力作用于经济生活，由国家行政机关对国民经济实行组织、管理、监督、调节的法律规范的总称，是实现国家宏观调控政策的工具。

民法和经济法的根本区别在于：民法采取平等、自愿、等价有偿的原则调整公民之间、法人之间、公民与法人之间的横向财产关系和人身关系，性质为私法。经济法则采取国家干预经济的原则调整国家机关与企业、事业单位和公民之间的纵向经济关系，性质上属于公法。

二、民法与行政法

行政法是我国法律体系中的一个重要法律部门，是国家通过国家机关发挥组织、指挥、监督和管理职能的法律形式。行政法通常采用"命令—服从"的方法来调整行政法律关系。民法调整的商品关系是等价有偿的平等关系。

三、民法与商法

形式上的商法是指民法典之外的商法典以及公司、保险、破产、票据、海商等单行法；实质上的商法是指一切有关商事的法律规范的总称。

所谓民商合一是指制定一部民法典，将其统一适用于各种民商事活动，不再单独制定一部商法典；民商分立则意味着严格区分民法与商法，在民法典之外还要制定一部单独的商法典。我国民事立法实际上采取的是民商合一的体例，由民法典统一调整社会商品经济关系，商事法规本身不可能组成部门法体系，而只能适用民法的总则。

四、民法与劳动法

劳动法的调整对象是社会劳动关系，所要解决的是劳动关系中的劳动纪律、劳动保护、劳动程序、假期、劳动报酬、劳动争议等方面的法律问题。

劳动法是一个独立的法律部门。从法律关系的主体来看，劳动关系的主体是用人单位和劳动者，其中的用人单位是组织而不是个人，而抽象意义上的民事主体可以是一切自然人、法人、其他组织，甚至是国家。

五、民法与社会保障法

社会保障法是指国家为使公民在年老、患病、失业、遭遇灾害或丧失劳动能力的情况下，能够获得一定物质帮助，而制定各种法律规定，从而保障公民基本生活需要。社会保障法是处于公法与私法之外的第三大法律部门。

社会保障法与民法的区别主要表现在如下几点：第一，民法是私法，以维护民事主体的私人利益为主要目标。社会保障法在性质上并不是私法，目的在于建立较为完备的社会保障制度，维护社会全体成员的共同福利，谋求社会大众共同福利的增进。第二，民法以私法自治为原则，表现出较强的任意法特性；社会保障法主要是强行法，不允许当事人之间自由设立权利义务。第三，民法具有创造财富的功能，社会保障法具有满足社会成员基本生活需要的功能。第四，社会保障法以保护公民的生存权为目标，实现社会保障的根本目的就是使公民获得基本的生存条件；民法不仅要保护生存权，还要保护民事主体参与社会生活所应当享有的各种权利。

小 结

实质意义上的民法是指所有调整民事关系的法律规范的总称，包括民法典和其他民事法律、法规。《民法典》确立了六项基本原则：平等原则、自愿原则、公平原则、诚信原则、守法和公序良俗原则、绿色原则。

知识点

民法体系结构图、市民法、《法学阶梯》、潘德克顿、民事权利示意图、我国民事立法结构表、《最高人民法院公报》、民法法系、《国法大全》、《法国民法典》、《德国民法典》、《瑞士民法典》、民事权利的确认和保护、诚信原则、守法和公序良俗原则、绿色原则

复习思考

一、简答

1. 民法的本位与性质是什么？
2. 试述 19 世纪民法典的典型及其影响。
3. 如何理解"我国民法调整平等主体之间的人身关系和财产关系"？
4. 如何理解平等、自愿、公平、诚信、守法和公序良俗、绿色同为《民法典》的六大基本原则？

二、案例分析

1. 某乡镇企业是集体所有制单位，隶属于该县工商管理局。2020 年 8 月工商管理局从该乡镇企业购买了价款共计 2 万元的生活日用品，并作为全局职工的福利发放，之后工商管理局一直拖欠货款未支付，乡镇企业派会计索要几次未果。2021 年 7 月，乡镇企业向该县人民法院提起诉讼，要求法院责令工商管理局付款，而工商管理局则以该纠纷系上下级单位内部行政管理纠纷为由拒绝应诉。问：工商管理局是否要支付货款？

2. 张男与李女通过网络聊天认识，因意气相投、相互爱慕，遂决定交友，但双方一直没有见面。一年后，张男通过网络约李女于玫瑰餐厅见面，但李女等了一天也未见到张男的影子。李女十分恼怒，便按照地址找到张男，质问此事。双方为此发生争执，李女怒而诉至法庭，要求张男赔偿其精神损失费 1 万元。问：张男要不要赔偿李女的精神损失费？

3.某国有企业经济效益一直下滑，为了改变这一局面决定扩大经营范围，从事房地产项目的投资，并要求本单位全体职工每人认购一份股份。后来由于房价上涨较快，项目预售失败、后期资金无法到位，因而不能归还职工的本金，为此，有部分职工向法院求助，法院认为此为某国有企业内部的劳资纠纷而拒绝受理。问：某国有企业应不应当归还职工的本金？

4.原告何女士与被告陈先生于2011年登记结婚。婚姻存续期间，夫妻共同财产中有一处林权，登记在被告陈先生名下。2020年，原、被告双方因感情破裂，在民政局办理了协议离婚手续并约定林权归原告所有。离婚后，被告一直不履行离婚协议，未协助原告办理林权证过户手续。故原告何女士起诉到法院，请求确认林权归原告享有，依法判令被告协助原告办理林权证过户手续。被告陈先生辩称：离婚协议是原告何女士草拟的，林权归原告所有，债务都由我承担，该离婚协议不公平、不合法，要求重新订立协议。如林权归原告所有，原告必须承担投资款，归还我支付的1万元上缴款。问：林权归原告所有吗？

5.某甲为其母某乙购买一份人身意外险，因某乙系文盲，在某甲为其投保时未书面认可该合同，某保险公司知晓此情形却仍承保并据此出具保单。后某乙死亡，某甲持保单要求保险公司给付保险金。保险公司以该保险合同未经被保险人书面同意并认可保险金额，属无效合同而抗辩，并以此拒绝支付保险金。问：保险合同有效吗？

6.近年来，由于过量饮酒或不良饮酒习俗造成受害人死亡后，请求共同饮酒人承担责任的案例越来越多。2022年2月18日，戴某甲一家三口前往永阳镇亲戚戴某乙家拜年，当天中午戴某甲在亲友的劝酒之下喝了很多米酒，酒席一直持续到下午4点。晚上11时许，戴某甲被妻子送往医院后抢救无效死亡，经医生查明死亡原因为重度酒精中毒。戴某甲的妻子曾某及子女向法院起诉，以与戴某甲共同饮酒的7位亲属为被告，要求7被告共同赔偿因戴某甲的死亡造成的损失8万元。问：被告有没有共同赔偿的责任？

三、课后作业

1.阅读《民法典》第一编"总则"并谈谈我国制定《民法典》的重要意义。

2.思考上述案例并谈谈如何正确理解并运用民法的基本原则。

第二章 民事法律关系

【导语】民事法律关系是民法规范调整的社会关系。民事法律事实能够引起民事法律关系的产生、变更、消灭。民事权利是民事法律关系的重要内容。民事法律关系的主体包括自然人、法人和其他组织。

【重点】民事法律关系的特征、民事法律关系的要素、民事法律事实、民事权利、民事义务、民事责任、自然人、法人和其他组织

第一节 民事法律关系的概念与特征

一、民事法律关系的概念

民事法律关系是由民法规范调整的社会关系，即由民法确认和保护的社会关系。民事法律规范是民事法律关系发生的根据，民事法律事实是民事法律关系发生的原因，民事法律关系是民法调整平等主体之间财产关系和人身关系的结果。

(1)平等主体之间的财产关系与人身关系通过民法调整，形成民事法律关系。例如，商品交换关系是经济关系，通过合同法调整则形成买卖合同关系；某男与某女是朋友关系，如果他们根据婚姻法登记结婚，则形成婚姻关系。

(2)有民事法律规范和民事法律事实才会形成具体的民事法律关系。例如，有物权法和某人房屋产权合法登记的事实，才会形成所有人与非所有人之间的所有权关系；有合同法和甲乙进行商品买卖的事实，才会形成甲乙之间的买卖合同关系。

(3)民事法律关系的基本内容是民事权利和民事义务。民事法律关系以权利义务为基本内容，同时还包括责任。我国民法严格区分了债务与责任，基于民事责任发生的关系也是一种民事法律关系，即民事责任关系(如缔约过失、违约、侵权责任等)。

二、民事法律关系的特征

(1)民事法律关系是民法所调整的社会关系在法律上的表现或结果，即原来社会关系的内容表现为法律上的权利义务关系。

（2）民事法律关系是人与人之间的权利义务关系，具有平等性，即通过物或行为（智力成果及利益等）所发生的平等民事主体之间的社会关系。

（3）民事法律关系具有一定程度的任意性，即许多民事法律关系由当事人通过意思自治的方法产生或消灭，允许当事人通过自由协商确定或变更其权利义务内容。

第二节　民事法律关系的要素

民事法律关系是主体、客体、内容三个要素不可分离的有机整体，主体为权利、义务、责任的所属，客体为权利、义务、责任的所附，内容为权利、义务、责任的具体化。

一、民事法律关系的主体

民事法律关系的主体，简称民事主体，是指参加民事法律关系，享有民事权利、负有民事义务和承担民事责任的人。

依据《民法典》的规定，我国的民事主体有自然人、法人和其他组织。另外，在有些情况下，国家也作为民事主体，参与民事法律关系，例如发行国债或土地出让等。

法人是具有民事权利能力和民事行为能力，依法独立享有民事权利和承担民事义务的组织（《民法典》第 57 条）。

非法人组织是不具有法人资格，但是能够依法以自己的名义从事民事活动的组织（《民法典》第 102 条）。

在参加民事法律关系的当事人中，享有权利的一方是权利主体，承担义务的一方是义务主体。在大多数民事法律关系中，双方当事人都既享有权利，又承担义务。例如，在买卖关系中，买方有请求交付出卖物的权利，又有支付价款的义务；卖方有交付出卖物的义务，又有收取价款的权利。在相对法律关系中，每一方主体都是特定的；在绝对法律关系中，承担义务的一方则是不特定的任何人，如所有权关系、人身权关系、知识产权关系。另外，民事法律关系可以是双方的，也可以是多方的。例如，在债权关系中，债权人和债务人既可以是一个人，也可以是多个人。

二、民事法律关系的内容

民事法律关系的内容是民事权利和民事义务，在发生民事责任的情况下，其内容是民事权利和民事责任。

不同的民事法律关系有不同的内容，从民事法律关系的内容可以认定该项民事法律关系的性质。例如，根据合同内容认定某项合同是买卖合同还是承揽合同，即根据当事人约定的权利、义务和责任认定其性质。

三、民事法律关系的客体

民事法律关系的客体是指民事权利和民事义务所指向的对象。民事主体因一定的客体而发生联系，才能产生相应的权利义务，是客体决定内容，而不是内容决定客体。

民事法律关系的客体是确认民事法律关系性质的重要依据。例如，客体是物的民事法律关系是物权关系，客体是智力成果的民事法律关系是知识产权关系。

（1）物。物是指存在于人身之外、为人力所能支配，而且能够满足人类的某种需要的财产。

（2）行为。法律上所指的行为是指人有意识的活动。

（3）智力成果。智力成果是脑力劳动的产物。

（4）人身利益。在人身权法律关系中，其主要客体是生命利益和精神利益。

（5）有价证券。有价证券是指权利人行使权利的持有凭证，既可以作为物权的客体，也可以作为债权的客体。

第三节　民事法律事实

一、民事法律事实的概念与构成

民事法律事实是指依法能够引起民事法律关系产生、变更或消灭的客观现象（见图2-1）。只有受民法调整并引起民事法律关系发生变化的事实才是民事法律事实。例如，买票、付款、拾遗、结婚等。民事法律事实的主要特征：客观存在的社会生活事实；必须能够引起一定的法律后果；为法律规范所支配的法律事实。

民事法律事实构成是指引起法律关系发生、变更或者消灭的两个以上民事法律事实的总和，即有时民事法律关系的发生、变更或消灭，需要有两个以上的民事法律事实。例如，遗嘱继承关系的发生，

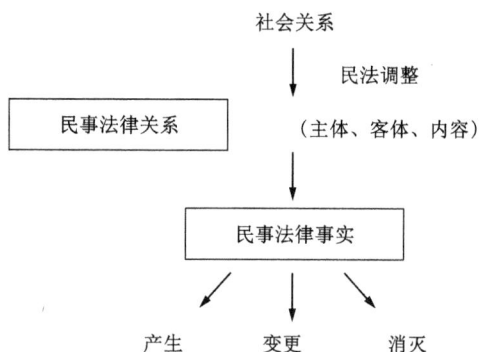

图2-1　民事法律事实与民事法律关系

需要被继承人留下有效的遗嘱、被继承人死亡和遗嘱继承人接受遗嘱继承三个民事法律事实同时具备。

二、民事法律事实的类型

（1）自然事实。自然事实是指除行为以外能够引起民事法律关系发生、变更或者消灭的事实，其中又分为事件与状态。

事件是指某种客观现象的发生。例如，人的出生、死亡，发生自然灾害，爆发战争等。

状态是指某种客观现象的持续。例如，物的继续占有、生死不明、时间的经过等。

（2）行为。行为是指人的有意识的活动，包括民事行为和事实行为两种。

民事行为是指行为人旨在确立、变更、终止民事权利义务关系的行为。如抛弃所有权、继承财产、订立合同、转让商标使用权、董事会决议、汇票背书等。

事实行为是指与人的主观意识无关的行为，如拾得遗失物、无因管理等。

第四节 民事权利、民事义务、民事责任

一、民事权利的概念与类型

1.民事权利的概念

民事权利是民事主体实现其特定利益的法律手段。

(1)民事权利是民事主体享有的特定利益。依据《民法典》第3条的规定，民事主体的人身权利、财产权利以及其他合法权益受法律保护，任何组织或者个人不得侵犯。

(2)民事权利可以根据民法基本原理确认，还可以通过判例或司法解释认可。例如，我国在司法解释中创设了身体权、隐私权等成文法没有确认的权利。

(3)民事权利受国家强制力保障。义务人不履行义务或者民事权利受到侵害时，民事责任的承担一般可以由当事人协商解决，也可以请求有关国家机关采取强制措施保障权利人的权利。

2.民事权利的类型

(1)财产权和人身权。财产权是以财产利益为内容的权利，包括物权、债权和知识产权等。物权是指直接对物加以支配并对抗第三人的权利。债权是指特定的债权人一方有权请求作为特定债务人的另一方，为一定行为或者不为一定行为的权利。知识产权是指权利人对其所创作的智力劳动成果所享有的专有权利，主要有专利权、商标权、著作权(版权)等。知识产权是财产权，又有人身权因素。例如，著作权中的署名、发表、修改等权利，属于人身权。依据《民法典》第123条的规定，民事主体依法享有知识产权。

人身权是以人身利益为内容的权利。人身权不直接体现财产利益，不能用货币衡量；人身权不能放弃、转让或继承。在特定条件下，有些人身权的行使可能形成财产价值，例如，自然人享有肖像权，肖像可以有偿使用或者转让。人身权又分为人格权和身份权，人格权有生命权、姓名权、名誉权等；身份权有配偶权、亲属权等。根据《民法典》规定，法人享有名称权、名誉权，据此可以认定法人享有人格权。

(2)支配权、请求权、形成权、抗辩权。以民事权利的作用为标准，民事权利可分为支配权、请求权、形成权、抗辩权。

支配权是指权利人可以直接支配权利客体、具有排他性的权利。物权是典型的支配权，知识产权、人格权、身份权在性质上也可以称为支配权。支配权的客体是特定的，即特定化的财产和人身利益。支配权可以通过权利人的直接行使而实现，支配权因支配而产生排他性等效力。

请求权是指权利人请求义务人履行民事义务或者请求责任人承担民事责任的权利。请求权是基于基础权利而发生的，有基础权利，才能有请求权。例如，债权是基础权利，订立了买卖合同，有了买卖之债，买卖双方各有请求权，买受人有请求出卖人交付标的物的权利，出卖人有请求买受人支付货款的权利。

形成权是指权利人以自己的意思表示，使民事法律关系发生、变更或者消灭的权利。例如，法定代理人行使承认权，使未成年人实施的民事行为发生效力；选择权人行使选择

权，使选择之债变成简单之债；当事人一方行使解除权而解除合同等。属于形成权的有追认权、选择权、撤销权、抵销权、解除权及继承权的抛弃权等。

抗辩权是指对抗他人行使权利的权利。抗辩权通常对抗的是请求权，但不限于请求权，对其他权利的行使也可以抗辩，例如，对抵销权行使的抗辩。根据抗辩权作用的不同，抗辩权可分为永久性抗辩权和延期性抗辩权。永久性抗辩权是指权利人有永久阻止他人行使权利的权利。例如，诉讼时效届满后，债权人请求债务人履行债务，债务人可提出诉讼时效届满的抗辩，这种抗辩权可以永久行使。延期性抗辩权是指权利人在一定时期内可以提出的抗辩权。例如，当事人互负债务，没有约定履行顺序的，应当同时履行；一方当事人自己未履行而请求他方先履行时，他方有权拒绝其履行请求。

（3）绝对权和相对权。以民事权利的效力范围为标准，民事权利可分为绝对权与相对权。

绝对权是指无须通过义务人实施一定的行为即可实现，并可以对抗不特定人的权利。物权、人格权、知识产权属于绝对权。

相对权是指必须通过义务人实施一定的行为才能实现，只能对抗特定人的权利。债权是典型的相对权。

（4）主权利和从权利。以民事权利的依存关系为标准，民事权利可分为主权利与从权利。

主权利是相互关联的两个民事权利中能够独立存在的权利。

从权利是不能独立存在而从属于主权利的权利。例如，为担保债权的实现而设立的保证之债的债权为从权利，被担保的债权为主权利。抵押权、质权、留置权对于其所担保的债权而言均为从权利。

（5）专属权和非专属权。以民事权利与主体的关系为标准，民事权利可分为专属权与非专属权。

专属权是指专属于某特定民事主体的权利。人格权、身份权均为专属权。专属权一般不得让与和继承，但也有例外，例如企业的名称权。

非专属权是指不属于某特定民事主体专有的权利。非专属权可以让与和继承。财产权通常为非专属权，但也有专属权，例如矿藏、水流等的所有权归国家，为专属权。

（6）既得权和期待权。以民事权利是否已经取得为标准，民事权利可分为既得权与期待权。

既得权是指权利人已经取得而可以实现的权利。例如，因购买房屋而取得的房屋所有权。

期待权是指将来可能取得的权利。例如，民事行为中附条件或者附期限的权利、继承开始前继承人的权利等属于期待权。

（7）原权利和救济权。以权利发生的先后及相互关系为标准，民事权利可分为原权（又称原权利）与救济权。

原权是原有民事法律关系中已存在的权利。例如，基于有体物而发生的所有权，基于合同而发生的债权等。

救济权是在原权受到侵害或者有受到侵害的现实危险时发生的权利，其目的在于救济被侵害的原权。权利人请求责任人承担民事责任的权利属于救济权。

二、民事权利的行使与保护

民事权利的行使是实现民事权利内容的过程，民事权利的实现是民事权利行使的结果。例如，出卖人请求买受人支付价款，是出卖人行使债权；买受人支付价款后，出卖人就实现了债权。

行使民事权利的方法多种多样，大体上可概括为事实行为方法和民事行为方法两种。例如，占有或者消费所有物、使用已注册的商标等，不以意思表示为要素，是以事实行为的方法行使民事权利。所有人出卖其所有物，专利权人转让专利权等，需要订立合同，以意思表示为要素，是以民事行为的方法行使民事权利。

民事主体享有的民事权利受到他人侵害时，需要通过法律手段予以保护。民事权利的保护方法分为国家保护和自我保护两种。民事权利的国家保护，又称公力救济，是指民事权利受到侵害时，由国家机关通过法定程序予以保护。国家保护民事权利是由多种机关采取多种手段完成的，通常由民事权利主体提起民事诉讼，请求法院予以保护。民事权利的自我保护，又称私力救济，或自力救济，是指民事权利受到侵害时，权利人在法律规定的限度内，自己采取必要的措施保护其权利。

自卫行为是当民事权利受到侵害或者有受到侵害的现实危险时，权利人采取必要的措施，以防止损害的发生或者扩大。自卫行为有正当防卫和紧急避险两种形式。

正当防卫是指为了保护本人或者他人的民事权益或者公共利益，对于现实的不法侵害采取的防卫行为。

紧急避险是为了避免本人或者他人的民事权益或者公共利益受到紧迫的危险而采取的行为。

自助行为是指权利人为保护自己的权利，在来不及请求公力救济的情况下，对义务人的财产予以扣押或者对其人身自由予以约束等行为。我国民法对自助行为尚无明文规定，但在实践中存在自助行为。自助行为实施之后，有的及时解决了问题，当事人之间无争议；有的需要向法院申请处理，申请被驳回或者申请迟延，对相对人造成损失的，行为人应负赔偿责任。

三、民事义务的概念与特征

民事义务是指法律规定或者当事人依法约定，义务人为一定的行为或者不为一定的行为，以满足权利人利益的法律约束手段。

(1)民事法律规定或者当事人依法约定。例如，出卖人有将标的物所有权转移给买受人的义务，子女对父母有赡养扶助的义务等。

(2)满足权利人利益的法律约束手段。一是指民事义务具有约束力，义务人应当履行义务。二是指义务人不履行义务就成为责任人，应当承担民事责任。

四、民事义务与民事责任

1. 民事义务

民事义务与民事权利相对应、相关联，因此，民事义务的分类与民事权利的分类有类似之处。例如，民事权利可分为绝对权与相对权，民事义务可分为绝对义务与相对义务；

民事权利可分为主权利与从权利，民事义务可分为主义务与从义务等。

（1）以民事义务发生的根据为标准，民事义务可分为法定义务与约定义务。

法定义务是指民法规定的民事主体应负的义务。例如，在《民法典》中规定了不同的民事主体在不同情况下应当负的义务。

约定义务是由当事人协商约定的义务，约定的义务不得违反法律规定。

（2）以民事义务人行为的方式为标准，民事义务可分为作为义务与不作为义务。

作为义务是指义务人应当作出一定积极行为的义务，又称积极义务。包括给付财物、完成工作、提供劳务等。

不作为义务是指义务人应为消极行为或者容忍他人的行为，又称消极义务。例如，不侵害他人的物权、知识产权的义务，在一定条件下容许他人在自己的土地上通行和作业的义务等。

2. 民事责任

（1）民事责任是指民事主体违反民事义务应当承担的民事法律后果。其法律后果包括法律责任与法律制裁。法律责任是指实施违法行为或者违约行为而应承受的某种不利的法律后果。法律制裁是指特定的国家机关对违法者实施的某种惩罚措施。

①民事责任是当事人一方对他方承担的责任。

②民事责任主要是为了补偿权利人所受损失和恢复民事权利的圆满状态。

③民事责任既有过错责任，又有无过错责任。

④民事责任的内容可以由当事人在法律允许的范围内协商。

（2）民事责任与民事义务是不同的，主要表现在三个方面：一是性质不同。义务是"当为"，反映正常的社会秩序。义务是责任之因，责任是违反义务之果。二是功能不同。义务是权利实现的必要条件。责任是促使义务人履行义务，保证权利人实现权利的辅助条件。三是拘束力不同。义务拘束力指义务人应当履行义务；不履行义务或侵害他人的权利，义务人就变为责任人。

（3）民事责任的种类。财产责任是指以一定的财产为内容的责任，例如返还原物、赔偿损失、支付违约金等。非财产责任是指不具有财产内容的责任，如消除影响、恢复名誉等。侵害财产权的承担财产责任，一般不承担非财产责任。侵害人身权造成财产损失的承担财产责任，还要依法承担非财产责任。

违约责任是指因违反合同义务而产生的责任。侵权责任是指因侵害他人的财产权益或者人身权益产生的责任。另外，违约责任与侵权责任之外的民事责任是指包括基于不当得利和无因管理产生的责任，以及缔约过失责任和基于后合同义务产生的责任等。

无限责任是指责任人以自己的全部财产承担责任。有限责任是指责任人以其部分财产承担责任。例如，有限责任公司的股东以其出资为限，对公司的债务承担责任。民事责任以无限责任为原则，法律有特别规定的，适用有限责任。

单独责任是指由一个民事主体独立承担的责任，共同责任是指两个或两个以上的民事主体共同承担的责任。根据各责任人之间的共同关系，可将共同责任分为按份责任、连带责任和补充责任。按份责任是指责任人一方主体为多数，各自按照一定份额承担责任。连带责任是指责任人一方主体为多数，各个责任人对外不分份额，向权利人承担全部责任。补充责任是指在责任人的财产不足以承担其应负的责任时，由有关的人对不足部分予以补充的责任。

过错责任是指行为人有过错才承担责任，无过错不承担责任。无过错责任是指不问行为人有无过错，都应当承担责任。公平责任是指当事人对造成损害都没有过错，又不能根据无过错责任原则由加害人承担赔偿责任，可以根据实际情况，由当事人分担民事责任。

五、民事责任的承担与免除

《民法典》第 179 条规定：“承担民事责任的方式主要有：(一)停止侵害；(二)排除妨碍；(三)消除危险；(四)返还财产；(五)恢复原状；(六)修理、重作、更换；(七)继续履行；(八)赔偿损失；(九)支付违约金；(十)消除影响、恢复名誉；(十一)赔礼道歉。法律规定惩罚性赔偿的，依照其规定。本条规定的承担民事责任的方式，可以单独适用，也可以合并适用。”

民事责任承担有自动承担、请求承担和强制承担三种方式。①自动承担是指责任人自动向权利人承担责任。②请求承担是指经权利人向责任人提出请求以后，责任人向权利人承担责任。③强制承担是指通过司法程序，由国家机关采取强制措施，强制责任人承担责任。

具有法律规定的免责事由(如不可抗力等)的，免除民事责任。根据民法的自愿原则，权利人可以放弃追究责任人的责任。

第五节　自然人

一、自然人的民事权利能力

自然人是基于自然规律出生而享有法律人格的人。我国《民法典》第二章规定了自然人的法律地位，明确表明了自然人从出生时起到死亡时止，具有民事权利能力，依法享有民事权利，承担民事义务。自然人的民事权利能力一律平等。

我国《民法典》在合同编中采用自然人概念，与民事主体制度中的法人概念相对应，更加彰显了民事主体的特征。

(一)民事权利能力的概念和特征

民事权利是民事主体实际享有的现实权利，以一定的实际利益为内容。

民事权利能力是通过法律确认的民事主体享受民事权利和承担民事义务的资格，是民事主体享受权利和承担义务的基础。民事权利能力既包括享有民事权利的能力，也包括承担民事义务的能力。民事权利能力的内容和范围都是由法律规定的；而民事权利是权利主体在其存续过程中介入具体的法律关系而取得的，其存续由特定法律事实决定。

(1)自然人的民事权利能力具有平等性。

《民法典》第 14 条规定：“自然人的民事权利能力一律平等。”即任何自然人，不分性别、民族、出身、职业、职务、文化程度、宗教信仰、政治面貌、财产状况，民事法律地位一律平等，都可以享有法律所规定的民事权利和承担法律所规定的民事义务。

（2）自然人的民事权利能力具有普遍性。

《民法典》第12条规定："中华人民共和国领域内的民事活动，适用中华人民共和国法律。法律另有规定的，依照其规定。"如果不承认外国人和无国籍人具有民事权利能力，他们就不能享有任何民事权利，其从事的交易也无效，那么，国际民事往来就不可能进行。所以，民事权利能力扩大到所有的自然人享有，即凡是自然人都普遍享有民事权利能力。

（3）自然人的民事权利能力不可剥夺且不可抛弃。

《民法典》第13条规定："自然人从出生时起到死亡时止，具有民事权利能力，依法享有民事权利，承担民事义务。"《民法典》第15条规定："自然人的出生时间和死亡时间，以出生证明、死亡证明记载的时间为准；没有出生证明、死亡证明的，以户籍登记或者其他有效身份登记记载的时间为准。有其他证据足以推翻以上记载时间的，以该证据证明的时间为准。"即自然人的民事权利能力始于出生，因出生这一自然事实的完成，自然人当然取得民事权利能力，而无须履行任何法定手续。自然人的民事权利能力始于出生，终于死亡。

自然人的民事权利能力具有与自然人的人身不可分离和不可转让的属性。一个自然人可能因刑事犯罪而被剥夺公权，但是不能因此而剥夺其民事权利能力。自然人的民事权利能力和民事行为能力除依法律规定并经法定程序加以限制和剥夺外，任何人不得限制或剥夺。

（二）民事权利能力的产生与胎儿利益的保护

自然人的民事权利能力始于出生。而人自出生时起要生存，就须具有民事权利能力，依法享有民事权利，承担民事义务。因此，新生婴儿同其他公民一样，依法享有财产权和人身权，受法律的保护。独立呼吸说认为，胎儿全部脱离母体，且在分离之际有呼吸行为，即出生。胎儿是否继续生存，在所不问。

《民法典》第16条规定："涉及遗产继承、接受赠与等胎儿利益保护的，胎儿视为具有民事权利能力。但是，胎儿娩出时为死体的，其民事权利能力自始不存在。"本条在《民法通则》的基础上，增加了保护胎儿利益的规定。这样规定，主要是从两个方面对胎儿权益进行保护：

（1）从继承的角度，要为胎儿保留必要的继承份额，体现了特留份制度。

（2）造成侵权之后，例如在出生前因不当行为导致胎儿的出生缺陷等，胎儿出生之后可以独立请求赔偿。

（三）民事权利能力的终止

根据《民法典》第13条的规定，自然人从出生时起到死亡时止，具有民事权利能力，依法享有民事权利，承担民事义务。

自然人死亡以后，应当由医院和有关部门开具死亡证明书，自然死亡的时间一般应以死亡证明书上记载的时间为准。自然人死亡以后，不应当作为民事主体享受权利并承担义务，但是法律在某些例外情况下也对公民死亡后的某些利益进行保护。例如，著作财产权在作者死后50年内仍然受到保护，但署名权等著作人身权则不受保护期限的限制。另外，在某些情况下，为了保护公共利益，仍然需要对死者的名誉、肖像、隐私等利益以及著作权进行保护。

（1）生理死亡，指自然人生命的终结。自然人生理死亡是正常死亡还是非正常死亡，不影响民事权利能力的消灭。我国以往临床经验判断死亡的标准是心脏停止跳动，自主呼吸消失，血压为零。在我国的司法实践中，自然人死亡的时间以死亡证明书上记载的时间为准。

（2）宣告死亡，指通过法定程序确定失踪人死亡的制度。依据《民法典》第49条的规定，自然人被宣告死亡但是并未死亡的，不影响该自然人在被宣告死亡期间实施的民事法律行为的效力。

二、自然人的民事行为能力

自然人的民事行为能力是指自然人可以独立进行民事活动的能力或资格，即主体能够独立地以自己的行为取得权利、承担义务的资格。

（一）行为能力、意思能力、责任能力

行为能力是指自然人可以独立进行民事活动的能力或资格。民事行为能力以意思能力为基础。

意思能力是指自然人可以判断自己行为的法律后果的能力。自然人具有民事行为能力的关键是具备意思能力。

责任能力是指行为人对民事违法行为承担民事责任的能力。通常讲的民事责任能力一般是指侵权责任能力。

（二）民事权利能力和民事行为能力

民事权利能力和民事行为能力是主体制度中的两项重要内容。没有民事权利能力，就失去了主体资格，也就不可能具有行为能力；而具有权利能力却没有行为能力的，也不能通过自己的行为去享受权利和承担义务。民事权利能力和民事行为能力的区别如表2-1所示。

表2-1　民事权利能力和民事行为能力

区别	民事权利能力	民事行为能力
主体资格	是	否
普遍性	具有	不具有
限制或剥夺	不受	受
以意思能力存在为基础	否	是

（三）自然人民事行为能力的类型

1. 完全民事行为能力

完全民事行为能力是指自然人能以自己的行为独立享有民事权利，承担民事义务的

资格。

我国《民法典》第 17 条规定，18 周岁以上的自然人为成年人。不满 18 周岁的自然人为未成年人。《民法典》第 18 条第 1 款规定："成年人为完全民事行为能力人，可以独立实施民事法律行为。"

我国确定自然人年满 18 周岁为完全民事行为能力人的主要考虑因素是自然人的智力状态，而不是考虑自然人的经济状况。我国《宪法》规定，年满 18 周岁的公民享有选举权和被选举权，在社会生活交往中，18 周岁的成年人已能够独立生活和就业，具有完全的识别、判断和预见自己行为后果的能力。

我国《民法典》第 18 条第 2 款规定，16 周岁以上的未成年人，以自己的劳动收入为主要生活来源的，视为完全民事行为能力人。这是关于完全民事行为能力人的特别规定。另外，我国《劳动法》第 58 条规定，年满 16 周岁即具有劳动能力。其中，具有一定的劳动收入，即依靠自己的劳动获得了一定的收入，如工资、奖金等，此劳动收入构成其主要生活来源，并且不需要借助其他人的经济资助，也可以维持当地群众的一般生活水平。

2. 限制民事行为能力

限制民事行为能力，又称为不完全民事行为能力，是指自然人部分独立地，或者说在一定范围内具有民事行为能力。《民法典》第 19 条规定，8 周岁以上的未成年人为限制民事行为能力人，实施民事法律行为由其法定代理人代理或者经其法定代理人同意、追认；但是，可以独立实施纯获利益的民事法律行为或者与其年龄、智力相适应的民事法律行为。"

按照《民法典》的规定，8 周岁以上不满 18 周岁的未成年人，为限制民事行为能力人。对比发现，限制民事行为能力人的年龄下限标准由 10 周岁下调到 8 周岁。随着经济社会的发展和教育水平的提高，现在儿童的心智水平和发育状况，远远高于以前同阶段儿童的水平。年满 8 周岁的未成年人已经可以独立实施某些民事行为，并且能对自己的一些行为作出独立判断，还能进行某些获取法律上利益而不负义务的民事行为，享有以自己的行为取得的荣誉权、发明权、著作权等民事权利。将年龄下限下调，可以更好地尊重这一部分未成年人的自主意识，保护其合法权益。

不能完全辨认自己行为的成年人并未完全丧失意思能力，能够进行适合其智力状况的民事行为，但对于比较复杂的或者重大的民事行为缺乏判断能力和自我保护能力，将其归于限制民事行为能力人。通常判断他们是否能够完全辨认自己的行为后果比较困难，因此，应由利害关系人申请，由人民法院依据医学鉴定宣告他们为限制民事行为能力人。

至于行为能力所受限制的范围，依据《民法典》第 22 条："不能完全辨认自己行为的成年人为限制民事行为能力人，实施民事法律行为由其法定代理人代理或者经其法定代理人同意、追认；但是，可以独立实施纯获利益的民事法律行为或者与其智力、精神健康状况相适应的民事法律行为。"

3. 无民事行为能力

无民事行为能力是指自然人无独立从事民事活动的资格，也就是说，不具有以自己的行为取得民事权利和承担民事义务的资格。与前述理由相同，无民事行为能力人应为不满八周岁的未成年人和不能辨认自己行为的成年人。

《民法典》第 20 条规定，不满 8 周岁的未成年人为无民事行为能力人，由其法定代理人代理实施民事法律行为。《民法典》第 21 条规定，不能辨认自己行为的成年人为无民事行为能力人，由其法定代理人代理实施民事法律行为。8 周岁以上的未成年人不能辨认自己行为的，适用前款规定。

《民法典》第 144 条规定："无民事行为能力人实施的民事法律行为无效。"一般认为，无民事行为能力人可以实施如下两类行为：

一是纯获利益的行为。例如，接受赠与、奖励等。对此类行为，他人不得以无民事行为能力为由主张该民事行为无效。

二是日常生活所必需的细小行为。无行为能力人也可能会从事一些日常生活所必需的行为，例如乘坐公交车和地铁、购买早点和零食。如果这些行为数额不大，且与其年龄和智力相符合，则可以实施。

民事行为能力的效力如图 2-2 所示。

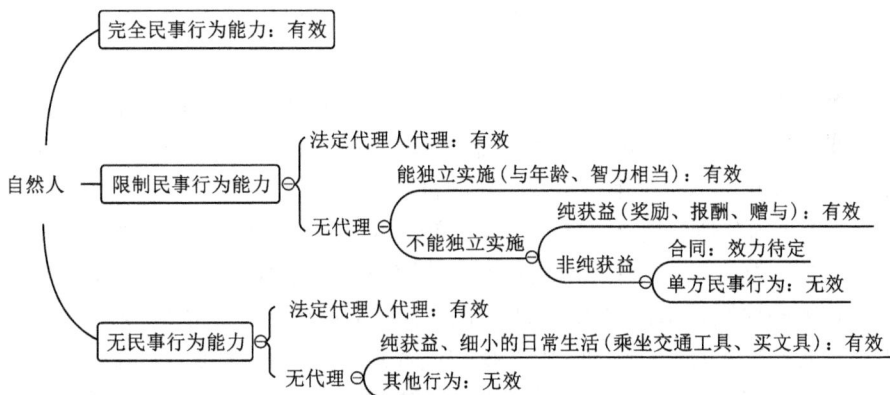

图 2-2 民事行为能力的效力

三、监护

监护是指民法上所规定的对于无民事行为能力人和限制民事行为能力人的人身、财产及其他合法权益进行监督、保护的一项制度。履行监督、保护义务的人，称为监护人，而被监督、保护的人，称为被监护人。

依据《民法典》第 34 条规定，监护人的职责是代理被监护人实施民事法律行为，保护被监护人的人身权利、财产权利以及其他合法权益等。监护人依法履行监护职责产生的权利，受法律保护。监护人不履行监护职责或者侵害被监护人合法权益的，应当承担法律责任。因发生突发事件等紧急情况，监护人暂时无法履行监护职责，被监护人的生活处于无人照料状态的，被监护人住所地的居民委员会、村民委员会或者民政部门应当为被监护人安排必要的临时生活照料措施。

(一) 监护的概念与设立目的

监护在性质上并不是权利，而是一种职责。设置监护的目的是保护无民事行为能力人和限制民事行为能力人的合法权益，进而利于社会秩序的稳定。被监护人为无民事行为能力人或者为限制民事行为能力人，其权利能力的实现因民事行为能力之不足而受影响，监护制度弥补了被监护人行为能力之不足，可有效地保护其合法权益。监护是保护无民事行为能力人或者限制民事行为能力人的合法权益，弥补其民事行为能力不足的法律制度。

《民法典》第26条至第39条以家庭监护为基础，社会监护为补充，国家监护为兜底，对监护制度作了完善的规定。明确了父母子女间的抚养、赡养等义务，扩大了被监护人的范围，强化了政府监护职能，并就监护人的确定、监护职责的履行、撤销监护等制度作出明确规定。

（二）监护的分类

对于未成年人的监护既包括法定监护，又包括指定监护。

（1）未成年人的父母是未成年人的监护人。父母作为未成年子女的法定监护人，以子女出生这一法律事实为发生原因，一直延续到子女年满18周岁。

（2）除父母之外的未成年人的法定监护人。未成年人父母双亡或丧失监护能力或被取消监护资格的，依据《民法典》第27条规定，由下列人员中有监护能力的人担任监护人：①祖父母、外祖父母；②兄、姐；③其他愿意担任监护人的个人或者组织，但是须经未成年人住所地的居民委员会、村民委员会或者民政部门同意。

（3）未成年人的其他亲属、朋友或者有关单位承担监护责任。《民法典》第31条规定：居民委员会、村民委员会、民政部门或者人民法院应当尊重被监护人的真实意愿，按照最有利于被监护人的原则在依法具有监护资格的人中指定监护人。依照该条第一款规定指定监护人前，被监护人的人身权利、财产权利以及其他合法权益处于无人保护状态的，由被监护人住所地的居民委员会、村民委员会、法律规定的有关组织或者民政部门担任临时监护人。监护人被指定后，不得擅自变更；擅自变更的，不免除被指定的监护人的责任。此种监护也被称为社会性监护或公益性监护。

（4）未成年人的监护人，也可以由法院指定来确定。依据《民法典》第31条规定：对监护人的确定有争议的，由被监护人住所地的居民委员会、村民委员会或者民政部门指定监护人，有关当事人对指定不服的，可以向人民法院申请指定监护人；有关当事人也可以直接向人民法院申请指定监护人。指定监护实际上是在发生监护纠纷，监护人不能依法确定时，根据法律规定的监护人的顺序，从有监护资格的人中选定监护人的一种方式。

依据《民法典》第28条规定，无民事行为能力或者限制民事行为能力的成年人，由下列有监护能力的人按顺序担任监护人：①配偶；②父母、子女；③其他近亲属；⑤其他愿意担任监护人的个人或者组织，但是须经被监护人住所地的居民委员会、村民委员会或者民政部门同意。

如果上述人员对担任监护人有争议的，应由被监护人住所地的居民委员会、村民委员会或者民政部门指定监护人，有关当事人对指定不服的，可以向人民法院申请重新指定监护人。对指定不服提起诉讼的，由人民法院裁决。没有依法具有监护资格的人的，监护人由民政部门担任，也可以由具备履行监护职责条件的被监护人住所地的居民委员会、村民委员会担任。

按照《民法典》的规定，愿意承担监护责任的个人或者有关组织，经被监护人住所地的居民委员会、村民委员会或者民政部门同意的可担任监护人。然而，很多单位既承担经济职能又承担社会职能，现在越来越多的不具备社会公共管理职能的单位，这些类型的单位已不适宜担任监护人。加之，劳动者和企业之间是劳动合同关系，劳动者流动相当频繁，单位缺乏履行监护职责的意愿和能力。

同时，我国现在的一些社会组织发展迅速，例如慈善组织，这些社会组织有意愿和能力来从事监护人的工作，因此《民法典》将法律许可的有关组织（居民委员会、村民委员会、民政部门等）纳入了监护人的范围中。

（三）监护人的职责

监护人的职责是由监护的目的决定的，主要是保护被监护人的人身、财产及其他合法权益。

（1）代理被监护人实施民事法律行为。《民法典》第36条第1款规定，监护人的职责是代理被监护人实施民事法律行为，保护被监护人的人身权利、财产权利以及其他合法权益等。

（2）保护被监护人的人身、财产及其他合法权益。在被监护人的人身、财产和其他合法权益受到非法侵害时，监护人作为法定代理人，有权代理被监护人请求法院给予保护，代为参加诉讼活动。

（3）管理、使用被监护人的财产。由于未成年人不具有管理、使用和处分财产的能力，因此应由未成年人的父母或其他监护人代为管理。监护人不仅可以管理被监护人的财产，也可以利用被监护人的财产，但不得损害被监护人的财产利益和其他利益。

（4）照顾被监护人。对未成年人的生活要悉心照顾，不得遗弃被监护人。对精神病人来说，人身监护重在医治、疗养和约束其行为。

（5）监督和管教被监护人。如果监护人没有尽到管教和约束被监护人的责任，致使被监护人实施侵害国家财产、集体财产或他人人身、财产的不法行为，监护人应当承担民事责任。

（四）监护对象范围

《民法典》把被监护的人群分为两类，即未成年人和精神病人。经过老年人权益保障法的补充，丧失或者部分丧失民事行为能力的老年人（60周岁以上），可以通过意定监护、法定监护和指定监护得到保护。

《民法典》第22条明确规定，不能完全辨认自己行为的成年人，为限制民事行为能力人，可以独立实施纯获利益的民事法律行为或者与其智力、精神健康状况相适应的民事法律行为。不能辨认自己行为的成年人，包括智力障碍人群和老年痴呆患者等。因此，《民法典》将监护对象的范围予以扩大，加强对弱势群体的保护。

（五）监护终止

监护因一定的事实而发生，也因一定的法律事实而终止。监护终止的原因有以下几种情形：①被监护人取得或恢复完全民事行为能力。②监护人或被监护人一方死亡。③监护人丧失了行为能力。④监护人辞去监护。⑤监护人被撤销监护人资格。

《民法典》第 36 条第 1 款规定，监护人有下列情形之一的，人民法院根据有关个人或者组织的申请，撤销其监护人资格，安排必要的临时监护措施，并按照最有利于被监护人的原则依法指定监护人：

（1）实施严重损害被监护人身心健康的行为；

（2）怠于履行监护职责，或者无法履行监护职责并且拒绝将监护职责部分或者全部委托给他人，导致被监护人处于危困状态；

（3）实施严重侵害被监护人合法权益的其他行为。

《民法典》通过列举的方式，进一步完善了《民法通则》中的撤销监护制度。

近些年，屡屡出现监护人侵害被监护人的现象，比如父母遗弃儿童、对儿童进行家暴等。针对这类监护人侵害未成年人等被监护人合法权益的情况，《民法典》规定人民法院可以根据申请撤销监护人的资格、依法指定新监护人，并对提起撤销监护诉讼的主体、适用情形、监护人资格的恢复等作了明确规定，这样更有利于保护未成年人的合法权益不受侵害。

四、自然人的住所

住所是自然人参与的各种法律关系集中发生的中心地域。法律上确定住所的意义主要在于：确定自然人的民事主体状态、决定债务的清偿地、决定婚姻登记的管辖地点、在涉外民事关系中确定法律适用的准据法等。

《民法典》第 25 条规定："自然人以户籍登记或者其他有效身份登记记载的居所为住所；经常居所与住所不一致的，经常居所视为住所。"在民法上，住所分为三类：

（1）法定住所。法定住所是指由法律直接规定的住所。《民法典》规定，自然人以其户籍登记或者其他有效身份登记记载的居所为住所，其性质属于法定住所。

（2）意定住所。意定住所是基于当事人的意思而设立的住所。

（3）拟制住所。法律规定在特殊情况下把居所视为住所。

五、宣告失踪

宣告失踪是指自然人离开自己的住所，下落不明达到法定期限，经利害关系人申请，由人民法院宣告其为失踪人的法律制度。

宣告失踪是对一种确定的自然事实状态的法律确认，目的在于结束失踪人财产关系的不确定状态，保护失踪人的利益和利害关系人的利益。例如，由于自然灾害、事故、战争造成下落不明。

《民法典》第 40 条规定："自然人下落不明满二年的，利害关系人可以向人民法院申请宣告该自然人为失踪人。"第 41 条规定："自然人下落不明的时间自其失去音讯之日起计算。战争期间下落不明的，下落不明的时间自战争结束之日或者有关机关确定的下落不明之日起计算。"在自然人被宣告为失踪人以后，其民事主体资格仍然存在，不产生婚姻关系解除和继承开始的后果。

根据《民法典》的规定，宣告失踪将产生两个方面的后果：

（1）为失踪人的财产设定代管人。

《民法典》第 42 条规定："失踪人的财产由其配偶、成年子女、父母或者其他愿意担任财产代管人的人代管。代管有争议，没有前款规定的人，或者前款规定的人无代管能力的，由人民法院指定的人代管。"

（2）清偿失踪人的债务，并追索其债权。

《民法典》第43条规定："财产代管人应当妥善管理失踪人的财产，维护其财产权益。失踪人所欠税款、债务和应付的其他费用，由财产代管人从失踪人的财产中支付。财产代管人因故意或者重大过失造成失踪人财产损失的，应当承担赔偿责任。"

六、宣告死亡

宣告死亡是指自然人下落不明达到法定期限，经利害关系人申请，人民法院经过法定程序在法律上推定失踪人死亡的一项制度。

通过宣告死亡制度，可以及时了结下落不明人与他人的财产关系和人身关系，从而维护正常的社会秩序。

宣告死亡必须具备以下条件：

（1）自然人下落不明达到法定期限。

《民法典》第46条规定："自然人有下列情形之一的，利害关系人可以向人民法院申请宣告该自然人死亡：（一）下落不明满四年；（二）因意外事件，下落不明满二年。因意外事件下落不明，经有关机关证明该自然人不可能生存的，申请宣告死亡不受二年时间的限制。"

（2）由利害关系人提出申请。

《民法典》第47条规定："对同一自然人，有的利害关系人申请宣告死亡，有的利害关系人申请宣告失踪，符合本法规定的宣告死亡条件的，人民法院应当宣告死亡。"

（3）由人民法院作出宣告。

人民法院在受理死亡宣告申请后，应当按照《民事诉讼法》规定的特别程序发出寻找下落不明人的公告。

自然人被宣告死亡和自然死亡产生相同的法律后果，即被宣告死亡的自然人在法律上被认定为已经死亡，其财产关系和人身关系都要发生变动。

宣告死亡的目的并非绝对地消灭或剥夺被宣告死亡人的主体资格，而在于结束以被宣告死亡人原住所地为中心的民事法律关系。

被宣告死亡人重新出现，或确切知道其下落的，经过法定的程序，人民法院应当撤销死亡宣告。死亡宣告撤销的要件是：①有证据证明被宣告死亡人仍然生存；②经本人或利害关系人申请；③由人民法院作出撤销宣告。

第六节　法人

一、法人的概念与特征

15世纪末，荷兰和英国先后成立了各种商业公司，随着商品经济的发展，合伙型公司逐步向法人型公司过渡。

1612 年，英国东印度公司将各个人的资本合并为共同资本，公司有了由其支配的相对独立的财产和团体人格。

1804 年的《法国民法典》没有规定法人制度，后来在修正的条文中用了法人概念。

1896 年颁布的《德国民法典》将法人规定为与自然人并列的民事主体，将法人分为社团、财团和公法人，规定了社团法人的成立、登记、章程、法人机关、破产和清算等，建立了完备的法人制度。

法人是与自然人相对应的民事权利主体。我国《民法典》第 57 条规定："法人是具有民事权利能力和民事行为能力，依法独立享有民事权利和承担民事义务的组织。"此项规定揭示了法人的民事主体性和法人的基本特征。

法人的基本特征表现在以下几个方面：

（1）法人是具有民事权利能力和民事行为能力的组织。

（2）法人具有独立于其投资人以及法人的成员的财产。

（3）法人具有独立和健全的组织机构。

（4）法人以自己的名义进行民事活动并对违反民事义务的行为后果承担责任。

二、法人的分类

大陆法系的民事立法和理论将法人分为公法人和私法人。依公法设立的拥有公共权力的法人为公法人；依私法设立的法人为私法人，如公司、企业等。

我国原《民法通则》将法人分为国家机关、事业单位、社会团体和企业四类。

国家本身不应当成为法人，而应当作为一个特殊的民事主体参与民事活动，而各级国家机关参与民事活动则以公法人的身份出现。

法人制度是民事法律的一项基本制度。随着我国经济社会的发展，新的组织形式不断出现，法人形态发生了较大变化，原《民法通则》关于企业法人、机关法人、事业单位法人和社会团体法人的分类已难以适应新的情况，有必要进行调整完善。

《民法典》遵循《民法总则》关于法人分类的基本思路，适应社会组织改革发展要求，按照法人设立目的和功能等方面的不同，将法人分为营利法人、非营利法人和特别法人三类。

《民法典》对营利法人和非营利法人，只列举了几种比较典型的具体类型，对现实生活中已经存在或者可能出现的其他法人组织，可以按照其特征，分别归入营利法人或者非营利法人。

（一）营利法人（企业法人）

营利法人（企业法人）是指以营利为目的，独立从事商品生产和经营活动的法人。营利法人不仅包含公司法人，也包含一些尚未依照原《公司法》改制的国有企业以及股份合作制企业法人等多种类型。

从市场经济发展的需要来看，营利法人的组织形式是不断发展的。当新的企业法人组织产生之后，如农村多种承包经营特殊企业，此时便可以适用《民法典》中关于营利法人的规定。

依据《民法典》第 76 条的规定，以取得利润并分配给股东等出资人为目的成立的法人，为营利法人。营利法人包括有限责任公司、股份有限公司和其他企业法人等。

我国的营利法人主要有以下特征：

第一，营利法人是以营利为目的的法人。①企业法人具有依法营业的特点。②企业法人具有持续营业的特点。③企业法人以将其所获利润分配给出资者为目的。

第二，营利法人必须具有独立财产。企业法人的财产是与其出资者的财产彼此分离的。企业法人的独立财产是其独立进行生产经营和独立承担民事责任的基础。

第三，营利法人是依核准登记程序成立的法人。企业法人是生产经营活动的主要参与者，为了规范经济秩序，企业法人的成立必须经过核准登记。

(二)非营利法人(非企业法人)

依据《民法典》第87条第1款规定：为公益目的或者其他非营利目的成立，不向出资人、设立人或者会员分配所取得利润的法人，为非营利法人。为公益目的成立的非营利法人终止时，不得向其成员或者设立人分配剩余财产；其剩余财产应当按照章程的规定或者权力机构的决议用于公益目的；不能按照法人章程规定或者权力机构的决议处理的，由主管机关主持转给宗旨相同或者相近的以公益为目的的法人，并向社会公告。

依据《民法典》第87条第2款规定：非营利法人包括事业单位、社会团体、基金会、社会服务机构等。

事业单位是指从事非营利性的社会公益事业的各类法人，如从事新闻、出版、广播、电视、电影、教育、文艺等事业的法人。事业单位可分为：①承担行政职能的事业单位；②从事生产经营活动的事业单位；③从事公益服务的事业单位。事业单位的特征：①以公益为目的，独立经费主要来源于国家财政拨款，也可通过集资入股或者由集体出资等方式取得。②从事文化、教育、卫生、体育、新闻等公益事业。

公益类事业单位是指为实现社会公共利益和国家长远利益举办的面向社会提供公益产品和公共服务的事业单位。①公益一类事业单位是指承担义务教育、基础性科研、公共文化、公共卫生及基层的基本医疗服务等公益服务，不能由市场配置资源的事业单位，不得从事经营活动。②公益二类事业单位是指承担高等教育、非营利性医疗等公益服务，可部分由市场配置资源的事业单位。可依据相关法律法规提供与主业相关的服务。③公益三类事业单位是指在国家政策支持下可以通过市场实现资源配置的事业单位。如广播电视、党报、党刊等机构。

社会团体是指由自然人或者法人自愿组成，为实现会员共同意愿，按照其章程开展活动的非营利性社会组织。社会团体是由其成员自愿组织的从事社会公益、文学艺术、学术研究、宗教等活动的各类法人，如工会、妇女联合会、工商业联合会等。社会团体的宗旨是实现会员的共同愿望。会员大会是决定社会团体重大事务的最高权力机关，社会团体的宗旨、业务范围、重大活动、管理机构的组成等重大问题由会员大会决定。社会团体以非营利为目的，社会团体虽可收费或者从事一些赚取利润的活动，但各种活动所取得的财产只能用于其目的事业，不能分配给会员。

基金会是一种特殊的非营利性法人，是指对国内外社会团体和其他组织以及个人自愿捐赠的资金进行管理，以资助推进科学研究、文化教育、社会福利和其他公益事业发展为宗旨的民间非营利性组织。其财产来源于社会捐赠，基金会的设立人和捐赠财产人并不成为基金会的成员，无权组成会员大会对基金会进行控制。我国已建立的基金会有中国老年基金会、中国残疾人福利基金会、中国福利基金会、宋庆龄基金会、中国青少年发展基金会等。我国 2004 年颁布的《基金会管理条例》首次以行政法规的形式对基金会进行了分类，即根据资金来源方式不同将基金会分为公募基金会（Public Foundation）与非公募基金会（Private Foundation）。

社会服务机构是指企业事业单位、社会团体和其他社会力量以及公民个人利用非国有资产举办的，从事非营利性社会服务活动的社会组织。这类组织主要分布在教育、科研、文化、卫生、体育、交通、信息咨询、知识产权、法律服务、社会福利及经济监督等领域，如民办大学、民办康复中心、民办图书馆、民办研究所、民办婚姻介绍所、民办法律援助中心、民办体育场等。社会服务机构大多为民办事业单位，具备法人条件的应视为非企业法人。

（三）特别法人

依据《民法典》第 96 条规定：机关法人、农村集体经济组织法人、城镇农村的合作经济组织法人、基层群众性自治组织法人，为特别法人。

（1）机关法人。机关设立的目的是履行公共管理等职能，这与其他法人组织存在明显差别。机关法人是指依照法律和行政命令组建的、享有公权力的、以从事国家管理活动为主的各级国家机关。机关法人一般不需要办理登记手续，但事业单位和社会团体法人一般都需要办理登记手续。依据《民法典》第 97 条规定，有独立经费的机关和承担行政职能的法定机构从成立之日起，具有机关法人资格，可以从事为履行职能所需要的民事活动。依据《民法典》第 98 条规定，机关法人被撤销的，法人终止，其民事权利和义务由继任的机关法人享有和承担；没有继任的机关法人的，由作出撤销决定的机关法人享有和承担。

机关法人包括权力机关法人、行政机关法人、司法机关法人和军事机关法人。权力机关法人是指各级权力机构，如全国人民代表大会及地方各级人民代表大会。行政机关法人包括国务院及其职能机构，以及地方各级政府及其职能部门。司法机关法人包括各级人民法院和各级人民检察院。军事机关法人是指团以上具有独立编制的军事机关。

（2）农村集体经济组织法人。农村集体经济组织具有鲜明的中国特色。农村集体经济组织是农村集体资产经营管理的主体，依法代表农民集体行使农村集体资产所有权，承担经营管理事务，明确其民事主体地位有利于其从事民事活动，有利于完善农村集体经济的实现形式和运行机制，增强农村集体经济发展活力。

依据《民法典》的规定，农村集体经济组织具备特别法人条件的，依法取得法人资格。

明确农村集体经济组织的法人地位是巩固农村集体经济产权制度改革成果的需要，是保障农村集体经济组织权益的需要。有助于社会参与者形成稳定的预期，引导农民积极参与集体经济的发展而提高农业的组织化，促进双层经营统一服务功能的增强，促进家庭层次的经营向集约化方向发展。明确农村集体经济组织法人地位是更好发挥强农惠农富农政策效果的需要，有利于农业发展实现两个转变：一是家庭经营向采取先进科技和生产手段的方向转变；二是统一经营要向发展农户联合与合作，形成多元化、多层次、多形式经营服务体系的方向转变。

（3）（城镇、农村）合作经济组织法人。这类组织对内具有共益性或互益性，对外从事经营活动，依法取得法人资格后可作为特别法人。

　　（城镇、农村）合作经济组织是我国农村实行家庭承包经营体制后，新出现的一种农业生产经营组织。这种组织既不同于以公司为代表的企业法人，也不同于社会团体法人，更不是个人合伙或者合伙企业，而是一种全新的经济组织形态。（城镇、农村）合作经济组织是在家庭承包经营基础上，同类农产品的生产经营者、同类农业生产经营服务的提供者和利用者，自愿联合、民主管理的互助性经济组织。主要特点为：由享有农村土地承包经营权的农民组成；体现成员经济参与和实现某种经济目的；围绕某类农产品或者某类服务而组织起来；是遵循合作社的一般原则而成立的互助性经济组织。

　　依据《民法典》的规定，农民专业合作经济组织具备特别法人条件的，依法取得法人资格。

　　（4）基层群众性自治组织法人。基层群众性自治组织是指在城市和农村按居民的居住地区建立起来的居民委员会和村民委员会。它是建立在我国社会的最基层、与群众直接联系的组织，是在自愿基础上由群众按照居住地区自己组织起来管理自己事务的组织。基层群众性自治组织是基于一定居住地范围内居民（村民）社会生活的共同需要而建立，目的是解决居住地范围内的公共事务和公益事业方面的社会问题，如社会治安、公共卫生等。基层群众性自治组织不是国家机关，也不是国家机关的下属或下级组织，也不从属于居住地范围内其他任何社会组织，具有自身组织上的独立性。基层群众性自治组织只存在于居住地范围的基层社区，所从事的工作都是居民居住范围内社区的公共事务和公益事业。

　　依据《民法典》的规定，基层群众性自治组织具备特别法人条件的，依法取得法人资格。

三、法人的民事能力

　　依据《民法典》第 57 条规定，法人是具有民事权利能力和民事行为能力，依法独立享有民事权利和承担民事义务的组织。

　　法人的民事权利能力是指法人作为民事权利主体，享受民事权利并承担民事义务的资格，即法人在参与市场经济活动中应当享有的资格。法人的权利能力是法人从事民事行为、参加民事活动的前提和基础。

　　法人的民事行为能力是指法人作为民事权利主体，以自己的行为享受民事权利并承担民事义务的资格。法人具有独立意志，法人机关只是法人组织体的构成部分，法定代表人对外可以代表法人，而法人的机关对内可以执行法人的事务。

（一）法人民事权利能力的特殊性

　　法人的民事权利能力是特殊的民事权利能力，具体表现在：

　　（1）法人不享有与公民的人身不可分离的权利。例如，法人不能享有亲属权，不能享有继承权。但是，法人可以享有名称权、荣誉权、名誉权等人格权。

　　（2）法人的民事权利能力依法受法律、行政法规的限制。由于设立法人的法律规定不同，各种法人享有的权利能力也不相同。例如，《公司法》赋予公司的权利能力并不适用于社会团体法人。

　　（3）法人的权利能力受其章程和目的的限制。法人应当在其章程等文件规定的范围内进行活动。

（二）法人民事权利能力的开始和终止

（1）法人的民事权利能力从法人成立时产生。法人在筹建期间，只能以非法人团体的身份进行民事活动，不得享有法人的权利能力，以法人的资格进行活动。

（2）法人的民事权利能力在法人终止时消灭。法人因依法被撤销、解散、依法宣告破产或其他原因而终止以后，其民事主体资格原则上就不复存在。

依据《民法典》第59条规定，法人的民事权利能力和民事行为能力，从法人成立时产生，到法人终止时消灭。

另外，依据《民法典》第70条第1款和第72条规定，法人解散的，除合并或者分立的情形外，清算义务人应当及时组成清算组进行清算。清算期间法人存续，但是不得从事与清算无关的活动。

（三）法人民事行为能力的特殊性

法人的民事行为能力与自然人的民事行为能力相比是不同的，表现在：①法人的民事行为能力和其民事权利能力在时间上是一致的。②法人的民事行为能力和其民事权利能力在范围上是一致的。③法人的民事行为能力是以其不同于单个自然人意思的团体意思为前提的。

对企业法人而言，其能力应当受到经营范围的限制，但经营范围不是对其权利能力的限制，而应当是对其行为能力的限制。依据《民法典》第97条规定，有独立经费的机关和承担行政职能的法定机构从成立之日起，具有机关法人资格，可以从事为履行职能所需要的民事活动。

（四）法人的侵权行为能力

侵权行为能力是指承担因侵权行为所致的损害赔偿责任的能力，因此也称为责任能力。法人具有侵权行为能力。《民法典》第60条规定，法人以其全部财产独立承担民事责任。

《民法典》关于侵害他人姓名权、名誉权、荣誉权的责任，关于产品瑕疵、高度危险、环境污染、危险施工、建筑物所有人或管理人的责任等，都可以适用于法人。法人不仅具有独立的侵权责任能力，而且应当承担独立的侵权责任。法定代表人和法人机关成员在执行职务过程中造成他人损害的，应当视为法人的行为，应由法人对该行为负责。依据《民法典》第62条规定，法定代表人因执行职务造成他人损害的，由法人承担民事责任。法人承担民事责任后，依照法律或者法人章程的规定，可以向有过错的法定代表人追偿。

四、法人的设立

法人的设立是指创办法人组织，使其具有民事权利主体资格而进行的多种连续准备行为，是法人成立的前置阶段和必经程序。因法人类型和时代不同，其设立原则亦不相同。

（1）自由设立主义。国家对于法人的设立完全听凭当事人自由，不要求具备任何形式，不加以任何干涉和限制。

(2)特许设立主义。法人的设立,须经特别立法或者国家元首的许可。

(3)行政许可主义。法人的设立须经行政机关许可。

(4)准则主义。设立人依照法定条件设立后,仅须向登记机关登记,法人即可成立。

(5)强制设立主义。国家对于特殊产业或者特殊团体的设立实行强制设立。

(一)我国法人设立的原则

我国现行法律对法人设立的原则主要有:

营利法人:一般实行准则主义,如有限责任公司、股份有限公司。对商业银行、保险公司等特殊法人,采取特许设立主义。

非营利法人:事业单位和社会团体依法不需要办理法人登记的,如中国科学院、中华全国总工会等,其设立原则应属于特许设立主义;依法需要办理登记的,如各种协会、学会、行业团体、基金会等,应当经过业务主管部门审查同意,向登记机关申请登记,其设立原则属行政许可主义。

特别法人:机关、农村集体经济组织、城镇农村的合作经济组织、基层群众性自治组织的设立取决于宪法和国家机关组织法的规定,相当于特许设立主义。

(二)我国法人设立的条件

(1)依法成立。依法成立在内容上包括两个方面:一方面,是指成立程序和成立条件合法。根据法律规定需要依法登记的企业法人、社会团体法人等,必须履行登记手续,才能取得法人资格。另一方面,是指法人组织合法。法人组织的合法性,首先是指法人的目的和宗旨合法,即法人成立的目的符合法律规定,符合国家和社会公共利益的要求。此外,组织的合法性还包括组织机构、经营范围、经营方式等内容合法。

(2)有必要的财产或者经费。法人要有自己的独立财产。法人没有独立财产就不可能从事各种民事活动,也就不可能取得权利并承担义务。

(3)有自己的名称、组织机构和场所。社会组织要成为法人,必须有自己的名称。法人对于已经登记注册的名称享有专用权。法人有权使用、依法转让自己的名称。法人的组织机构是对内管理法人事务、对外代表法人从事民事活动的机构的总称。法人的场所是法人从事生产经营活动的地方。我国《民法典》第63条规定,法人以其主要办事机构所在地为住所。依法需要办理法人登记的,应当将主要办事机构所在地登记为住所。办事机构所在地是指执行法人业务活动、决定和处理法人事务的机构所在地。法人应以登记时所注明的主要办事机构为住所。

(4)能够独立承担民事责任。任何民事主体都必须以自己的名义并且以自己的财产独立地承担民事责任。社会组织要成为法人,必须能够独立承担民事责任。

(三)我国法人设立的程序

(1)设立行为。企业法人在设立时,常常要由发起人从事设立行为。发起行为在性质上是一种发起人之间的共同行为,准用合伙的规定,但如果发起人成立了一个筹备处,则在性质上已经转化为一个设立中的法人。

(2)登记。我国法人的成立大多必须经过登记,方能取得法人资格。例如,公司均须办理登记（《公司法》第7条、第29条、第92条）。事业单位法人和社会团体法人，除法律规定不需要登记的外，均须办理登记。财团法人的设立，如基金会，必须订立章程，而且要经过登记才能设立（《民法典》第88、90、92条）。

五、法定代表人

依据《民法典》第61条的规定，法人的法定代表人是指依照法律或者法人章程的规定，代表法人从事民事活动的负责人。

法人的法定代表人具有如下特征：

（1）法人的法定代表人是由法律或法人的组织章程规定的自然人。如果法律规定和章程的规定不一致，则应当以章程的规定为准。

（2）法人的法定代表人有权代表法人从事民事活动。法定代表人根据法律和章程的规定，有权代表法人对外行为，其法律后果由法人承受。

（3）法人的法定代表人是法人的主要负责人。如公司的董事长、总经理等。通常由法定代表人代表法人在法院起诉和应诉。法人章程或者法人权力机构对法定代表人代表权的限制，不得对抗善意相对人。

法人的法定代表人有权代表法人对外行使职权，同时也有义务严格遵守国家的法律、法规，保障企业合法经营。对于法人的法定代表人非执行职务而产生的行为后果，法人不承担责任。

比如，依据《民法典》的规定，营利法人应当设执行机构。执行机构为董事会或者执行董事的，董事长、执行董事或者经理按照法人章程的规定担任法定代表人；营利法人的出资人不得滥用法人独立地位和出资人有限责任损害法人的债权人利益。滥用法人独立地位和出资人有限责任，逃避债务，严重损害法人的债权人利益的，应当对法人债务承担连带责任。营利法人的控股出资人、实际控制人、董事、监事、高级管理人员不得利用其关联关系损害法人的利益。利用关联关系给法人造成损失的，应当承担赔偿责任。营利法人从事经营活动，应当遵守商业道德，维护交易安全，接受政府和社会的监督，承担社会责任。

六、法人的机关

法人的机关是指根据法律或法人章程的规定，能够对外代表法人从事经营活动的个人或集体。法人机关不限于法定代表人，还包括公司的董事会、经过授权能够对外代表公司行为的董事、公司的执行总裁等。

比如，依据《民法典》的规定，营利法人的执行机构行使召集权力机构会议，决定法人的经营计划和投资方案，决定法人内部管理机构的设置，以及法人章程规定的其他职权。营利法人设监事会或者监事等监督机构的，监督机构依法行使检查法人财务，监督执行机构成员、高级管理人员执行法人职务的行为，以及法人章程规定的其他职权。

法人机关的行为视同法人本身的行为，法人应对其法定代表人和其他工作人员的经营活动负代表责任，即由法人承担民事责任。

法人的组织机构亦可包括法人的分支机构。分支机构根据法人章程、决议的授权从事法人的部分经营业务，在一般情况下，法人的分支机构只是隶属于法人的机构，不能作为独立的民事权利主体。

七、法人的终止与清算

法人的终止，亦即法人的消灭，是指法人丧失民事主体资格，不再具有民事权利能力与行为能力的一种状态。法人终止后，其民事权利能力和行为能力消灭，民事主体资格丧失，终止后的法人不能再以法人的名义对外从事民事活动。法人终止的原因主要有以下几项：①依法被撤销；②解散；③依法宣告破产；④法人的分立、合并；⑤其他原因。

法人终止，应当依法进行清算，停止清算范围外的活动。清算是指法人在终止前对其财产进行清理，对债权债务关系进行了结的行为。清算期间的法人称为清算法人。在清算过程中，清算法人继续存在，可以从事清算范围内的活动，包括清理财产、清偿债务，从事清算活动所必要的资金借贷、变卖法人的财产、追回被他人占有的财产、在法院起诉和应诉等，但不得从事与清算无关的活动。

清算后的剩余财产，根据章程的规定或者权力机构的决议进行处理。清算组织是从事清算活动的人，如清算委员会、清算小组等。依据《民法典》第72条的规定，清算结束并完成法人注销登记时，法人终止；依法不需要办理法人登记的，清算结束时，法人终止。

第七节　非法人组织

一、非法人组织的概念与特征

民法关于民事主体的理论和立法有一个从承认单一主体到多元主体的发展过程。

1804年的《法国民法典》只承认自然人为民事主体。1900年施行的《德国民法典》确立了法人作为有别于自然人的民事主体地位。第二次世界大战以后，民法学界关于非法人组织的认识有了重大发展，承认非法人组织具有一定的民事权利能力、民事行为能力和诉讼能力，并有相对独立的财产，但不能完全独立承担民事责任。法人与非法人组织的关系如图2-3所示。

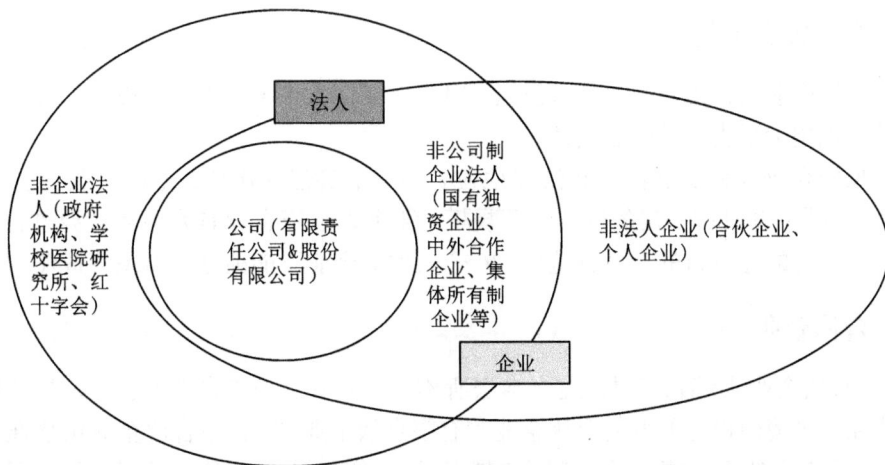

图2-3　法人与非法人组织

依据我国《民法典》第 102 条的规定，非法人组织不具有法人资格，依法能够以自己的名义从事民事活动。非法人组织包括个人独资企业、合伙企业，以及不具有法人资格的专业服务机构等。

（一）非法人组织的特征

（1）非法人组织是人合组织体。非法人组织是不同于法人的组织体，非法人组织也存在设立程序、机构设置、议事规则等事项，但这些事项更多的是由组织成员自己决定，法律对此一般不作规定。

（2）非法人组织是具有相应民事权利能力和民事行为能力的组织。非法人组织作为另一种民事主体，与自然人、法人一样，享有民事权利能力和民事行为能力。

（3）非法人组织是不能完全独立承担民事责任的组织体。非法人组织与法人组织的重要区别之一，是非法人组织不能而法人能够独立承担民事责任。当非法人组织不能清偿到期债务时，应由该非法人组织的出资人或者开办单位承担连带责任。

（二）非法人组织的构成要件

（1）有自己目的的社会组织。该目的可以是非营利目的，如发展科学、技术、文化、教育、艺术、体育、宗教、慈善事业；也可以是营利目的，如以获取经济利益为目的。对于营利性非法人组织来说，具有特定的经营范围。

（2）有自己的名称。非法人组织须有自己的名称并以组织的名义对外进行民事活动。如不以组织的名义对外进行活动，而以个人的名义对外进行活动，其行为则不是非法人组织的行为。

（3）有自己能支配的财产或者经费。能独立支配的财产或者经费是非法人组织进行民事活动的物质基础。非法人组织的财产不要求与其成员的财产截然分开，如个人独资企业。

（4）设有代表人或管理人。非法人组织为实现自己的目的，应设立代表人或者管理人，对外代表非法人组织，进行民事活动。

二、个人独资企业

个人独资企业是指由一个自然人投资，财产属投资人个人所有，投资人以其个人财产对企业债务承担无限责任的经营实体。

个人独资企业具有以下特征和法律地位：①一个自然人出资，生产资料归投资者所有；②雇工经营；③具有一定的生产经营规模；④个人独资企业具有团体性要件；⑤个人独资企业有自己的经营目的和经营范围；⑥个人独资企业不能独立承担民事责任。

三、合伙企业

我国《合伙企业法》第 2 条规定："本法所称合伙企业，是指自然人、法人和其他组织依照本法在中国境内设立的普通合伙企业和有限合伙企业。""普通合伙企业由普通合伙人组成，合伙人对合伙企业债务承担无限连带责任。本法对普通合伙人承担责任的形式有特别规定的，从其规定。""有限合伙企业由普通合伙人和有限合伙人组成，普通合伙人对合伙企业债务承担无限连带责任，有限合伙人以其认缴的出资额为限对合伙企业债务承担责任。"

(一)合伙企业的法律特征

(1)合伙是由两个以上合伙人所组成的组织。合伙人只要具有行为能力就可以成为合伙人。

(2)合伙存在的基础是合伙协议。合伙协议是合伙组织最重要的内部法律文件，各个合伙人都应当按照合伙协议享受权利和履行义务。

(3)合伙以经营共同事业为目的。

(4)每一合伙人对外均被视为合伙企业代表，其他合伙人对其对外行为承担连带责任。

(二)合伙的分类

企业型合伙是指自然人、法人和其他组织依照《合伙企业法》在中国境内设立的普通合伙企业和有限合伙企业。合同型合伙，是指根据合伙合同而形成的合伙，其并未在工商部门登记、注册成立为一个组织体。

民事合伙是指由自由职业者组成的从事民事活动的合伙组织。商事合伙是指由合伙人组成的从事生产经营等商事活动的合伙。

普通合伙是按合伙合同组成的合伙，所有合伙人对外都承担无限连带责任。有限合伙是至少由一名普通合伙人和一名有限合伙人组成的合伙，后者仅以出资为限承担清偿责任。

显名合伙是指所有的合伙人都要公开合伙人身份和姓名，并参与合伙事业的经营管理活动的合伙。隐名合伙是指当事人约定由一方即隐名合伙人，对另一方即出名营业人，进行投资，但不参加执行合伙业务，仅仅分享合伙利益以及在自己出资的范围内分担合伙损失，对外不公开姓名的合伙。

(三)普通合伙企业

依据《合伙企业法》第2条第2款的规定，普通合伙企业是指由普通合伙人组成，合伙人对合伙企业债务承担无限连带责任的组织。一方面，普通合伙企业不同于合同型的合伙关系，需依法进行登记，并且要有合伙企业的名称和生产经营场所，满足法律、行政法规规定的其他条件；另一方面，普通合伙人要承担无限连带责任。

依据《合伙企业法》第3条的规定，国有独资公司、国有企业、上市公司以及公益性的事业单位、社会团体不得成为普通合伙人。

合伙人的出资是指合伙人基于合伙合同为经营共同的事业而做出的投资。依据《合伙企业法》第16条的规定，合伙人可以用货币、实物、知识产权、土地使用权或者其他财产权利出资，也可以用劳务出资；合伙人以实物、知识产权、土地使用权或者其他财产权利出资，需要评估作价的，可以由全体合伙人协商确定，也可以由全体合伙人委托法定评估机构评估；合伙人以劳务出资的，其评估办法由全体合伙人协商确定，并在合伙协议中载明。

合伙财产是由合伙人的出资以及以合伙企业的名义取得的收益（合伙积累的财产）所构成的。《合伙企业法》第20条规定："合伙人的出资、以合伙企业名义取得的收益和依法取得的其他财产，均为合伙企业的财产。"《合伙企业法》第33条第1款规定："合伙企业的利润分配、亏损分担，按照合伙协议的约定办理；合伙协议未约定或者约定不明确的，由合伙人协商决定；协商不成的，由合伙人按照实缴出资比例分配、分担；无法确定出资比例的，由合伙人平均分配、分担。"

合伙债务即合伙事业经营过程中由合伙所承担的债务。合伙债务的债务人应当是合伙企业而不是合伙人。合伙债务必须是合伙企业以自己的名义对他人所负的债务，通常是指合伙人在执行合伙事务中所欠的债务。合伙企业的债务，首先应当以合伙企业的财产清偿。如果合伙财产不足以清偿合伙债务，各合伙人应当承担无限连带清偿责任。无限是指合伙人应当以其个人的全部财产对合伙的债务承担责任。连带是指每个合伙人都对合伙债务负有全部清偿责任，债权人可以请求任何一个合伙人清偿全部合伙债务。

合伙事务是指合伙关系存续期间内，所有与合伙事业相关的、涉及团体利益的事务，既包括对外的交易事务，也包括对内的管理事务等。《合伙企业法》第26条第1款规定："合伙人对执行合伙事务享有同等的权利。"合伙人可以基于合伙人约定或合伙人决定，委托一名或数名合伙人执行合伙事务，该执行合伙事务的人，称为合伙事务执行人。《合伙企业法》第37条规定："合伙企业对合伙人执行合伙事务以及对外代表合伙企业权利的限制，不得对抗善意第三人。"善意是指第三人不知道或者不应当知道合伙企业关于执行内部事务的约定或者决定。

根据《合伙企业法》第33条的规定，有关合伙企业的利润分配、亏损分担：一是应当按照合伙协议的约定办理；二是合伙协议未约定或者约定不明确的，应当由合伙人事后协商决定；三是如果合伙人之间没有协议且事后协商不成的，由合伙人按照实缴出资比例分配、分担；无法确定出资比例的，由合伙人平均分配、分担。合伙协议不得约定将全部利润分配给部分合伙人或者由部分合伙人承担全部亏损。

合伙事务执行人执行合伙事务所得的收益归全体合伙人，同时也应当承担相应义务：一是法定义务，即谨慎注意的义务、亲自和及时地执行合伙事务的义务、忠实勤勉义务、及时报告的义务等；二是约定义务，即全体合伙人与事务执行人之间达成协议约定的有关义务。

根据《合伙企业法》第32条规定，合伙人还负有以下义务：①竞业禁止的义务。②合伙人不得与本合伙企业进行交易的义务。③合伙人不得从事有损合伙企业利益的活动的义务。

入伙是指合伙设立以后，非合伙人加入合伙而成为合伙人。根据《合伙企业法》第43条的规定，入伙必须符合如下条件：①新合伙人入伙必须得到全体合伙人的一致同意。②入伙须依法订立书面入伙协议。③入伙必须办理登记手续。

退伙是指已经取得合伙人身份的合伙人脱离合伙组织，使其合伙人资格消灭的法律事实。退伙包括：①法定退伙。即当然退伙，指基于法律直接规定而退伙。②强制退伙。合伙人从事某种行为，具有某些法定的原因以及符合法律规定的条件时，其他合伙人可以强制该合伙人退伙。③自愿退伙。合伙人依据约定或单方面向其他合伙人声明退伙。

根据《合伙企业法》第85条，合伙一旦解散，合伙主体将不复存在。合伙解散的原因主要有：①合伙期限届满，合伙人决定不再经营；②合伙协议约定的解散事由出现；③全体合伙人决定解散；④合伙不具有法定人数满 30 天；⑤合伙协议约定的合伙目的已经实现或者无法实现；⑥依法被吊销营业执照、责令关闭或者被撤销；⑦出现法律、法规规定的合伙企业解散的其他情形。

特殊的普通合伙企业是指以专业知识和专门技能为客户提供有偿服务，并依法承担有限责任或无限责任的企业，如律师事务所、会计师事务所等。此类合伙企业具有如下特点：①设立的特殊性。依据《律师法》第 18 条，设立律师事务所，应当向设区的市级或者直辖市的区人民政府司法行政部门提出申请，省、自治区、直辖市人民政府司法行政部门应当自收到报送材料之日起 10 日内予以审核，作出是否准予设立的决定。②业务范围的特殊性。这类机构通过具备专业知识和专门技能的工作人员为客户提供服务，如律师为当事人代理案件、会计师事务所为企业进行审计等。③责任承担方式的特殊性。合伙人在执业活动中因故意或者重大过失造成合伙企业债务的，有过错的合伙人应当承担无限连带责任，反之，则由全体合伙人承担无限连带责任。

（四）有限合伙企业

有限合伙企业是指由普通合伙人和有限合伙人组成的合伙企业，其中普通合伙人负责合伙企业的经营管理并对合伙企业债务承担无限连带责任，而有限合伙人通常不负责合伙企业的经营管理，并仅以其认缴的出资额为限对合伙企业债务承担有限责任。

四、其他非法人组织

依据我国《民法典》的规定：自然人经依法登记，从事工商业经营的，为个体工商户。

个体工商户可以起字号。个体工商户的债务，个人经营的，以个人财产承担；家庭经营的，以家庭财产承担；无法区分个人经营和家庭经营的，以家庭财产承担。

个体工商户是指在法律允许的范围内，依法经核准登记，从事工商经营活动的自然人或者家庭。个体工商户的特征是：①从事工商个体经营的是单个自然人或者家庭。②个体工商户必须依法进行核准登记。③个体工商户应在法律允许的范围内从事工商业经营活动，除手工业、加工业、零售商业外，还包括修理业、服务业等。

农村集体经济组织的成员，依法取得农村土地承包经营权，从事家庭承包经营的，为农村承包经营户。农村承包经营户的债务，以家庭财产承担。

农村承包经营户是指在法律允许的范围内，按照承包合同的规定从事商品经营的农村经济组织的成员。其主要特征是：①农村承包经营户是农村集体经济组织的成员。②农村承包经营户是基于各种承包合同产生的。③农村承包经营户是在法律允许的范围内从事商品生产、经营活动。

小 结

民事主体的人身权利、财产权利以及其他合法权益受法律保护，任何组织或者个人不得侵犯。民事主体在民事活动中的法律地位一律平等。自然人从出生时起到死亡时止，具有民事权利能力，依法享有民事权利，承担民事义务。父母对未成年子女负有抚养、教育和保护的义务。成年子女对父母负有赡养、扶助和保护的义务。法人是具有民事权利能力和民事行为能力，依法独立享有民事权利和承担民事义务的组织。非法人组织是不具有法人资格，但是能够依法以自己的名义从事民事活动的组织。

◆ 知识点

法人、非法人组织、法律事实、无因管理、不当得利、知识产权、商业秘密、虚拟财产、抗辩事由、正当防卫、紧急避险、胎儿利益保护、意定监护、失能老人、企业法人与非企业法人、民事合伙与商事合伙、显名合伙与隐名合伙、合伙债务、保证责任、事业单位、社会团体、基金会、社会服务机构、机关法人、农村集体经济组织法人、合作经济组织法人、基层群众性自治组织法人、个体工商户、农村承包经营户

◆ 复习思考

一、简答

1. 简述民事法律关系的特征。
2. 民事法律事实包含哪些内容？
3. 正当防卫与紧急避险有何区别？
4. 自然人的民事权利能力具有哪些特征？
5. 自然人的民事行为能力有哪些类型？
6. 监护人应该履行哪些职责？
7. 试述法人民事能力的特殊性。
8. 普通合伙与有限合伙有哪些区别？

二、案例分析

1. 原告与被告是邻居，某天早晨原告在楼顶平台上摆放了 20 盆君子兰，浇完水以后就去上班。下午突然刮起大风，大雨将至，被告上楼顶收拾晾晒的衣服，发现原告养的君子兰将遭雨淋，遂动手将花盆搬下楼，在搬运时不慎摔了一跤，扭伤了自己的脚，同时将原告的一盆君子兰摔坏。原告回家后发现一盆君子兰已被摔坏，认为被告擅自搬动其花盆并由此造成损失，应当负责赔偿。被告认为其出于好心帮助原告，不应赔偿。原告遂提起诉讼，要求被告承担侵权责任。被告又提起反诉，请求原告支付其因治疗脚扭伤而花费的医疗费。问：本案该如何处理？

2. 年满 16 岁的少年李某为一家工厂学徒工，不以自己的劳动收入为主要生活来源。有一次李某在商场看中了一款新式手机，由于钱不够，于是向邻居张某借了 2000 元钱，但在购买手机的路上钱包不慎被偷。后来张某要求李某还钱，李某不得已将事情告诉父母。李某的父母一方面对儿子进行批评教育，另一方面则认为张某不应该借钱给其未成年的儿子，而且钱已经丢失，因而拒绝还钱。问：李某的父母是否应该向张某偿还 2000 元钱？

3. 北京市东城区张姓老人找到社区求助，他没有亲生子女，只有一名养女，养女拒绝

履行赡养义务，他诉至法院，跟养女解除了收养关系，日常生活由侄女照料，他想把自己晚年托付给侄女，可不知道怎么办。问：张姓老人应该与其侄女建立什么法律关系？

4. 甲为某高校的在职研究生，经济上独立于其家庭。2020 年通过工商登记成立了一家名为"慧杰 IT 规划有限公司"的个人独资企业，注册资本为人民币 1 万元，营业状况良好。后来乙与甲协议参加该企业的投资经营，并追加投资 5 万元人民币。经营过程中先后聘用工作人员共 10 名，对此甲认为自己开办的是私人企业，并不需要为职工办理社会保险，因此没有给职工缴纳社会保险费，也没有与职工签订劳动合同。后来该企业经营不善导致负债 10 万元。甲决定于 2021 年 9 月自行解散企业，但因企业财产不足清偿而被债权人、企业职工诉诸法院。法院审理后认为甲与乙形成事实上的合伙关系，判决责令甲乙补办职工的社会保险并缴费，由甲乙对该企业的债务共同承担无限连带责任。问：本案的处理正确吗？

5. 某汽车配件厂为甲、乙、丙三人各出资 5 万元组成的合伙企业，经营汽车配件生产销售。合伙协议中规定了利润分配和亏损分担办法：甲分配或分担 3/5 后，丙、乙各自分配或分担 1/5，争议由合伙人协商解决，不允许向仲裁机构申请仲裁，也不允许通过诉讼解决。该合伙企业的负责人是甲，对外代表该合伙企业。问：该合伙协议有效吗？

6. 甲与乙是夫妇，由于单位效益不好，甲决定停薪留职开办一家小卖部，但遭到丈夫乙的反对，于是双方签订了一份协议，协议约定：甲开店的一切责任自负，双方各自收入归个人支配。甲在经营中效益时好时差，仍然经常以营业收入为家中购置共同生活用品。后来甲由于经营失败欠下 3 万多元的债务。债主纷纷前来讨债，甲将全部货物及自己的存款用来还债，结果仍欠丙 1 万多元。丙因向甲要不到全部欠款便向法院起诉，请求以乙的存款偿还。法院经查实，乙在银行有 5 万元的存款。问：丙是否有权请求乙偿还甲所欠的债务？

三、课后作业

1. 举例说明民事责任与民事义务的区别和联系。

2.《民法典》将法人分为营利法人、非营利法人和特别法人，请分别阐述这三类法人设立的目的和功能。

第三章　民事法律行为

【导语】法律行为以意思表示为核心要素。不具备生效要件的法律行为会产生无效、可撤销和效力待定三种效力类型。当事人可以约定法律行为生效的条件和期限。

【重点】意思表示、民事法律行为的成立与生效、附条件和附期限的民事法律行为、民事法律行为的无效与撤销

第一节　一般规定

一、法律行为的概念与特征

法律行为是以发生私法上效果的意思表示为要素的行为，是民法中最为核心的制度之一。这一概念有两个起源，一是罗马法中的"negozio giuridico"（权利主体所从事的旨在设定、保护、变更和消灭民事法律关系各种"适法行为"必备条件和原则的概括），追求法律行为的意思表示属性，即法律在其规定的条件和限度内承认能够产生主体所期待的法律后果的意思表达。二是日耳曼法中的"rechtgeschaeft"（符合法律规定并产生法律效力，获得私法效果的各种法律方面的行为），即强调法律行为的目的为设定权利和义务。

民事法律行为的上位概念是民事行为，具有表意性和目的性，排除了事实行为；同时民事法律行为是合法行为，以适法性为特征，不包括无效民事行为，可变更、可撤销民事行为，以及效力未定民事行为。具体如图3-1所示。

依据我国《民法典》第133条的规定，民事法律行为是民事主体通过意思表示设立、变更、终止民事法律关系的行为。事实行为是指行为人不具有设立、变更或消灭民事法律关系的意图，但依照法律的规定能引起民事法律后果的行为。事

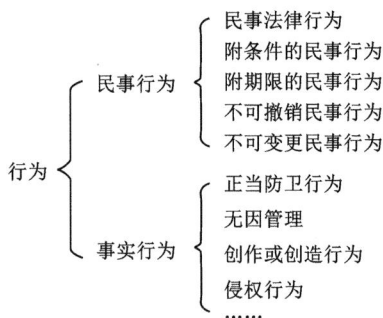

图3-1　行为的分类

实行为包括：无因管理、不当得利、正当防卫、紧急避险，以及拾遗、发现埋藏物等行为。

（1）事实行为完全不以意思表示为其必备要素，而民事行为以意思表示为必备要素。

（2）事实行为依法律规定直接产生法律后果，民事行为依据行为人意思表示的内容而发生效力。

（3）事实行为只有在行为人的客观行为符合法定构成要件时才发生法律规定的效果，民事行为的本质在于意思表示，而不在于事实构成。

（4）事实行为的构成不要求行为人具有相应的民事行为能力，而民事行为以行为人具有民事行为能力为生效条件。

情谊行为是指当事人因社交、帮助、道义等发生的，没有民法上权利义务意思内容的行为。例如，约请朋友到家中吃饭，陪同老年人一起散步，叫醒一起出行的同伴，帮邻居照看小孩，帮同学寄一封信等，在此情况下，不发生民法上的权利义务关系，不属于法律行为。

情谊行为和法律行为都存在纯粹生活事实意义上的"意思表示"一致，法律行为会产生当事人期望的法律后果，而情谊行为当事人则无可识别的受法律拘束的意思，这直接导致其处于法律调整范围之外，并不能产生法律上的后果。

准民事法律行为是表意行为之一，其效力非基于表意人的表意，而是基于法律规定，可分为催告、通知以及宽恕。①催告。如《民法典》规定相对人可以催告被代理人在一个月内予以追认。②通知。如《公司法》规定召开股东大会会议的时间、地点和审议的事项于会议召开20日前通知各股东。③宽恕。如《继承法意见》规定："继承人虐待被继承人情节严重的，或者遗弃被继承人的，如以后确有悔改表现，而且被虐待人、被遗弃人生前又表示宽恕，可不确认其丧失继承权。"

二、法律行为的分类

法律行为依据不同标准可作如下分类：

（1）单方法律行为、双方法律行为和共同法律行为。

单方法律行为是仅由一方行为人的意思表示就能成立的民事法律行为，其特点是无须他人的同意就能发生法律效力，如设立遗嘱、免除债务等。双方法律行为是由行为人双方相对应的意思表示达成一致而成立的民事法律行为，如买卖合同、赠与合同等。共同法律行为是由多个行为人的意思表示达成一致而成立的民事法律行为，如公司股东会的决议等。

"民事法律行为可以基于双方或者多方的意思表示一致成立，也可以基于单方的意思表示成立。"（《民法典》第134条）

（2）有偿法律行为与无偿法律行为。

有偿法律行为是指一方通过履行法律行为规定的义务而给对方某种利益，对方要得到该利益必须为对待给付的法律行为。如买卖、租赁、保险等。无偿法律行为是指一方给付对方某种利益，对方取得该利益时不需要为对待给付的法律行为。如赠与、借用等。

（3）诺成法律行为与实践法律行为。

诺成法律行为是指当事人一方的意思表示经对方同意即能产生法律效果的法律行为，即"一诺即成"的行为。如赠与、银行借款、客运、货运等。实践法律行为是指除当事人双方意思表示一致以外，尚须交付标的物才能成立的法律行为。如借用、保管等。

（4）财产法律行为与身份法律行为。

财产法律行为是以发生财产上法律效果为目的的行为，财产法律行为的后果是在当事人之间发生财产权利义务的变动。民事法律行为多数为财产法律行为。如抛弃财产所有权、债权让与、债务承担及债务的免除。身份法律行为是指以发生身份上法律效果为目的的行为，身份法律行为的后果是在当事人之间发生身份关系的变动。例如结婚、离婚、收养、解除收养等行为。

（5）要式法律行为与不要式法律行为。

要式行为是指依法律规定或者依约定，必须采取一定形式或者履行一定程序才能成立的行为。例如，票据行为就是法定要式行为。不要式行为是指法律不要求特定形式，行为人自由选择一种形式即能成立的行为。现代民法以方式自由为原则，除法律有特别规定或者当事人有特别约定外，均为不要式行为。

依据我国《民法典》第135条的规定，民事法律行为可以采用书面形式、口头形式或者其他形式；法律、行政法规规定或者当事人约定采用特定形式的，应当采用特定形式。其中，经主管机关履行特定手续的特殊书面形式有公证、审核批准、登记等。

（6）主法律行为与从法律行为。

主行为是指不需要有其他行为的存在就可以独立成立的行为。例如，对于保证合同来说，主债务合同就是主行为。从行为是指以其他行为的存在为前提的行为。例如，保证合同相对于主债务合同来说是从行为。

（7）有因行为与无因行为。

有因行为是指与原因不可分离的行为。例如买卖行为的原因，对于买方而言即为取得标的物的所有权，对于卖方而言即为取得价款。无因行为是指行为与原因可以分离，不以原因为要素的行为。例如，票据行为就是无因行为。

（8）独立行为和辅助行为。

独立行为是指行为人凭借其意思表示即可成立的行为。例如，完全民事行为能力人以自己的名义实施的行为，都是独立行为。辅助行为是指并不具有独立的内容，而仅仅是辅助其他行为生效的行为。例如，法定代理人对限制民事行为能力人的意思表示所作的同意表示，就具有这种辅助性质。

第二节　意思表示

一、意思表示的概念与构成要素

法律文化指一个民族或国家在长期的共同生活过程中所认同的、相对稳定的、与法和法律现象有关的制度、意识和传统学说的总体。法律文化包括法律意识、法律制度、法律实践，是法的制度、法的实施、法律教育和法学研究等活动中所积累起来的经验、智慧和知识，是人们从事各种法律活动的行为模式、传统、习惯。

法律行为的核心内容是意思表示，只要有交易，就有意思表示，可以说在交易初期就具有法律行为的核心内容。意思表示是指行为人把进行某一民事法律行为的内心效果意思以一定的方式表达于外部的行为。意思表示应由目的意思、效果意思两个主观要素和表示行为这一客观要素构成。

目的意思的内容依其法律性质可分为三类：一是要素，即构成某种意思表示所必须具备的意思内容。二是常素，即行为人作出某种意思表示时通常应含有的、内容完全等同的意思要素。三是偶素，即基于当事人的特别意图所确定的意思表示的要素。

意思表示的基础，促使意思表示的形成，最后实现民事法律行为的效果。此项效果包括获得财产上、身份上或者精神上的法律利益，意思表示人在内心先有期望发生某种法律效果的意思，然后使其表示内容引起法律上效果的意思，即具有设立、变更、终止民事法律关系的意图。

意思表示不可缺少的客观要素，即行为人将内心意思以一定方式表现于外部，并足以为外界客观理解的行为。没有表示行为，即使有了内心效果意思，也不能将其客观化，而无法产生法律效果。其中，表示行为应以社会上通用的语言、文字、动作为之。

二、意思表示的分类

(一)有相对人与无相对人的意思表示

有相对人的意思表示是指表意人应向相对人作出的意思表示。意思表示通常有相对人，如订立合同中的要约与承诺、债务免除、合同解除、授予代理权等均为有相对人的意思表示。

无相对人的意思表示指无须向相对人所为的意思表示，如遗嘱行为、抛弃动产所有权的行为。构成双方行为的意思表示，必须有相对人，而单方行为的意思表示不必皆无相对人，如承认、撤销、抵销、免除皆有相对人。

(二)对话与非对话的意思表示

在有相对人的双方意思表示中，相对人可同步受领意思表示的，为对话的意思表示，如口头(包括打电话)直接订立合同等。相对人不可同步受领意思表示的，为非对话的意思表示，如由信函交往而订立合同。

(三)独立与非独立的意思表示

独立的意思表示是指表意人独立完成且发生效力的意思表示。例如债务的免除、捐助行为、遗嘱等。非独立的意思表示是指必待他人的意思表示才能成立民事法律行为的意思表示。例如合同的订立、股东大会的决议。

(四)明示与默示的意思表示

明示的意思表示是指行为人以语言、文字或者其他直接表意方法表示内在意思的形式。默示的意思表示是从行为人的某种作为或者不作为中推断出来的意思表示。

依据我国《民法典》第140条的规定，行为人可以明示或者默示作出意思表示。沉默只有在有法律规定、当事人约定或者符合当事人之间的交易习惯时，才可以视为意思表示。

（五）健全与不健全的意思表示

健全的意思表示是指行为人出于真心及自由的意思所为的表示。一般的意思表示，如非行为人有其他特别因素或者受其他不正当影响，其意思表示均为健全的意思表示。

不健全的意思表示是指行为人并非真意的或者不自由的意思表示。有被欺诈、胁迫或存在重大误解的意思表示，均为不健全的意思表示。不健全的意思表示具备一定条件时，表意人可以撤销。

三、意思表示的解释原则

意思表示的解释是指依照法律规定的原则和方式，阐明并确定当事人已为意思表示的正确含义。意思表示的内容有时明显不完整，当事人间可能产生异议，需以解释方式确定其内容。

《民法典》第 142 条规定："有相对人的意思表示的解释，应当按照所使用的词句，结合相关条款、行为的性质和目的、习惯以及诚信原则，确定意思表示的含义。无相对人的意思表示的解释，不能完全拘泥于所使用的词句，而应当结合相关条款、行为的性质和目的、习惯以及诚信原则，确定行为人的真实意思。"

（一）意思主义

意思主义认为意思表示的实质在于行为人的内心意思，民事法律行为本身是实现行为人意思自治的手段。其优点是反映了具体表意人的个性化要求，有利于保护表意人的意志自由和利益，保护私有财产的静态利益；缺点是不利于交易的安全和预期，不利于保护财产的动态利益，不利于对相对人利益的保护。

（二）表示主义

表示主义认为对意思表示进行解释时应贯彻客观主义原则，在表示与意思不一致的情况下，应以外部的表示为准，对于相对人意思表示的解释应当以相对人足以合理客观了解表示内容为准。这种理论有利于保护相对人的利益，但不利于保护表意人的利益，可能放纵胁迫、欺诈等行为。

（三）折中主义

折中主义认为当意思与表示不一致时，根据具体情况或者以意思主义为原则，表示主义为例外；或者以表示主义为原则，意思主义为例外。依据《民法典》的规定，当事人对合同条款的理解有争议的，应当按照合同所使用的词句、合同的有关条款、合同的目的、交易习惯以及诚实信用原则，确定该合同条款的真实意思。

四、意思表示的发出和到达

意思表示的发出是指表意人向意思表示受领人作出了意思表示，完成了一切为使意思表示生效所必需的行为。例如，将要约信件投到邮筒里就是意思表示的发出。发出包括两个方面的内容：一是表明表意人作出了意思表示，也就是依据法律规定和当事人约定的要求，使意思表示能够表示出来；二是指表意人完成了一切为使意思表示生效所必需的行为。

意思表示的到达是指意思表示发出以后实际到达意思表示的受领人。对于无特定相对人的意思表示，一般认为没有意思表示到达的问题，原则上在意思表示发出时，该意思表示就已经生效。对于有相对人，但表意人不能知其相对人或者不能知其相对人的所在的，可以依民事诉讼法中关于公告送达的规定以公告方式进行意思表示。公告完成，视为意思表示到达。

依据我国《民法典》第140条的规定，行为人可以明示或者默示作出意思表示。沉默只有在有法律规定、当事人约定或者符合当事人之间的交易习惯时，才可以视为意思表示。

依据我国《民法典》第141条的规定，行为人可以撤回意思表示。撤回意思表示的通知应当在意思表示到达相对人前或者与意思表示同时到达相对人。

五、意思表示的生效与撤销

在对话方式中，意思表示必须为相对人了解之后，才发生效力；在非对话方式中，意思表示必须到达相对人，才发生效力。在无特定相对人的意思表示中，意思表示一旦完成就产生效力。

意思表示的撤回是指意思表示在发出以后，在尚未到达受领人之前，表意人将其意思表示撤回。意思表示的撤销是指意思表示在发出并生效以后，表意人又撤销其意思表示。

依据我国《民法典》第137条的规定，以对话方式作出的意思表示，相对人知道其内容时生效。以非对话方式作出的意思表示，到达相对人时生效。以非对话方式作出的采用数据电文形式的意思表示，相对人指定特定系统接收数据电文的，该数据电文进入该特定系统时生效；未指定特定系统的，相对人知道或者应当知道该数据电文进入其系统时生效。当事人对采用数据电文形式的意思表示的生效时间另有约定的，按照其约定。

意思表示的效力情形如表3-1所示。

表3-1 意思表示的效力情形

无效	(1)自始无效：从行为开始时起无效 (2)当然无效：不论当事人是否主张、是否知道，法院或仲裁机构是否确认，均无效 (3)绝对无效：不可补正
可变更、可撤销	(1)起初有效 (2)撤销：自行为开始时无效 (3)不撤销或仅变更：有效
效力特定	(1)已成立 (2)追认：生效 (3)拒绝追认或撤销：不生效

依据我国《民法典》第138条的规定，无相对人的意思表示，表示完成时生效。法律另有规定的，依照其规定。依据我国《民法典》第139条的规定，以公告方式作出的意思表示，公告发布时生效。

六、意思与表示不一致

意思与表示不一致是指表意人的内心意思与外在表示不一致。如甲欲将自家种的西瓜卖给乙，但嘴上却说送给乙。

意思与表示不一致一般可分为以下几种类型：

（一）单独虚伪表示

单独虚伪表示指表意人把真实意思保留心中，所作出的表示行为并不反映其真实意思，是一种自知并非真意的意思表示。例如，表意人在朋友称赞其时装时嬉笑地说："你若喜欢，那就 800 元，便宜点卖给你。"真实情况是表意人内心其实舍不得，因为自己好不容易找到这个款式，而且还是经过讨价还价花了 1000 元买的。

（二）通谋虚伪表示

通谋虚伪表示是指表意人与相对人通谋，不表示内心真意的意思表示。例如，债务人为逃避债务与友人通谋制造假债权或者虚伪让与财产。我国《民法典》第 146 条第 1 款规定：行为人与相对人以虚假的意思表示实施的民事法律行为无效。第 154 条规定："行为人与相对人恶意串通，损害他人合法权益的民事法律行为无效。"

（三）隐藏行为

隐藏行为是指表意人为虚假的意思表示，但其真意为发生另外法律效果的意思表示。例如，甲欲将 1 万元财产赠与乙，但恐其家人反对，就伪书 1 万元的买卖合同，其 1 万元的买卖是虚假的，但其隐藏的赠与是真实的。我国《民法典》第 146 条第 2 款规定："以虚假的意思表示隐藏的民事法律行为的效力，依照有关法律规定处理。"

（四）错误

错误指表意人为表意时，因认识不正确或者欠缺认识，以致内心的真实意思与外部的表现行为不一致。例如误将 K 金当作纯金购买。主要类型：①动机错误。②内容错误。③表示行为的错误。④传达错误。⑤受领人错误。我国《民法典》第 147 条规定："基于重大误解实施的民事法律行为，行为人有权请求人民法院或者仲裁机构予以撤销。"

七、意思表示不自由

意思表示不自由是指由于他人的不当干涉，意思表示存有瑕疵。

我国《民法典》第 148~151 条规定："一方以欺诈手段，使对方在违背真实意思的情况下实施的民事法律行为，受欺诈方有权请求人民法院或者仲裁机构予以撤销。第三人实施欺诈行为，使一方在违背真实意思的情况下实施的民事法律行为，对方知道或者应当知道该欺诈行为的，受欺诈方有权请求人民法院或者仲裁机构予以撤销。一方或者第三人以胁迫手段，使对方在违背真实意思的情况下实施的民事法律行为，受胁迫方有权请求人民法院或者仲裁机构予以撤销。一方利用对方处于危困状态、缺乏判断能力等情形，致使民事法律行为成立时显失公平的，受损害方有权请求人民法院或者仲裁机构予以撤销。"

欺诈是指当事人一方故意编造虚假情况或者隐瞒真实情况，使对方陷入错误而为违背自己真实意思表示的行为。

胁迫包括威胁和强迫。威胁是指行为人一方以未来的不法损害相恐吓，使对方陷入恐惧，并因此作出有违自己真实意思的表示。强迫指行为人一方以现实的身体强制，使对方处于无法反抗的境地而作出有违自己真实意思的表示。

乘人之危是指行为人利用相对人的急迫需要或者危难处境，迫使其作出违背本意而接受对其非常不利的条件的意思表示。

第三节　民事法律行为的成立与生效

一、民事法律行为的成立

民事法律行为的成立是指符合民事法律行为的构成要素的客观情况。

成立要件可分为一般成立要件和特别成立要件。

一般成立要件是指一切民事法律行为成立所必不可少的共同要件。如当事人、意思表示、标的。

特别成立要件是指成立某一具体的民事法律行为，除须具备一般条件外，还须具备的其他特殊事实要素。如采用书面形式订立合同。

二、民事法律行为的生效

民事法律行为的成立是民事法律行为生效的前提，在少数情况下，民事法律行为的成立与生效不具有时间上的一致性。民事法律行为的生效是指已经成立的民事行为因符合法定有效要件而取得法律认可的效力。民事法律行为的效力情形如表3-2所示。生效要件包括实质要件和形式要件。

(1)实质要件。

行为人具有相应民事行为能力；意思表示真实；不违反法律、行政法规的强制性规定，不违背公序良俗。

(2)形式要件。

绝大多数情况下，民事法律行为只要具备实质要件就发生法律效力，某些特殊情况下，民事法律行为还须具备形式要件才发生效力。

表3-2　民事法律行为的效力情形

	无效	可变更、可撤销	效力特定
行为能力	(1)无民事行为能力人独立实施的与其年龄、智力、精神状况不相适应的行为 (2)限制民事行为能力人不能独立实施的单方民事行为	—	限制民事行为能力人不能独立实施的合同

续表3-2

	无效	可变更、可撤销	效力特定
欺诈胁迫	(1)损害国家利益的合同 (2)单方民事行为	不损害国家利益的合同	—
乘人之危	单方民事行为	合同	—
狭义无权代理	单方民事行为	—	合同
其他	(1)恶意串通损害他人利益的民事行为 (2)违反法律、公序良俗和社会公共利益的民事行为 (3)以合法形式掩盖非法目的的民事行为	(1)因重大误解而为的民事行为 (2)显失公平的民事行为(订立合同时)	无处分权人订立的合同

依据我国《民法典》第143条的规定，具备下列条件的民事法律行为有效：行为人具有相应的民事行为能力；意思表示真实；不违反法律、行政法规的强制性规定，不违背公序良俗。

行为人实施的民事行为会产生权利义务关系，产生相应的法律后果，因此，行为人必须具有预见其行为性质和后果的相应民事行为能力。

法人的民事行为能力是由法人核准登记的经营范围决定的，法人只应在核准登记的经营范围内活动。

民事法律行为是以意思表示为构成要素的行为，要求行为人的意思表示必须真实。意思表示真实是指行为人在自觉、自愿的基础上作出符合其意志的表示行为。其一，行为人的意思表示须是自愿的，任何个人和组织都不得强迫行为人实施或者不实施某一民事行为。其二，行为人的意思表示必须是真实的，即行为人的主观意愿和外在的意思表示是一致的。

法律规范依其适用可分为强制性规范和任意性规范，强制性规范要求行为人遵守，行为人不得依自由意思排除适用；而对于任意性规范，行为人可排除适用。强制性规范是指法律、行政法规层面的行政规范，地方性法规和部门规章中的强制性规范，不能当然作为行为无效的依据。

民事法律行为不得违反公序良俗，公序包含国家利益和社会公共利益，良俗则是指社会善良风俗。

第四节　附条件和附期限的民事法律行为

一、附条件的民事法律行为

附条件的民事法律行为是指在行为中附上一定的条件，并且把该条件的成就或者不成就作为确定行为人的民事权利和民事义务发生法律效力，或者失去法律效力根据的行为。

民事法律行为可以附条件，附条件的民事法律行为在所附条件成就时生效。

不得附条件的行为有：①妨碍相对人利益的；②违背社会公共利益或者社会公德的。

我国《民法典》第158条规定：“民事法律行为可以附条件，但是按照其性质不得附条件的除外。附生效条件的民事法律行为，自条件成就时生效。附解除条件的民事法律行为，自条件成就时失效。”

我国《民法典》第159条规定：“附条件的民事法律行为，当事人为自己的利益不正当地阻止条件成就的，视为条件已成就；不正当地促成条件成就的，视为条件不成就。”

（一）民事法律行为所附的条件

民事法律行为所附的条件是指决定行为的效力发生或者消灭的特定事实，既可以是自然现象、事件，也可以是人的行为：

（1）应是将来发生的事实。所附条件必须是行为人实施行为时尚未发生的事实，已经发生的事实不得作为所附条件。

（2）应是发生与否不确定的事实。所附条件应是可能发生或者可能不发生的事实，将来是否必然发生，行为人不能确定。

（3）应是由行为人约定的事实。所附条件只能是行为人双方协商议定的事实，是行为人意思表示一致的结果，而不能是法律规定或者合同性质决定的事实。

（4）应是合法的事实。违反法律和社会公共利益的条件不能作为所附条件。

（二）附条件法律行为的分类

（1）停止条件和解除条件。

根据条件对于法律行为本身所起的作用，可将其分为停止条件和解除条件。停止条件又称为延缓条件或生效条件，是指限制法律行为效力发生的条件。解除条件又称为消灭条件，是限制法律行为效力消灭的条件。

（2）积极条件和消极条件。

根据条件成就是否会发生某种事实，可将条件分为积极条件和消极条件。积极条件是指以某种事实的发生为内容的条件。消极条件是指以某种事实不发生为内容的条件。

（三）附条件法律行为的效力

依据《民法典》的规定，附生效条件的民事法律行为，自条件成就时生效。附解除条件的民事法律行为，自条件成就时失效。即条件的成就与不成就，决定着法律行为的效力发生或消灭。

（1）法律行为已经产生形式上的拘束力。

（2）在附条件的法律行为成立以后，在条件未成就以前，当事人均不得为了自己的利益，以不正当的行为促成或阻止条件的成就，而只能听任作为条件的事实自然发生。

二、附期限的民事法律行为

期限是指当事人以将来客观确定到来的事实，作为决定法律行为效力的附款。

附期限法律行为是指当事人在法律行为中设定一定的期限，并把期限的到来作为法律行为效力发生或消灭的根据。附期限的法律行为和附条件的法律行为一样，都是为了控制未来的风险而采取限制法律行为效力的做法。期限和条件一样都是法律行为的附款，主要区别在于将来的事实是否确定。我国《民法典》第 160 条规定："民事法律行为可以附期限，但是按照其性质不得附期限的除外。附生效期限的民事法律行为，自期限届至时生效。附终止期限的民事法律行为，自期限届满时失效。"

期限具有如下特点：①期限是法律行为的一种附款；②期限是限制法律行为效力的附款；③期限是以将来确定事实的到来为内容的附款。

法律行为所附期限的分类：①生效期限与终止期限；②确定期限与不确定期限。期限约定的效力在于使法律行为的效力在时间上受到限制。附生效期限的法律行为，期限到来时，法律行为发生效力。附终止期限的法律行为，当期限到来时，法律行为丧失效力。如图 3-2 所示。

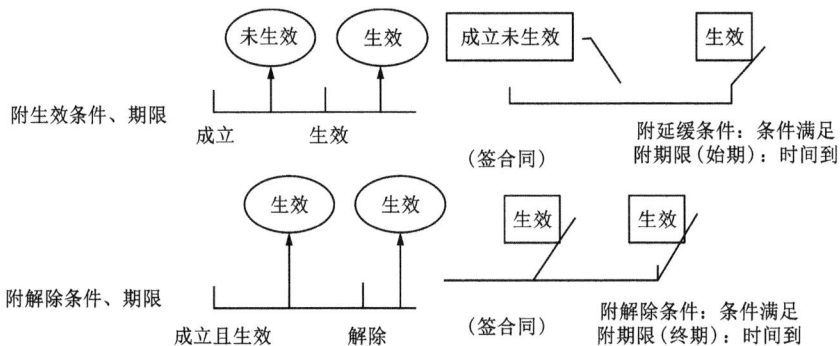

图 3-2　附条件和附期限的民事法律行为生效示意图

第五节　民事法律行为的无效与撤销

一、无效的民事法律行为

无效民事法律行为是指自始、当然、确定不发生当事人预期的法律效果的民事法律行为。

（1）自始无效。无效的民事法律行为，从行为开始时起就没有法律约束力。

（2）当然无效。民事法律行为存在无效的因素，超出了意思自治的界限，或者违反法律、行政法规的强制性规定，或者违背公序良俗原则。

（3）确定无效。无效的民事法律行为，从开始时就没有效力，以后任何事实都不能使之有效。

（一）行为人不具有行为能力的民事法律行为

无民事行为能力人实施的民事法律行为有两种情况：一种是可以实施的民事法律行

为，如纯获利益的行为；另一种是不得实施的民事法律行为。无民事行为能力人实施的依法不能实施的民事法律行为应属无效。我国《民法典》第144条规定："无民事行为能力人实施的民事法律行为无效。"另外，限制民事行为能力人不能独立实施的；或者实施与其年龄、智力、精神健康状况不相适应的民事法律行为无效。

(二)意思表示不自由且损害国家利益的民事法律行为

从民法原理来看，因欺诈、胁迫或乘人之危实施的民事法律行为应为可撤销的民事行为。《民法典》从保护国家利益和平衡当事人利益出发，规定受欺诈、胁迫手段实施的合同行为并不当然无效，而只有当该行为的结果损害国家利益时，该行为才绝对无效。

(三)内容违法的民事法律行为

依据我国《民法典》第154条的规定，行为人与相对人恶意串通，损害他人合法权益的民事法律行为无效。依据我国《民法典》第153条的规定，违反法律、行政法规的强制性规定的民事法律行为无效，但是该强制性规定不导致该民事法律行为无效的除外。违背公序良俗的民事法律行为无效。

二、效力未定的民事法律行为

效力未定的民事法律行为是指已经成立但效力处于不确定状态的民事法律行为。效力未定的民事法律行为属于民法典中的民事法律行为问题，其中，合同编对效力未定的合同作了一些规定。

效力未定民事法律行为主要有以下几种类型：①欠缺民事行为能力的行为；②无权处分的行为；③无权代理的行为(狭义的无权代理)。

(一)欠缺民事行为能力的行为

自然人实施的民事法律行为，必须具有相应的民事行为能力。如果自然人实施民事法律行为时，欠缺相应的民事行为能力，其法定代理人有权追认。

追认权是形成权。追认行为是有相对人的单方行为。追认是辅助性民事行为，其作用在于补足相关行为所欠缺的有效要件。追认的主体通常为法定代理人。限制行为能力人在具有完全行为能力时，可以追认其所订立的合同。

依据我国《民法典》第145条的规定，限制民事行为能力人实施的纯获利益的民事法律行为，或者与其年龄、智力、精神健康状况相适应的民事法律行为有效；实施的其他民事法律行为经法定代理人同意或者追认后有效。相对人可以催告法定代理人自收到通知之日起一个月内予以追认。法定代理人未作表示的，视为拒绝追认。

民事法律行为被追认前，善意相对人有撤销的权利。撤销应当以通知的方式作出。相对人有权催告法定代理人在一个月内予以追认。当事人对追认期间有合理约定的，应遵从该合理约定期间；当事人未对追认期间进行约定，以一个月为限。法定代理人于催告期满未作表示的，视为拒绝追认。相对人的撤销权是指相对人撤销其意思表示的权利。相对人撤销其意思表示，应向法定代理人表示。相对人撤销其意思表示后，效力未定民事法律行为自始无效。

（二）无权处分的行为

无权处分行为是指无处分权人处分他人财产，以引起财产权利变动为目的的行为。例如，擅自出卖他人的物品，以他人的房产设立抵押等。无权处分行为的特征：①行为人无处分权而处分他人财产。②无权处分人所为的处分行为是以自己的名义进行的，如果以他人的名义处分则属于"无权代理"。

无权处分本是无处分权人对他人财产权的侵害，不应发生效力。

无权处分行为的效力有三种：①无权处分行为经权利人追认的，自始发生效力。②处分后取得权利的，自始发生效力。③对无权处分行为，权利人不追认，处分后也没有取得处分权的，该行为自始不发生效力。

（三）无权代理的行为

此处的无权代理行为是指狭义无权代理。行为人没有代理权、超越代理权或代理权终止后实施的代理行为，未经被代理人追认时，对被代理人不发生效力，由行为人承担责任。

三、民事法律行为的撤销

可撤销的民事法律行为是指已经成立生效，因为意思表示不真实或者其他法定原因，行为人有撤销权的民事法律行为。撤销权人行使撤销权，行为一经撤销其效力溯及成立时无效；如果撤销权人在法定期限内未行使撤销权，该民事法律行为原来的效力不变，民事法律行为效力继续。

（一）基于重大误解实施的民事法律行为

重大误解是指行为人因对行为的性质、对方当事人、标的物的品种、质量、规格和数量等发生错误认识，使行为的后果与自己的意思相悖，并造成较大损失的行为。我国《民法典》第147条规定："基于重大误解实施的民事法律行为，行为人有权请求人民法院或者仲裁机构予以撤销。"

（二）显失公平的民事法律行为

显失公平的民事法律行为为可撤销的行为。乘人之危与显失公平是两种不同的民事法律行为。显失公平的构成要件是：①须为有偿行为。②须于行为成立时内容明显违反公平原则。③该不公平的结果是表意人无经验或者相对人利用优势地位所致，表意人是独立进行意思表示，而不是受他人不正当干涉的结果；一般认为公开竞价行为、投机行为不适用显失公平原则。④无错误情事，即没有重大误解、传达错误等产生不真实意思表示的错误。

（三）受欺诈而实施的民事法律行为

《民法典》第148条规定，一方以欺诈手段使对方在违背真实意思的情况下实施的民事法律行为，受欺诈方有权请求人民法院或者仲裁机构予以撤销。

《民法典》第149条规定，第三人实施欺诈行为，使一方在违背真实意思的情况下实施的民事法律行为，对方知道或者应当知道该欺诈行为的，受欺诈方有权请求人民法院或者仲裁机构予以撤销。

(四)受胁迫而实施的民事法律行为

依据《民法典》第 150 条的规定，一方或者第三人以胁迫手段，使对方在违背真实意思的情况下实施的民事法律行为，受胁迫方有权请求人民法院或者仲裁机构予以撤销。

(五)乘人之危的民事法律行为

依据《民法典》第 151 条的规定，一方利用对方处于危困状态、缺乏判断能力等情形，致使民事法律行为成立时显失公平的，受损害方有权请求人民法院或者仲裁机构予以撤销。

(六)撤销权的消灭

撤销权是权利人以其单方的意思表示撤销已经成立的行为的权利。撤销权在性质上属于形成权。我国《民法典》第 152 条对此有规定。

"有下列情形之一的，撤销权消灭：

(一)当事人自知道或者应当知道撤销事由之日起一年内、重大误解的当事人自知道或者应当知道撤销事由之日起三个月内没有行使撤销权；

(二)当事人受胁迫，自胁迫行为终止之日起一年内没有行使撤销权；

(三)当事人知道撤销事由后明确表示或者以自己的行为表明放弃撤销权。

当事人自民事法律行为发生之日起五年内没有行使撤销权的，撤销权消灭。"

依据我国《民法典》第 157 条的规定，民事法律行为无效、被撤销或者确定不发生效力后，行为人因该行为取得的财产，应当予以返还；不能返还或者没有必要返还的，应当折价补偿。有过错的一方应当赔偿对方由此所受到的损失；各方都有过错的，应当各自承担相应的责任。法律另有规定的，依照其规定。

✦ 小 结

民事法律行为是民事主体通过意思表示设立、变更、终止民事法律关系的行为。具有相应民事行为能力的行为人，意思表示真实且不违反法律或行政法规强制性规定的民事法律行为有效，同时还要不违背公序良俗。民事法律行为可以附条件和附期限。

✦ 知识点

合法与违法、法律行为与事实行为、法律行为与情谊行为、法律行为与准民事法律行为、诺成法律行为与实践法律行为、财产法律行为与身份法律行为、要式法律行为与不要式法律行为、目的意思、效果意思、表示行为、意思表示、撤回与撤销、单独虚伪表示、通谋虚伪表示、隐藏行为

复习思考

一、简答

1.简述法律行为的特征与类型。

2.意思表示有哪些解释原则？

3.意思与表示不一致、不自由分别指什么？

4.无效民事法律行为的类型有哪些？

5.哪些民事法律行为可以撤销？

二、案例分析

1.甲承包本村水库，用来养殖大量鱼苗。一年夏天，连降暴雨，甲承包的水库蓄洪功能有限，最终被冲垮。甲水库中放养长大的成鱼全部顺水而下，流入下游乙承包的邻村水库中，当时乙承包水库中的成鱼已经全部捕捞出售，此时该水库中只有乙刚刚放养的部分鱼苗。甲于是要求乙返还流入乙水库中的全部成鱼，乙认为该部分成鱼是自己流入其承包的水库中的，自己没有做任何违法侵权之事，拒绝返还。为此双方发生纠纷，经两村干部调解不成，甲将乙诉至该县人民法院。问：你认为本案应该如何处理？

2.李某是一名老中医，生有二子一女，老伴已去世十多年。人都说"手心手背都是肉"，可李某却偏爱小儿子。李某退休后开办了诊所，收入颇丰，可大儿子和女儿基本得不到帮助，小儿子是有求必应。后来李某突发心肌梗死去世，家人在整理李某的遗物时，发现一张以李某小儿子名字开户的50万元定期存款单。李某的大儿子和女儿认为该笔存款是父亲的遗产，应予分割，李某的小儿子则认为是父亲赠与其个人的财产，为此双方产生纠纷。问：你认为本案应该如何处理？

3.某村在茶园承包项目竞标前，村民甲采取贿赂的方式要求其他人放弃竞标，而仅由村民甲一人以每亩12元的超低价中标。该村村委会在招标后即与村民甲签订了合同。村民乙等多人得知真相后，起诉该村村委会和村民甲，要求依法确认茶园承包经营合同无效。法院查明上述事实后认为，村民甲采取贿赂方式串通其他竞标人，从而以被告村委会公布的最低价取得茶园承包经营权。村民甲的行为系通谋虚伪损害该村集体利益的行为，原告村民乙等多人以该理由要求确认合同无效，法院予以支持。据此，法院判决被告村委会与村民甲签订的合同无效，该茶园经营管理权由村委会收回。问：你认为本案的处理正确吗？

4.原告甲购买了一辆变型拖拉机，后将拖拉机借给被告乙使用。被告乙擅自与被告丙签订了拖拉机买卖合同，将该拖拉机转让给丙。甲得知拖拉机被乙转让后，便将乙告上了法院。法院经审理后认为，被告乙借用原告甲的拖拉机后，擅自转让该车，将转让款占为己有，其行为已构成侵占。被告丙在购买拖拉机时根据乙出示的行驶证即可知晓该拖拉机为甲所有，但仍与其签订了买卖合同，且两人一起将拖拉机过户到丙名下，表明双方恶意串通损害第三人利益，该合同无效。当事人基于该无效合同取得的财产不发生物权变动效力，原所有人仍享有所有权，被告乙和丙应该返还车辆。问：你认为本案还有其他的处理方式吗？

三、课后作业

如何区分无权处分行为与无权代理行为？请举例说明。

第二编

物权法

第四章 物权与物权法

> 【导语】物权是权利人依法对特定的物享有直接支配和排他的权利，包括所有权、用益物权和担保物权。
>
> 【重点】物权的概念与特征、物权的效力与类型、物权法的基本原则

第一节 物权的概念与特征

一、物权的概念

《民法典》第 205 条规定："本编调整因物的归属和利用产生的民事关系。"本条是对物权编调整范围的规定。

物权法律关系，是因物的归属和利用而在民事主体之间产生的权利义务关系。

物包括不动产和动产。法律规定权利作为物权客体的，依照其规定。

物权是权利人依法对特定的物享有直接支配和排他的权利，包括所有权、用益物权和担保物权。物权是权利主体直接支配特定财产的权利，既具有人对物直接支配的内容，又具有对抗权利主体以外的第三人的效力。

二、物权的特征

(一)直接支配权

物权是指权利人直接支配物的权利。物权是最典型的支配权，物权人可以依自己的意志就标的物直接行使其权利，无须他人的意思或者义务人行为的介入。

权利人的支配可以通过事实行为来实现，例如，房屋所有人自行居住；也可以通过民事法律行为来实现，例如，房屋所有人出卖、出租自己的房屋，或者在自己的房屋上设立抵押权等。

依据《民法典》第 114 条的规定，民事主体依法享有物权。物权是权利人依法对特定的物享有直接支配和排他的权利，包括所有权、用益物权和担保物权。

（二）绝对排他权

物权的权利人是特定的，义务人是不特定的，义务内容是不作为，只要不特定的人没有非法干涉其行使权利，即为履行了义务。绝对权能够对权利人之外的每一个人产生效力，每一个人都应尊重它。

在法律上，物权人外的任何人都被排除在对财产客体的处理之外，他们有义务不去干预物权人依法对物进行的支配。例如，一间房屋上不能同时有两个所有权，一块耕地上不能同时设定两个土地承包经营权。

依据《民法典》第 207 条的规定，国家、集体、私人的物权和其他权利人的物权受法律平等保护，任何组织或者个人不得侵犯。

（三）财产所有权

物权与债权一样属于财产权。民事权利可以分为财产权与非财产权。财产权是指通过对有体物和权利的直接支配或者通过对他人请求为一定行为而享受生活中的利益的权利。其中，有体物包括不动产、动产，以及虽然不占据一定空间或不具备一定形状但是能够为人力所控制的电、气、光波、磁波等物。所有人在法律规定的范围内独占性地支配其所有物的权利。

依据《民法典》第 240 条的规定，所有权人对自己的不动产或者动产，依法享有占有、使用、收益和处分的权利。

（四）用益担保权

物权还可以是对他人所有的物在一定范围内使用、收益的权利。如土地承包经营权、建设用地使用权、宅基地使用权、居住权、地役权等。依据《民法典》第 323 条的规定，用益物权人对他人所有的不动产或者动产，依法享有占有、使用和收益的权利。

为了担保债的履行，在债务人或第三人的特定财产上也可以设定物权。如抵押权、质权、留置权等。依据《民法典》第 386 条的规定，担保物权人在债务人不履行到期债务或者发生当事人约定的实现担保物权的情形，依法享有就担保财产优先受偿的权利，但是法律另有规定的除外。

三、物权的客体

物权的客体为物，民法上的物是指存在于人体之外，为人力所支配，且能满足人类社会生活需要的有体物。任何自然人、法人或其他机构都不得对自然人的人身加以支配。身体是权利主体即自然人的物质载体，不能成为他人权利的客体。

目前人力所不能控制的物，如太阳、月亮、彗星、地球的外层空间等天体及云彩、海水、流动的河水，显然不能作为民法上的物。同时，法律上的物还要能够满足人类社会生活的需要，即在社会一般观念上被认为能够满足人类社会生活的需要。

在我国《民法典》中，物仅指有体物，分为动产和不动产。但法律规定权利可以作为物权的客体，如知识产权中的财产权利、应收账款、基金份额可以质押，建设用地使用权可以抵押。在这些情形中，权利都成了物权的客体。

另外，我国专门的法律如《著作权法》《专利法》《商标法》等还保护作品、商标、发明、电力、风力、频道等无形财产。

四、不动产与动产

不动产是指依其自然性质不能移动，或一经移动便会损害其经济价值的物，包括土地和土地附着物。不动产之外的物就是动产。

在动产物权变动中，如动产买卖、设立动产质权等，皆以交付作为公示方法。而不动产物权变动则以登记作为公示方法。动产和不动产均可成为所有权之客体。用益物权的客体通常限于不动产，如土地承包经营权、建设用地使用权、宅基地使用权、地役权等。

动产上无法设立用益物权，但可以设立担保物权，如动产抵押权、动产质权、留置权等。法律上对于不动产物权的限制比较大，例如基于公益的考虑，国家对土地、房屋的征收以及对土地用途的管制等。

（一）不动产的含义

不动产主要是指土地以及地上附着物。我国《民法典》将矿藏、水流、海域等也看作独立于土地的物，即我国法律上的不动产应当包括土地、地上附着物、矿藏、水流、海域等。

（1）土地。法律上指被当作"土地"而登记于不动产登记簿上的人力所能支配的地球表面及其上下部分。

（2）地上附着物。通过持续附着于土地之上而实现经济目的的物，包括建筑物、构筑物、林木，以及其他土地上的附着物。

（3）矿藏、水流与海域。矿藏主要是指矿产资源，水流即水资源，海域是指我国内水、领海的水面、水体、海床和底土。

（二）动产的含义

在物的范围中，排除了不动产，剩下的都是动产，如金钱、原材料、半成品、产品、机械设备、交通运输工具等。在动产中，有一类动产比较特殊，即机动车、船舶、航空器等交通运输工具。这类物本质上属于动产，但因法律允许其物权变动上准用不动产的物权变动规则（进行登记），故此，人们也将它们称为"准不动产"。

五、物的其他分类

（一）主物与从物

从物是指与主物物理上独立，但经济用途上密切关联的物，常帮助主物发挥效用，且同属于一人所有。比如电视机的遥控器。从物所辅助的物即主物。我国法律上的从物仅限于动产。为了交易上的便利以及更好地发挥主物的经济效用，法律上确立了"从物随主物"的原则，即除非当事人另有约定，否则从物与主物同享法律命运。依据我国《民法典》第320条的规定，主物转让的，从物随主物转让，但是当事人另有约定的除外。

（二）原物与孳息

原物是指产生孳息的物，而孳息分为天然孳息与法定孳息。天然孳息是指按照自然规律而产生的果实以及动物的出产物，例如，苹果树上的苹果、母牛产下的小牛等。法定孳息指因法律关系而得到的利息、租金及其他收益，如根据租赁合同产生的租金。法定孳息也可以因法律规定而产生的，如迟延履行情况下的法定违约金请求权。

依据我国《民法典》第321条的规定，天然孳息，由所有权人取得；既有所有权人又有用益物权人的，由用益物权人取得。当事人另有约定的，按照其约定。法定孳息，当事人有约定的，按照约定确定；没有约定或者约定不明确的，按照交易习惯确定。即在判断孳息的归属时，首先看当事人之间有无特别约定。如果没有特别约定，则确定天然孳息的归属时要看原物上是否存在用益物权人。在这些情形都不存在时，则应当确定孳息归属于原物的所有权人。对于法定孳息的归属，在当事人没有约定的时候，应当按照交易习惯确定。

（三）可分物与不可分物

依据物能否分割以及分割是否损害该物的用途及价值，可以将物分为可分物与不可分物。可分物是指经分割后不改变其性质或者分割后不影响其用途的物，如一吨大米。不可分物是指经分割会改变其性质或者会影响其用途的物，如一匹马、一辆汽车。分割共有财产时，对于可分物可以采取实物分割的方式，而对于不可分物只能采取变价分割或作价补偿的方法。

依据我国《民法典》第304条的规定，共有人可以协商确定分割方式。达不成协议，共有的不动产或者动产可以分割且不会因分割减损价值的，应当对实物予以分割；难以分割或者因分割会减损价值的，应当对折价或者拍卖、变卖取得的价款予以分割。共有人分割所得的不动产或者动产有瑕疵的，其他共有人应当分担损失。留置财产为可分物的，留置财产的价值应当相当于债务的金额。

（四）流通物、限制流通物与禁止流通物

以物在流转过程中所受限制的程度为标准，可将物分为流通物、限制流通物与禁止流通物。流通物是指可以由当事人自行决定是否作为交易标的物的物。限制流通物是指依据法律、行政法规在投入交易时受到限制的物。禁止流通物是指法律、行政法规规定不得作为交易标的物的物。例如，我国实行土地公有制，土地只能属于国家或集体所有，土地是禁止流通物。以禁止流通物为标的物的法律行为是无效法律行为，例如，买卖毒品的合同是无效合同。

（五）消费物与非消费物

消费物指按照对该物通常的使用方法只可使用一次即不得再为同一使用的物。例如，柴、米、油、盐、墨、纸等均为消费物，一经使用便不复存在。非消费物是指按照对该物通常的使用方法可以重复使用的物，如笔、砚、衣服、房屋、机器等均为非消费物。法律上的使用、收益的权利，如用益物权、租赁权等，只能以非消费物为客体，而无法在消费物上设立。消费物一次使用后即告消灭，所以消费物的使用权被转让，往往就意味着所有权的转让。

（六）可替代物与不可替代物

可替代物是指具有共同的特征，在交易上能够依据品种、规格、数量、容量或重量等标准加以确定的动产。如煤、汽油、砖头、粮食、土豆、西红柿、一本书、一张 CD、一把吉他，以及根据同样类型生产的新的产品。如果某一动产是独一无二的，其无法在交易上依据品种、规格、数量、容量或重量等标准加以确定，则为不可替代物，如名画《清明上河图》、绝版的古籍、个人定作的家具以及所有使用过的物品。只有可替代物方可为消费借贷、消费寄托以及指示证券的标的物，也只有可替代物在被损害时才有可能通过提供一个相同的物进行赔偿。

（七）特定物与不特定物

特定物是指根据当事人的意思或者其他事实具体指定的物。不特定物是指仅以品种、规格、质量、数量抽象指定的物。特定物与不特定物的区分完全根据当事人的主观意思来进行，是交易方法的区别，而非物的本身的区别。特定物与不特定物的区分决定了种类之债与特定之债的区分。特定物与不特定物的区分，其意义主要体现在债法中债的履行、风险负担、违约责任形态等问题上。

（八）单一物、结合物与集合物

单一物是指在形态上能够独立成为个体的物，如一头牛。结合物是指由数个物结合而成的，在社会观念上被看作一个独立个体的物，如汽车、房屋。法律上将各个组成部分仅视为物的成分，而将结合物的全部视为权利的客体。集合物是指由多个单一物或结合物集合而成的物，如图书馆的全部书籍、某商店内的全部商品、某企业的全部机器设备；也可能是权利与义务的集合，如多数物和权利在法律上被视为一体，如遗产、夫妻法定共有财产等。

第二节　物权的效力与类型

一、物权的效力

物权是权利人直接支配其标的物的排他性权利。依物权的这种性质，物权当然具有优先效力和排他效力，这两个效力是物权为实现其内容所必备的权能，即物权的效力是指为实现物权的内容，法律所赋予权利人的权能。

物权的优先效力，亦称为物权的优先权。其基本含义是指同一标的物上有数个相互矛盾、冲突的权利并存时，具有较强效力的权利排斥具有较弱效力的权利的实现。

物权的排他效力是指同一物上不得同时存在两个所有权或者内容相互冲突的两项他物权。

（一）物权相互间的优先效力

两个在性质上不能共存的物权不能同时存在于一个物上，故而后发生的物权根本不能

71

成立。例如，在某人享有所有权的物上，不得再同时成立其他人的所有权。如果同一物上可以并存多项物权时，设立在先的物权优先于设立在后的物权。例如，在同一物上设立数个抵押权，先发生的抵押权优于后发生的抵押权。

《民法典》第414条规定："同一财产向两个以上债权人抵押的，拍卖、变卖抵押财产所得的价款依照下列规定清偿：（一）抵押权已经登记的，按照登记的时间先后确定清偿顺序；（二）抵押权已经登记的先于未登记的受偿；（三）抵押权未登记的，按照债权比例清偿。"

如果同一物上既存在所有权又存在某一他物权时，由于他物权是对所有权的限制，具有优先于所有权的效力。关于物权相互之间的优先效力，不同种类的物权的排他性不同，依物权成立时间的先后确定其优先顺序。另外，限制物权的效力优先于所有权。限制物权是指在特定方面支配物的物权，一般是在他人所有之物上设定的权利。例如，在一块土地上设定建设用地使用权之后，建设用地使用权人在建设用地使用权的范围内，优先于土地所有权人而使用土地。

（二）物权对于债权的优先效力

在同一标的物上物权与债权并存时，物权有优先于债权的效力。

首先，表现为在同一标的物上既有物权又有债权时，物权优先于债权。例如，甲同意将10吨水泥出卖给乙，乙取得了请求甲交付该10吨水泥的债权。后来甲又将这10吨水泥出卖给丙，并交付给丙，丙取得了已交付的10吨水泥的所有权，而乙只能请求甲承担债务不履行的责任。另外，在法律有特别规定的情况下也有例外。比如甲将其所有的房屋出租给乙，后又将该房屋出卖给丙，在丙取得该房屋的所有权后，乙仍然可以对丙主张其租赁使用权。此即所谓"买卖不破租赁"。

其次，表现为在债权人依破产程序或强制执行程序行使其债权时，作为债务人财产的物上存在他人的物权时，该物权优先于一般债权人的债权。例如，在债务人破产时，在债务人的财产上设有担保物权的，担保物权人享有优先受偿的权利，此为别除权。非债务人所有之物，所有人有取回该物的权利，此为取回权。比如，出卖人已将出卖物发送，在买受人尚未收到，也没有付清全部价款而宣告破产时，出卖人可以解除买卖合同，并取回其标的物。

《民法典》第114条将物权界定为：物权是权利人依法对特定的物享有直接支配和排他的权利，包括所有权、用益物权和担保物权。物权具有排他效力。基于物权的排他性，同一物上不得同时存在两个所有权或者内容相互冲突的两项他物权，此谓"一物一权原则"。例如，一部手机不可能同时存在两个所有权，要么归甲所有，要么归乙所有。

以占有为内容的物权的排他性较强，具体的各类物权依性质是否可以并存，大致可以分为以下几种情况：①用益物权与担保物权。原则上这两种物权可以同时存在于一物之上，例外的是以占有为要件的质权、留置权与用益物权不能并存。②用益物权与用益物权。不管其种类是否相同，一般都难以并存。例外的情形：以不得兴建高层建筑为其内容附存于建设用地使用权上，或者两个通行权可共存于同一供役地上等。③担保物权与担保物权。一般两物权都能够并存，例外的情形：当事人有特别约定时不能并存，以占有为要件的留置权等担保物权之间也不能并存。

物权之所以具有排他的效力，就是为了保障权利人能够独自享有标的物的利益。具体体现在以下几方面：第一，同一物上只能存在一项所有权；第二，第三人因善意取得某物的所有权时，原所有权消灭，原所有人不能再基于其所有权请求返还原物；第三，同一物上不能同时存在两个以上性质互不相容的他物权；第四，物权的排他效力有强弱之分。所有权是对某物的全面的归属权，任何对物的合法使用或处分方式都归于所有权人，因此所有权的排他效力最强。以占有标的物为内容的限制物权即用益物权、质权、留置权等效力次之，不以占有标的物为内容的限制物权如抵押权等，效力再次。

二、物权的类型

物权法定主义，即法律规定物权的种类和内容，不允许当事人依其意思设定与法律规定不同的物权。所有权、地上权、地役权、用益权、抵押权和质权等具有物权属性的权利类型及取得方式都由法律作了明确规定。

基于物权法定原则，各国民法都对物权作出了明确规定。因社会经济制度和历史文化传统的不同，各国民法上规定的物权种类不一，但大多可以归纳为所有权、用益物权、担保物权和占有四类。

我国《民法典》也规定了这四种类型：

（1）所有权。这是所有人在法律规定的范围内独占性地支配其所有物的权利。

（2）用益物权。用益物权为对他人所有的物在一定范围内使用、收益的权利，包括建设用地使用权、地役权等。

（3）担保物权。担保物权是为了担保债的履行，在债务人或第三人的特定财产上设定的物权，主要有抵押权、质权、留置权等。

（4）占有。占有是指对物的控制、占领。

依据物权的客体是动产、不动产还是权利，可将物权分为动产物权、不动产物权与权利物权。存在于动产之上的物权，有动产所有权、动产质权、动产抵押权、动产留置权等；而存在于不动产上的物权，如房屋所有权、土地所有权、房屋抵押权以及建设用地使用权、土地承包经营权等，为不动产物权。

依据物权是否有独立性，可将物权分为主物权与从物权。主物权是指能够独立存在的物权，如所有权、国有土地使用权、宅基地使用权等。主物权不依赖于其他权利而独立存在。从物权是指无法独立存在而必须依附于其他权利的物权，如抵押权、质权、留置权等担保物权。

以物权的发生是基于当事人的意思还是依据法律规定，可将物权分为意定物权与法定物权。意定物权是指依据当事人的意思而设立的物权，而法定物权是依据法律规定而直接产生的物权。绝大部分物权都是意定物权，如我国的建设用地使用权、土地承包经营权、地役权、抵押权、质权等。少部分物权，如留置权、船舶优先权、建设工程价款优先受偿权等，为法定物权。

有期限物权是指有一定存续期间的物权，该期限可由当事人约定，也可由法律规定。法律上往往会对最长期限进行限制。我国《民法典》第 332 条："耕地的承包期为三十年。草地的承包期为三十年至五十年。林地的承包期为三十年至七十年。前款规定的承包期限届满，由土地承包经营权人依照农村土地承包的法律规定继续承包。"无期限物权是指没有一定存续期间而永久存续的物权。所有权是无期限的物权。

第三节　物权法概述

一、物权法的含义

物权编是《民法典》的重要组成部分，是调整人(自然人、法人、其他组织)对于物的支配关系的法律规范的总和。

《民法典》的调整对象是基于对物的支配而产生的人与人之间的财产关系。民事关系的范围非常广泛，如债权关系、股权关系、亲属关系、继承关系等。

《民法典》物权编只是调整围绕着物的归属和利用而发生的民事关系，即物权关系。至于其他的民事关系，应由债法、亲属法、继承法、商法等加以调整。

二、物权法的主要内容

物权法体系如表4-1所示。

表 4-1　物权法体系

物权法体系	所有权	用益物权	担保物权	准物权	占有
内容	1.国家所有权 2.集体所有权 3.私人所有权 4.建筑物区分所有权 5.共有	1.土地承包经营权 2.建设用地使用权 3.宅基地使用权 4.地役权	1.抵押权 2.质权 3.留置权	1.海域使用权 2.探矿权 3.采矿权 4.取水权 5.从事养殖和捕捞的权利	

三、物权法的性质

(1)物权法属于私法，但又常受公法规范。物权法是调整因物的归属和利用而生的民事关系的法律，属于私法的重要组成部分，而在现代社会作为私法的物权法又受制于公法规范。

(2)物权法中的法律规范多为强行性规范。依据物权法定原则，物权的种类及内容必须由法律加以规定，基于公共利益的考虑，法律对物权的行使所作出的限制，当事人不得任意加以改变。

(3)物权法具有浓厚的固有法色彩。物权法因与本国的政治、经济、文化传统息息相关，因此具有浓厚的固有法色彩，旨在维持本国固有的制度。例如，我国关于土地承包经营权、建设用地使用权、宅基地使用权等用益物权制度的规定最具中国特色。

四、物权法的功能

物权法的功能是指物权法在社会生活中具有何种作用，能够实现哪些目标。

（1）物权法有助于实现民事主体在财产法领域中的自由与自治，使其能够有尊严地、自我负责地生活，规划自己的未来。

（2）物权法有助于清晰、准确地界定物上的权利归属，减少纷争，降低交易成本，维护交易安全，最终实现交易的快捷与高效。

（3）物权法对因物的归属和利用而产生的民事关系的调整能够形成一种良好的机制，为人们创造财富的行为提供持久稳定的激励机制，促使资产转换为资本，服务于繁荣社会经济的目的。

五、物权法的基本原则

（一）平等保护原则

《民法典》第207条规定："国家、集体、私人的物权和其他权利人的物权受法律平等保护，任何组织或者个人不得侵犯。"

平等保护各类物权是我国《民法典》的基本原则，平等保护原则具有以下两方面的含义：一方面，无论是国家、集体享有的物权，还是私人、其他权利人享有的物权，在物权法中的地位都是平等的；另一方面，无论是国家、集体享有的物权，还是私人或其他权利人享有的物权，都受到同样的保护，任何单位或个人均不得侵犯。

（二）物权公示原则

我国《民法典》第208条规定："不动产物权的设立、变更、转让和消灭，应当依照法律规定登记。动产物权的设立和转让，应当依照法律规定交付。"物权公示，是指在物权变动时，必须将物权变动的事实通过一定的公示方法向社会公开，使第三人知道物权变动的情况，以避免第三人遭受损害并保护交易安全。

物权公示原则是指无论动产还是不动产上的物权都应当可以从外部加以认识。不动产物权以登记为公示方法，动产物权则以占有（交付）为公示方法。

（三）一物一权原则

一物一权原则是指物权的客体必须是特定的，即一个物权的客体应以一物为原则，一物之上不能同时并存两个以上互不相容的物权。

物权特定原则的唯一要求就是物权客体的特定化，而不能仅仅列举出客体的名称。坚持这个原则才能有效确定物的归属，确保每一个经济上有价值的物能够被独立地加以支配并投入流通，实现对物的有效利用。我国《民法典》第114条明确承认了物权特定原则。

小　结

国家、集体、私人的物权和其他权利人的物权受法律保护，任何单位和个人不得侵犯。

物权的种类和内容，由法律规定。物权的取得和行使，应当遵守法律，尊重社会公德，不得损害公共利益和他人合法权益。

✦ 知识点

房地产、准不动产、物权体系示意图、物权法体系结构图、主物与从物、原物与孳息、特定物与不特定物、物权的优先效力、物权的排他效力、主物权与从物权、意定物权与法定物权

✦ 复习思考

一、简答

1. 简述物权的概念与特征。
2. 什么是动产和不动产？
3. 如何区分原物的天然孳息与法定孳息？
4. 物权的优先效力和排他效力分别指什么？
5. 阐述我国物权的主要类型和基本原则。

二、案例分析

1. 甲因工作需要迁往外地居住，将自己的四间住房交与乙看管，约定不收房租直到甲返回后乙再迁出。乙居住了一段时间后花了 3000 元对住房进行了修缮，并加盖了两间客房用于出租，前后一共收取租金 2 万元。后来甲回来了，要求乙搬出去住并且归还 2 万元租金。乙认为房子闲着也是闲着，出租赚的钱应该是他的。但是甲认为他们之前有约定，乙只是负责看管，况且乙收的租金是用他的房子赚的，属于法定孳息，因此同意给乙 3000 元维修费，但是 2 万元租金归甲。问：本案该如何处理？

2. 2014 年 1 月，王某因结婚需要在某县城购买了一套住房，价值 13 万元。同年 5 月，王某与刘某（女）结婚，婚后一直在该房居住。2021 年 6 月，由于双方感情破裂，刘某提出离婚，双方对房产在夫妻关系存续期间的增值部分（离婚时的市场价值为 16 万元）是否属于夫妻共同财产产生较大争议。王某认为，房屋系其婚前以个人财产购买，属其婚前个人财产，因此以其个人财产产生的孳息（房屋增值部分）应属其个人所有。而刘某认为，对于房屋属于王某的婚前个人财产没有异议，但其增值是在二人婚姻存续期间产生的，故对增值部分应认定为夫妻共同财产。问：房产增值部分是否为夫妻共同财产？

3. 2017 年某房地产公司"秀苑花园"商住楼的开发兴建工程动工。2018 年 7 月，在完成地基打桩工作后，开始预售"秀苑花园"的楼房。7 月 28 日，华艺影视公司与房地产公司签订了一份《商品房预售合同》，预购了该花园 B 座 6 层的 601、602、603 三套房屋，预交了 30%的购房款 60 万元。合同约定：房地产公司在商住楼竣工验收后 3 个月内协助华艺影视公司办理房屋产权证。2020 年 3 月 20 日，"秀苑花园"竣工验收。3 月 26 日，房地产公司在未与华艺影视公司协商的情况下，将原来预售的三套房屋卖给了信使传媒公司，该

公司一次性付清所有房款。4月2日，房地产公司协助信使公司办理了"秀苑花园"B座6层的601、602、603三套房屋的产权证明手续。4月5日，华艺影视公司按照合同来查验房屋准备入住时，发现原预售房屋已经被信使传媒公司占用。华艺影视公司只好质询房地产公司，房地产公司答应重新为其调换另外三套房屋，但华艺影视公司不同意，坚持要求入住原先预订的房屋。因房地产公司无法满足其要求，遂向人民法院提起诉讼。问："秀苑花园"B座6层的601、602、603三套房屋的产权应该归谁所有？

三、课后作业

我国物权法在社会生活中具有哪些功能？

第五章 物权变动与保护

【导语】不动产物权的设立、变更、转让和消灭，经依法登记才能发生效力。

【重点】物权变动的类型与模式、不动产登记与动产交付、物权请求权、恢复原状请求权

第一节 物权变动的类型与模式

一、物权变动的含义

物权的变动是物权的产生、变更和消灭的总称。从权利主体方面来看，即物权的取得、变更和丧失。

物权的产生即物权的取得，指物权人取得物权并使特定的物与物权人相结合，在权利与义务主体之间形成了物权法律关系。

物权的变更指物权的主体、内容或者客体发生变更。比如质权期限的延长或缩短，所有权的客体因附合而有所增加，抵押权的客体因一部分灭失而有所减少。

物权的消灭即物权的丧失，指物权本身不存在了，比如所有权、抵押权因标的物灭失而消灭，建设用地使用权因期限届满而消灭；或者原主体权利的丧失和新主体权利的取得，比如因出卖、赠与等行为，使一方丧失所有权而另一方取得所有权。

（1）原始取得。权利人取得某物的权利并非基于原权利人的权利。即在权利人取得物权之前，作为客体的物并未成为任何民事主体的权利的客体，或其抛弃了该权利或因其他原因而丧失了该权利。比如合法建造建筑物、无主物的先占取得等。在原始取得的情形下，被取得之物上原有的一切权利负担均因此而消灭，而导致物权原始取得的法律事实是事实行为。例如，国家征收农村集体土地时，不仅土地上的集体所有权消灭，该土地上的他物权如土地承包经营权、宅基地使用权也一并消灭。

（2）继受取得。权利人是基于原权利人对其物权的让与而取得物权的。依据继受的方法不同可分为：第一，移转继受取得，即就他人物权依其原状移转而取得，如因买卖、赠与

而取得房屋所有权；第二，创设继受取得，即在物上创设某一定限物权，如在建设用地使用权上设立抵押权、以股权出质等。依据继受的范围不同可分为：第一，特定继受取得，即就特定标的物的继受取得，比如通过买卖取得有抵押权的房屋所有权；第二，概括继受取得，即就他人的权利义务不限于特定的物而全部取得，比如继承、法人的合并等。

物权变更首先是指物权的主体、客体或内容的变更，因此物权的取得、消灭也被包含在物权的变更当中了。物权变更还可以指在物权的主体不发生变化的情况下，只是物权的客体或内容发生变更。比如，抵押权人与抵押人协议将某一财产排除在抵押财产之外，或者增加抵押权担保的债权数额。再如，甲乙二人按份共有一栋房屋，两人协商变更各自的份额。

物权的绝对消灭是指物权从此不复存在。例如，甲的房屋因火灾被彻底烧毁，此时甲的房屋所有权就属于绝对消灭。而物权的相对消灭是指物权本身依然存在，只是物权的主体发生了改变，比如买卖或赠与，实际上只是物权发生了转让。

导致物权绝对消灭的情形：一是物权的标的物客观消灭，物权本身也随之消灭。比如，甲的一只花瓶被乙打碎，因此甲的花瓶所有权也随之消灭。二是物权的标的物并未客观灭失，物权本身却终局消灭，他人也并未因此而取得其权利。比如，某人将其一部用坏的手机抛弃，无人问津。手机虽然还在，但所有权却随之消灭。

二、物权变动的模式

依据引发物权变动的法律事实是否为法律行为，可将物权变动分为基于法律行为的物权变动与非基于法律行为的物权变动。前者指因法律行为而导致的物权变动，如买卖机动车、抵押房地产等。后者指由法律行为之外的其他法律事实而引发的物权变动，主要包括：取得时效、征收、没收、法定继承、生产、法定物权、强制执行、先占、拾得遗失物、发现埋藏物、添附等。

我国《民法典》第229条至第230条，对继承、法律文书、征收决定、合法建造房屋等非基于法律行为的物权变动作出了规定。而基于法律行为的物权变动模式有以下三种立法例。如图5-1所示。

(1)意思主义，指不动产或动产上的物权仅因当事人的合意而发生变动，无须进行登记或者交付。(《法国民法典》)

(2)形式主义，指物权因法律行为而发生变动时，不仅需要有当事人变动物权的合意，还要进行登记或交付，否则物权变动之效力不发生。(《德国民法典》)

(3)折中主义，指当物权因法律行为而发生变动时，除当事人的(物权或债权)合意之外，仅须践行登记或交付的法定形式，就足以发生物权变动的效果。

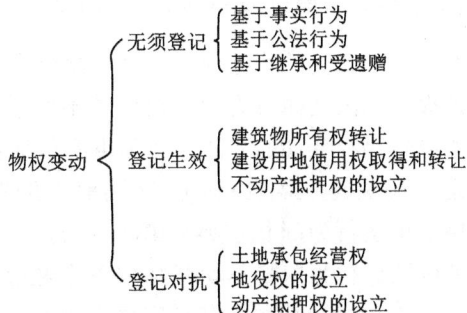

图 5-1　物权变动模式示意图

(一)基于法律行为的物权变动模式

我国《民法典》物权编原则上采取折中模式，即以登记或交付作为物权变动的生效要件，能使人们清晰、准确且方便地判断物权是否发生变动。

依据《民法典》第 209 条第 1 款和第 224 条，基于法律行为的不动产物权变动只有经依法登记，不动产物权变动方才发生效力。未经登记，不发生效力。基于法律行为的动产物权，自交付时，动产物权变动方才发生效力。没有交付的，不发生效力。

《民法典》第 215 条规定："当事人之间订立有关设立、变更、转让和消灭不动产物权的合同，除法律另有规定或者合同另有约定外，自合同成立时生效；未办理物权登记的，不影响合同效力。"

这一规定意味着我国法律明确区分了合同的效力与物权登记的效力。物权登记与否只是决定了物权变动的效力是否发生，不影响合同本身的效力。即便该物权登记是不动产物权变动的生效要件，也不影响合同的效力。因为物权登记旨在贯彻落实物权法的公示原则，如果当事人之间仅就不动产物权的变动达成合意，而没有办理登记，合同的效力不受影响。

(二) 例外情形以登记作为要件对抗善意第三人

《民法典》物权编特别规定了以下几类物权的变动，自合同生效时，物权变动的效力就发生；但未经登记，不得对抗善意第三人。

(1) 土地承包经营权的变动。依据《民法典》第 333、335 条的规定，该用益物权的设立与转让都不以登记作为生效要件。另外，宅基地使用权也不以登记为生效要件。

(2) 地役权的设定。依据《民法典》第 374 条的规定，地役权自地役权合同生效时设立。当事人要求登记的，可以向登记机构申请地役权登记；未经登记，不得对抗善意第三人。

(3) 准不动产上的物权变动。依据《民用航空法》和《海商法》的规定，民用航空器和船舶所有权的取得、转让和消灭，应当向国务院民用航空主管部门和船舶登记机关登记；未经登记的，不得对抗第三人。另外，《道路交通安全法》第 12 条要求机动车及时办理相应的登记，但并未将此种登记作为机动车物权变动的生效要件。

(三) 非因法律行为的物权变动模式

非因法律行为的物权变动指因法律行为以外的法律事实引起的物权的产生、变更、转移与消灭。非因法律行为的物权变动不以登记或交付为生效要件。《民法典》物权编承认的能够导致物权变动的非法律行为事实包括：①法院、仲裁委员会的法律文书或政府的征收决定(《民法典》第 229 条)；②继承或者受遗赠(《民法典》第 230 条)；③合法建造、拆除房屋等事实行为(《民法典》第 231 条)。

非因法律行为取得不动产物权者未经登记处分该物权的，不产生效力。《民法典》第 232 条规定："处分依照本节规定享有的不动产物权，依照法律规定需要办理登记的，未经登记，不发生物权效力。"即非因法律行为取得不动产物权之人处分该物权时，如果依法必须登记，则非经登记，其处分不发生物权变动之效力。

依据《民法典》第 229 条的规定，因人民法院、仲裁委员会的法律文书导致物权设立、变更、转让或者消灭的，自法律文书生效时发生效力。法院的法律文书包括民事法律文书、刑事法律文书和行政法律文书。民事法律文书包括民事判决书、民事裁定书和民事调解书。刑事法律文书包括刑事判决书和刑事裁定书。行政法律文书包括行政判决书、行政裁定书与调解书。仲裁委员会的法律文书则仅指裁决书。实践中，最常见的导致物权变动的法律文书是法院的民事判决书、民事调解书及仲裁委员会的裁决书。

征收是国家为了公共利益的需要而强行取得原属私人所有的不动产的公法行为。《宪法》第 13 条规定："公民的合法的私有财产不受侵犯。国家依照法律规定保护公民的私有财产权和继承权。国家为了公共利益的需要，可以依照法律规定对公民的私有财产实行征收或者征用并给予补偿。"此后，《土地管理法》《城市房地产管理法》以及《民法典》相继对征收作出了具体规定。具体类型包括：一是对国有土地上的房屋所有权、建设用地使用权的征收；二是对农村集体土地所有权的征收。

继承是指将死者遗留的财产依法转移给他人所有的制度。依据《民法典》第 230 条，因继承取得物权的，自继承开始时发生效力。法定继承，即依据法定继承人的范围、继承的顺序、继承遗产的份额以及遗产的分配原则继承遗产。遗嘱继承，即继承开始后，按照被继承人所立的合法有效的遗嘱继承被继承人的遗产。

遗赠是指自然人以遗嘱的方式将个人财产赠与国家、集体或者法定继承人以外的自然人的情形。无论是遗赠还是遗嘱继承，导致物权变动的根本原因仍在于当事人的单方法律行为，都应适用《民法典》第 208 条和第 209 条第 1 款，自登记时发生物权变动的效力。

合法建造房屋是指民事主体依照法律规定建造房屋。《城乡规划法》《建筑法》《土地管理法》《城市房地产管理法》等法律法规，对于建造房屋应当具备的条件，有详细而具体的规定。依据《民法典》第 231 条的规定，合法建造房屋而取得物权的，自"事实行为成就时"发生效力，即房屋建造完毕之时发生效力。

拆除房屋也属于一种事实行为。《民法典》第 231 条没有规定房屋的拆除必须是合法拆除。即便房屋被拆除的结果是因他人的侵权行为所致，只要该房屋在事实上消灭了，房屋上的所有权等物权也应归于消灭。

第二节 不动产登记与动产交付

一、不动产登记的概念与特征

登记作为不动产物权的公示方法，是将物权变动的事项登载在国家主管机关的登记簿上。即不动产登记机构依当事人的申请、有关国家机关的嘱托或依法定职权，将不动产的自然状况、权利状况及其他依法应当登记的事项记载于不动产登记簿并加以公示的活动。

不动产登记在性质上是一种基于法律行为的不动产物权变动的公示方法。

(1)不动产登记属于私法领域中的国家行政事务。

(2)不动产登记是由当事人与登记机构共同参与的活动。

(3)不动产登记是由登记机构依法定程序从事的活动。

(4)不动产登记是登记机构将依法应登记之事项记载于不动产登记簿的行为。

二、不动产登记的能力与类型

不动产登记主要是指针对那些对权利交易具有重大法律意义从而需要公示的权利在不动产登记簿上加以记载并公示。

依据《民法典》，以下权利和法律关系具有登记能力：

（1）不动产物权，包括自然资源的国家所有权、集体土地所有权、建设用地使用权；土地承包经营权、宅基地使用权、建筑物与其他土地附着物的所有权、养殖权、捕捞权、取水权、海域使用权、探矿权、采矿权。

（2）不动产物权上成立的物权，包括建设用地使用权上设定的抵押权；建筑物和其他土地附着物上设立的抵押权；以招标、拍卖、公开协商等方式取得的荒地等土地承包经营权上设立的抵押权；因乡镇、村企业的厂房等建筑物被抵押而在该建筑物占用范围内的建设用地使用权上成立的抵押权；地役权。

不动产登记的主要类型如下：

（一）本登记与预备登记

（1）本登记。这是对不动产物权的设立、变更、转让以及消灭等法律事实所进行的登记。本登记具有终局的、确定的效力，因此又被称为"终局登记"。依据登记的事项不同，本登记包括：初始登记、设定登记、转让登记、变更登记、注销登记、更正登记等类型。

（2）预备登记。这是指在本登记之前进行的一项登记，该登记并不具有终局的、确定的效力，其目的主要在于限制登记名义人对所登记的权利的处分并警示第三人。预备登记主要包括异议登记、预告登记、查封登记、预查封登记。

（二）所有权登记、用益物权登记和不动产抵押权登记

（1）集体土地所有权登记。《不动产登记暂行条例实施细则》第4章第2节专门规定了集体土地所有权登记，它除了规定首次登记、变更登记和注销登记外，第31条还特别列明了转移登记的事由，即农民集体因互换、土地调整等原因导致集体土地所有权转移。

（2）房屋所有权登记。《城市房地产管理法》第60条规定，国家实行土地使用权和房屋所有权登记发证制度。由于我国采用不动产统一登记制度，故房屋所有权可与建设用地使用权或宅基地使用权一并登记，对此《不动产登记暂行条例实施细则》第4章第3、4、5节均有明确规定，如该规章第33条第2款规定："依法利用国有建设用地建造房屋的，可以申请国有建设用地使用权及房屋所有权登记。"

（3）国有建设用地使用权登记。《民法典》第349条规定，设立建设用地使用权的，应当向登记机构申请建设用地使用权登记。建设用地使用权自登记时设立。登记机构应当向建设用地使用权人发放权属证书。《不动产登记暂行条例实施细则》第4章第3节规定了国有建设用地使用权及房屋所有权登记。

（4）集体建设用地使用权登记。《民法典》未规定集体建设用地使用权，《土地管理法》等规范性法律文件有相关规定，《不动产登记暂行条例实施细则》第4章第5节则专门规定了集体建设用地使用权及建筑物、构筑物所有权登记。

（5）宅基地使用权登记。依据《民法典》第363条的规定，宅基地使用权的取得、行使

和转让,适用土地管理法等法律和国家有关规定。依据《民法典》第 365 条的规定,已经登记的宅基地使用权转让或者消灭的应当及时办理变更登记或者注销登记。《不动产登记暂行条例实施细则》第 4 章第 4 节则专门规定了宅基地使用权及房屋所有权登记。

(6)土地承包经营权登记。依据《民法典》第 333 条的规定,土地承包经营权自土地承包经营权合同生效时设立。县级以上地方人民政府应当向土地承包经营权人发放土地承包经营权证、林权证、草原使用权证,并登记造册确认土地承包经营权。

依据《民法典》第 335 条的规定,土地承包经营权人将土地承包经营权互换、转让,当事人要求登记的,应当向县级以上地方人民政府申请土地承包经营权变更登记;未经登记,不得对抗善意第三人。《不动产登记暂行条例实施细则》第 4 章第 6 节规定了土地承包经营权登记。

(7)海域使用权登记。《海域使用管理法》第 6 条规定,国家建立海域使用权登记制度,依法登记的海域使用权受法律保护。《不动产登记暂行条例实施细则》第 4 章第 7 节规定了海域使用权登记。

(8)地役权登记。依据《民法典》第 374 条的规定,地役权自地役权合同生效时设立。当事人要求登记的,可以向登记机构申请地役权登记;未经登记,不得对抗善意第三人。《不动产登记暂行条例实施细则》第 4 章第 8 节规定了地役权登记。另外,《民法典》第 329 条还提及了探矿权、采矿权、取水权等权利也有相应的登记,如《矿产资源法》第 3 条规定,勘查、开采矿产资源,必须依法分别申请,经批准取得探矿权、采矿权,并办理登记。

(9)不动产抵押权登记。即登记机关对不动产抵押权的取得、变更和消灭在登记簿上进行记载,对抵押权变动情况进行公示。依照《民法典》第 395 条和 402 条的规定,债务人或者第三人用有权处分的建筑物和其他土地附着物,建设用地使用权,以招标、拍卖、公开协商等方式取得的荒地等土地承包经营权,正在建造的建筑物进行抵押的,应当办理抵押登记。抵押权自登记时设立。《不动产登记暂行条例实施细则》第 4 章第 9 节规定了抵押权登记。

(三)初始登记、设定登记、转移登记、变更登记与注销登记

(1)初始登记。这是指不动产所有权的第一次登记。就房屋而言,是指房屋所有权的第一次登记,如新建房屋所有权的登记就是初始登记;就土地来说,是指土地所有权的第一次登记。由于我国土地的国家所有权可以不登记,因此我国只有集体土地所有权的初始登记。

(2)设定登记。这是基于法律行为而在不动产上设立他物权时所为的登记,如设立农村土地承包经营权、建设用地使用权、不动产抵押权、地役权等而进行的设定登记。例如,《民法典》第 349 条规定:"设立建设用地使用权的,应当向登记机构申请建设用地使用权登记。建设用地使用权自登记时设立。登记机构应当向建设用地使用权人发放权属证书。"

(3)转移登记。转移登记也称"转让登记""过户登记",指在土地使用权、房屋所有权以及其他物权因买卖、互易、出资、赠与等法律行为而发生转移时进行的登记。例如,《民法典》第 355 条规定:"建设用地使用权转让、互换、出资或者赠与的,应当向登记机构申

请变更登记。"

（4）变更登记。指在不动产物权主体不发生改变的前提下，因不动产物权的内容发生改变或者不动产本身发生变化而进行的登记。例如，房屋坐落的街道、门牌号或者房屋名称发生变更，房屋面积增加或者减少等。

（5）注销登记。也称"涂销登记"，指经登记的不动产物权因法定原因或者约定原因消灭，或者因自然及人为原因使不动产灭失，从而使不动产物权归于消灭，由权利人向登记机关申请注销该权利的登记。例如，《民法典》第360条规定："建设用地使用权消灭的，出让人应当及时办理注销登记。登记机构应当收回权属证书。"

（四）更正登记与异议登记

（1）更正登记。《民法典》第220条第1款规定："权利人、利害关系人认为不动产登记簿记载的事项错误的，可以申请更正登记。不动产登记簿记载的权利人书面同意更正或者有证据证明登记确有错误的，登记机构应当予以更正。"其中，"不动产登记簿记载的事项错误"既包括登记簿上的权利记载与实际的权利状态不相符合，也包括错误的标示登记。

（2）异议登记。《民法典》第220条第2款规定："不动产登记簿记载的权利人不同意更正的，利害关系人可以申请异议登记。登记机构予以异议登记，申请人自异议登记之日起十五日内不提起诉讼的，异议登记失效。异议登记不当，造成权利人损害的，权利人可以向申请人请求损害赔偿。"

（五）预告登记转本登记

（1）预告登记是为了保全关于不动产物权的请求权而将该请求权加以登记的制度。即在本登记之前进行的一项登记，该登记并不具有终局的、确定的效力，其针对的是将来会产生的不动产物权，而非已经现实存在的不动产物权。依据《民法典》第221条第1款规定，预告登记的构成要件包括：第一，存在符合要求的预告登记的客体，即"当事人签订买卖房屋或者其他不动产物权的协议"；第二，当事人之间有关于预告登记的约定；第三，登记机构在登记簿上进行了登记。预告登记后，未经预告登记的权利人同意，处分该不动产的，不发生物权效力。《民法典》第221条第2款规定："预告登记后，债权消灭或者自能够进行不动产登记之日起三个月内未申请登记的，预告登记失效。"

（2）预告登记只是保障债权人的一种临时性担保手段，在条件具备时就要转为本登记。条件具备之时即《民法典》第221条第2款规定的"能够进行不动产登记之日"。具体包括：第一，就预购商品房的买卖或抵押的预告登记而言，是指预购商品房已经办理了所有权初始登记，进而为所有权转移或抵押权设定登记奠定了基础；第二，就现房的买卖或抵押以及其他已经登记的不动产物权变动而言，是指当事人之间约定的办理本登记的条件成就或始期届至之日。

三、不动产登记簿的推定力与公信力

不动产登记簿是指由不动产登记机构依法制作的，对某一特定地域辖区内的不动产自然状况及其上的权利状况加以记载的具有法律效力的官方记录。其中，只有国家设立的不动产登记机构可以制作并管理不动产登记簿（《民法典》第216条第2款）。

不动产登记簿并非单纯记载不动产自然状况及其上权利状况的记录册,还是具有法律效力的官方记录。不动产登记簿并非对社会生活中的所有财产加以记载,仅仅是记录不动产的自然状况、权利状况及其他法定事项的文件。

不动产登记簿的推定力,是指不动产物权经过登记之后,即推定不动产登记簿上记载的物权归属和内容与真实的物权归属和内容是一致的。对权利存在或不存在的推定不属于事实推定而是权利推定。至于登记原因行为(如买卖、赠与债权行为)存在与否非登记簿的推定力所及。例如,不动产登记簿上记载甲为 A 房屋的所有权人时,不动产登记簿的推定力只推定甲为 A 房屋的所有权人,并不推定甲究竟是通过买卖、赠与、互换等合同,还是通过继承而获得该所有权的。

不动产登记簿的公信力,是指即便不动产登记簿上记载的物权归属、内容与真实的物权归属、内容不一致,信赖该登记簿记载之人仍可如同登记簿记载正确时那样,依法律行为取得相应的不动产物权。例如,甲、乙为 A 房屋的共同共有人,登记簿上仅登记甲为该房屋的所有人。甲未经乙之同意擅自出售 A 房给第三人丙。丙因信赖登记簿上关于甲为 A 房之所有权人的记载,支付了购房款并办理了房屋所有权转移登记。尽管登记簿上对 A 房所有权人的记载与真实物权状况不一致,但因丙善意信赖登记簿之记载,其仍可如同甲就是 A 房的单独所有权人那样,取得该房屋之所有权。

四、不动产权属证书与登记证明

不动产权属证书是权利人享有该不动产物权的证明(《民法典》第 217 条)。

我国实行不动产登记发证制度,登记机关除在登记簿上进行记载之外,还向不动产权利人颁发由国家统一印制的权属证书。其中包括不同类型的土地权利证书和所有权证书,比如国有土地使用证、集体土地所有权证、集体土地使用证、土地他项权利证、房屋所有权证、房屋他项权证、海域使用权证、水域滩涂养殖证等。

《民法典》第 216 条、第 217 条分别对不动产登记簿与权属证书的法律性质以及二者的关系作出了明确规定。"不动产权属证书是权利人享有该不动产物权的证明。不动产权属证书记载的事项,应当与不动产登记簿一致;记载不一致的,除有证据证明不动产登记簿确有错误外,以不动产登记簿为准。"

不动产登记证明与不动产权属证书的区别:

第一,登记类型不同。不动产权属证书是作为本登记的所有权登记、他物权登记完成后,由登记机构颁发给登记权利人的。登记证明适用的是作为预登记的预告登记和异议登记。

第二,证明的对象不同。不动产权属证书是权利人享有不动产物权的证明。证明的对象是权利人享有不动产物权。登记证明中有的证明的是权利人享有某种物权,如在建工程抵押证明所证明的是在建工程抵押权;而预告登记证明所证明的是权利人享有的债权请求权。

五、不动产登记赔偿责任

不动产登记赔偿责任是指当事人或登记机构在不动产登记中造成他人损害时,依法应当承担的赔偿责任。

《民法典》第 222 条对不动产登记中赔偿责任分两款加以规定，第 1 款规定："当事人提供虚假材料申请登记，给他人造成损害的，应当承担赔偿责任。"第 2 款规定："因登记错误，给他人造成损害的，登记机构应当承担赔偿责任。登记机构赔偿后，可以向造成登记错误的人追偿。"

根据引发不动产登记赔偿责任的原因不同，可以将不动产登记赔偿责任分为三类：①当事人的赔偿责任；②登记机构的赔偿责任；③多数人侵权的赔偿责任。

六、动产交付

交付，即移转占有。现实交付，即占有的现实移转。就动产的交付而言，是指动产物权的让与人将其对动产的直接管领力现实地移转给受让人。

在现实交付中，转让人将对物的占有现实地移转给受让人。只有当受让人取得了单独占有并且出让人不享有任何占有时，现实交付才算完成。完成现实交付须符合以下条件：①出让人完全丧失了其对标的物的占有；②受让人必须取得对标的物的直接占有或者与第三人成立间接占有关系；③此种交付是依据让与人的意思而作成的。

通过现实交付，动产物权的变动可被外界识别。《民法典》第 224 条规定："动产物权的设立和转让，自交付时发生效力，但法律另有规定的除外。"其中，"动产物权的设立和转让"是指动产所有权和动产质权的设立和转让。

随着经济的发展，基于交易便捷的考虑，法律上又产生了所谓的观念交付，包括简易交付、占有改定与指示交付。

(1)简易交付。动产物权的受让人或其代理人已经占有了该动产，在让与物权合意达成之时，就已发生交付该动产的效果。《民法典》第 226 条专门对简易交付作了全面的规定。

(2)占有改定。动产物权的让与人使受让人取得对标的物的间接占有，以代替该动产现实移转的交付(《民法典》第 228 条)。

(3)指示交付。在设定或转让动产物权时，如果转让动产物权或者为他人设定动产物权之人的动产由第三人占有，负有交付义务的人可将其享有针对第三人的返还请求权让与受让人，以代替现实交付。

动产交付示意图如图 5-2 所示。

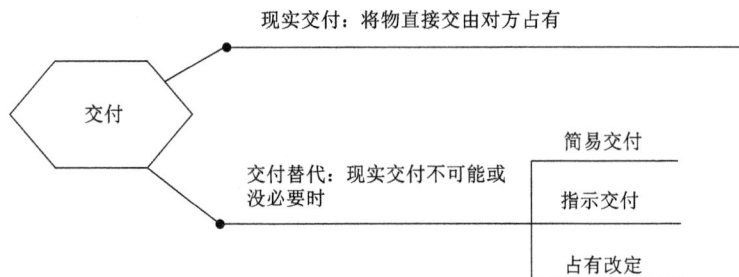

图 5-2　动产交付示意图

第三节　物权的请求确认

一、确认物权的请求权的概念

《民法典》物权编作为调整因物的归属和利用而发生的民事关系的法律规范，必须为物权的归属的和内容发生争议时提供确立权利的法律规则。

《民法典》第 234 条规定："因物权的归属、内容发生争议的，利害关系人可以请求确认权利。"这种利害关系人请求确认物权的权利被称为"确认物权的请求权"。

在财产的归属、内容方面发生争议而处于不确定状态的时候，当事人可以向法院提起诉讼，请求确认物权。比如，当事人有证据证明不动产登记簿的记载与真实权利状态不符，其为该不动产物权的真实权利人，则该当事人有权请求确认其享有物权。

二、确认物权的请求权的特征

确认物权的请求权具有以下特征：

（1）请求权的主体是利害关系人。

例如，A 认为某栋房屋归其所有，B 也认为该房屋归自己所有，二者就房屋所有权的归属发生了争议，他们都是利害关系人。

（2）确认物权的请求权的内容是物权的归属和内容。

例如，甲将一部分财产寄存于乙处，乙死亡后其继承人将这部分财产作为遗产继承，在甲向乙的继承人请求返还其寄存的财产时，乙的继承人认为这部分财产应属于乙所有而拒绝返还。这里首先应当确定所有权的归属，然后才能确定是否应当返还：如果确定财产属于甲所有，则乙的继承人应当将这部分财产返还给甲；如果不能确认甲的所有权，则甲无权请求返还。

（3）利害关系人可以请求行政主管机关，也可以请求法院、仲裁委员会等确认物权的归属和内容。

例如，利害关系人可依据《确定土地所有权和使用权的若干规定》请求县级以上人民政府确定该土地所有权是归国家所有还是集体所有，该土地使用权又是归谁享有。

又如，债权人甲请求法院确认其对债务人乙的一栋房屋 A 享有抵押权，即向法院提起确认之诉。

关于物权的归属和内容而发生的争议，最终享有确认该物权归属和内容的机关是人民法院。当事人对行政机关确认的物权归属和内容不服的，可以提起行政诉讼。

三、确认物权的请求权的性质

（1）物权请求权可以由物权人直接向侵夺者或妨害者行使，而利害关系人提出确认物权的请求可以向行政主管机关或法院提出。

（2）物权请求权是基于物权而产生的，先要确认某种物权是否存在以及权利范围，即所有人要行使所有物返还请求权的前提是证明其为所有权人。

（3）当物权人行使返还原物的请求权而未获实现时，应当请求法院判处被告返还原物。而当物权人的妨害预防请求权、排除妨害请求权未获实现时，应当提起不作为之诉与容忍强制执行之诉等给付之诉。

第四节　物权请求权

一、物权请求权的概念

物权是对物的直接支配权，权利的实现无须他人行为的介入。如果有他人干涉的事实，使物权受到妨害或者有妨害的危险时，必然妨碍物权人对物的直接支配，法律则赋予物权人请求除去妨害和防止妨害的权利。

物权请求权就是基于物权的绝对权和对世权，旨在排除对物权现实的或潜在的妨害，从而回复物权圆满支配状态的请求权。

二、物权请求权的类型

物权请求权有三类：返还原物请求权、排除妨害请求权与消除危险请求权，如图 5-3 所示。

我国《民法典》第 235 条、第 236 条对上述三类物权请求权作出了规定。

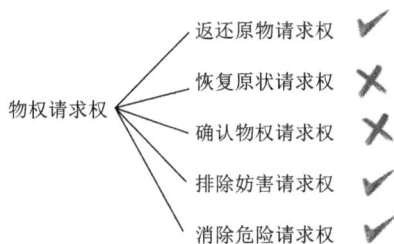

图 5-3　物权请求权的类型

三、返还原物请求权

返还原物请求权是指所有权人以及其他物权人依法享有的要求无权占有其物或不法侵夺其物之人返还该物的请求权。

《民法典》第 235 条规定："无权占有不动产或者动产的，权利人可以请求返还原物。"返还原物请求权只能针对特定的物，即被无权占有或侵夺的动产或不动产，不能针对替代物提出。返还原物请求权不能适用于高度流通性的物，如货币及某些有价证券等，因为对于这些物适用"占有即所有"的法律规则。

返还原物请求权的构成要件：

（1）请求权主体。返还原物请求权的主体为"权利人"，包括物权人以及依法享有返还原物请求权的其他人，如所有权人、破产管理人等。

（2）义务人。负有返还原物之义务者须为所有物之现实占有人，如果其已丧失占有，则不能针对其行使返还原物请求权。

（3）占有的不法性。占有的不法性指占有人的占有属于无权占有，即占有人在被请求返还原物时没有占有的本权（如典权、质权、租赁权、留置权等）而仍占有。如果占有人对于所有权人是合法的占有即有权占有时，所有权人不能要求其返还。

四、排除妨害请求权

排除妨害请求权是指当所有权与他物权之圆满状态受到他人以侵夺占有或无权占有

以外的方式予以不法妨害时，物权人享有请求排除妨害，使自己的权利回复圆满状态的一项请求权。权利人通过行使排除妨害请求权而使受到影响的权利回复到从前的圆满状态，该排除妨害的费用由妨害人负担。例如，甲擅自在乙的土地上通行或将垃圾堆积在乙的土地上，乙有权请求甲将这些对其土地所有权之行使构成的妨害予以排除。

排除妨害请求权的构成要件：

（1）请求权人。享有排除妨害请求权的主体必须是所有权人以及其他依法能够享有排除妨害请求权的他物权人（《民法典》第236条）。

（2）不法妨害。妨害具有违法性，即在所有权人或他物权人不负有特别容忍的义务之时，任何对所有权或他物权行使的圆满状态的阻碍都构成不法的妨害。例如，在建造建筑物时，违反国家有关工程建设标准，妨害了相邻建筑物的通风、采光和日照（《民法典》第293条）。不动产权利人违反国家规定弃置固体废物，排放大气污染物、水污染物、噪声、光、电磁波辐射等有害物质，从而对相邻不动产的权利人造成妨害（《民法典》第294条）。

五、消除危险请求权

危险是指尚未实际发生的但有可能出现的妨害。《民法典》第236条规定："妨害物权或者可能妨害物权的，权利人可以请求排除妨害或者消除危险。"此即权利人可以行使的消除危险请求权。

危险是指他人的行为或者设施可能造成的对物权人占有物的妨害，必须是可以合理预见的，而不是主观臆测的。同时，危险必须是确实存在的，且有对他人财产、人身造成妨害的可能。如邻居的大树有可能倾倒，砸坏自己的房屋。另外，如果危险虽然已经形成，却未造成实际损害，则不能请求其承担侵权损害赔偿责任。如在公共场所施工时，没有设置明显标志，可以主张消除危险请求权，但不能主张侵权损害赔偿请求权。

第五节　恢复原状请求权

一、恢复原状请求权的概念

《民法典》第237条规定："造成不动产或者动产毁损的，权利人可以请求修理、重作、更换或者恢复原状。"此即权利人可以行使的恢复原状请求权。

二、恢复原状请求权的特征

恢复原状请求权的特征如下：第一，请求权人为权利人，即所有人或者他物权人；第二，该请求权适用于不动产或者动产被毁损的场合；第三，该请求权指向的义务人承担的责任包括修理、重作、更换或者恢复原状。

《民法典》将"修理、重作、更换"作为一类保护物权的方式，例如，甲将乙借给其使用的收音机摔坏了，那么甲应当将该收音机修理好。而此处的恢复原状是指行为人致他人的动产或不动产毁损时，应当进行修补，使财产恢复到原有的状态。例如，承租人将出租人的房屋结构破坏，则应当承担恢复原状的责任。

三、恢复原状请求权的性质

恢复原状请求权是损害赔偿请求权的一种实现方式，即与金钱赔偿并存的一种损害赔偿方式。

当被损害的物是不可替代物时，权利人有权要求加害人恢复原状，而不能通过金钱赔偿完全替代恢复原状。如果被损害的物是可替代物时，则通过金钱赔偿的方式更有利于受害人。

✦ 小 结

动产物权的设立和转让，自交付时发生效力。因物权的归属、内容发生争议的，利害关系人可以请求确认权利。无权占有不动产或者动产的，权利人可以请求返还原物。妨害物权或者可能妨害物权的，权利人可以请求排除妨害、返还原物或者消除危险。

✦ 知识点

物权的取得、物权的变更、物权的消灭、现实交付、观念交付、指示交付、确认之诉、给付之诉、特别容忍义务

✦ 复习思考

一、简答

1. 归纳并总结物权变动模式的特点。
2. 简述不动产登记的各种类型。
3. 确认物权的请求权具有哪些特征？
4. 简述恢复原状请求权的概念和性质。
5. 阐述返还原物请求权、排除妨害请求权与消除危险请求权的构成要件。

二、案例分析

甲在古玩市场花 500 元淘到了一个明代的花瓶，乙愿意出 1000 元买下。甲同意并收了钱。由于乙有事出差三天，两人约好把花瓶先放在甲家，三天后乙来取。三天后，当乙到甲家准备拿走花瓶时，甲对乙说："对不起！花瓶已被丙 2000 元买走了，这是 1000 元，退给你。"问：本案中的乙还能要回花瓶吗？为什么？

三、辨识判断

1. 甲由于要出国，决定将自己的一处住房卖给乙，双方约定了价款并签订了书面合同。几天后甲又觉得房子卖得便宜了，于是跟乙说房子不卖了，理由是房子没有变更登记，合同是无效的。乙则认为合同是有效的。下列哪一项表述是正确的？

A. 合同无效，房屋所有权归甲

B. 合同有效，房屋所有权归乙

C. 合同有效，房屋所有权归甲，甲承担违约责任

D. 合同无效，房屋所有权归乙，乙承担违约责任

2. 甲将 1 套房屋出卖给乙，已经移转占有，没有办理房屋所有权移转登记。现甲死亡，该房屋由其子丙继承。丙在继承房屋后又将该房屋出卖给丁，并办理了房屋所有权转移登记。下列哪些表述是正确的？

A. 乙虽然没有取得房屋所有权，但是基于甲的意思取得占有，乙为有权占有

B. 乙可以对甲的继承人丙主张有权占有

C. 在丁取得房屋所有权后，乙可以以占有有正当权利来源对丁主张有权占有

D. 在丁取得房屋所有权后，丁可以基于其所有权请求乙返还房屋

3.《民法典》的出台在社会上掀起了一股学法的热潮。甲想要买一套预售房，于是对《民法典》产生了兴趣，经多次与开发商销售顾问商谈后准备签订购房协议。可是此房正在建设中，万一公司"一房多卖"咋办呢？下列哪一选项能保护甲的权益？

A. 申请初始登记

B. 申请转移登记

C. 申请异议登记

D. 申请预告登记

四、课后作业

举例说明如何区分动产的现实交付与观念交付。

第六章　所有权

【导语】所有权人对自己的不动产或者动产，依法享有占有、使用、收益和处分的权利。

【重点】国家所有权、集体所有权与私人所有权、业主的建筑物区分所有权、相邻关系

第一节　所有权概述

一、所有权的概念与特征

所有权属于物权，是所有人在法律规定的范围内对属于自己的特定物全面支配和排他的权利。依据《民法典》第 240 条的规定，所有权人对自己的不动产或者动产，依法享有占有、使用、收益和处分的权利。

所有权具有以下特征：第一，所有权是一种绝对权。第二，排他性。第三，完全性。第四，弹力性。第五，永久性。

二、所有权的内容与权能

(一)所有权的内容

所有权的内容是指所有人在法律规定的范围内对其所有物可以行使的权能。

(1)占有。占有是所有权人对于财产实际上的占领、控制。例如，所有人对于自己所有房屋、家具、生活用品的占有，企业对于厂房、机器的占有等。

(2)使用。使用是依照物的性能和用途，并不毁损其物或变更其性质而加以利用。例如，使用机器进行生产，使用电视机收看节目，居住房屋，乘坐汽车。

(3)收益。收益是收取所有物的利益，包括孳息和利润。孳息包括法定孳息和自然孳息。利润是把物投入社会生产过程、流通过程所取得的利益。

(4)处分。处分是所有权的核心内容和最基本的权能。事实上的处分指对物进行毁

损、改造、破坏或者进行物理、化学性质上的改变。例如，粮食被吃掉，原材料经过生产成为产品，把房屋拆除。法律上的处分指变更、消灭所有物上的权利。例如，将物转让给他人，在物上设定权利(如质权、抵押权)，将物抛弃，都是法律上的处分。

(二)所有权的权能

所有权的权能包括积极权能与消极权能，前者指所有人享有的作为的权利，后者指所有人针对其他人享有的要求他们不作为的权利。

(1)积极权能。所有权的占有权能指对于物具有事实上的管领力的一种状态。

所有权的使用权能指在不毁损物或变更物的性质的情形下，依照物的通常使用方法以满足所有人需求的行为。所有权的收益权能指收取所有物的天然孳息或法定孳息。所有权的处分权能包括事实上的处分与法律上的处分。

(2)消极权能。所有权的消极权能指所有权人能够排除他人不正当的干涉。

此种排除的方式主要是物权请求权。不正当的干涉指没有法律依据而对他人的所有权进行的直接侵夺、干扰或者妨害。此外，就他人不正当干涉而造成的损失，所有人有权要求干涉人承担侵权损害赔偿责任。

(3)所有权权能的分离。所有人有权依据自己的意思将所有权的权能加以部分分离，从而为他人设定限制物权。

所有权人有权在自己的不动产或者动产上设立用益物权和担保物权。用益物权人、担保物权人行使权利不得损害所有权人的权益。如国家将自然资源有偿交由自然人、法人或其他组织使用，国家可以通过对国家所有权权能的分离为这些民事主体设定他物权。

依据《民法典》第 242 条的规定，法律规定专属于国家所有的不动产和动产，如国家所有的土地、矿藏、水流、海域，无线电频谱资源，野生动物资源，法律规定专属于国家的文物等，任何单位和个人不能取得所有权。

三、征收与征用

(一)征收

征收是国家强制取得物权的一种方式，征收的对象是集体或私有财产。即政府为了公共利益的需要，依照法律规定的程序和权限，强制性地取得集体所有的土地和单位、个人的房屋及其他不动产。征收的要件：

1.必须是为了公共利益的需要

《宪法》第 13 条第 3 款规定："国家为了公共利益的需要，可以依照法律规定对公民的私有财产实行征收或者征用并给予补偿。"《民法典》第 243 条第 1 款也明确规定："为了公共利益的需要，依照法律规定的权限和程序可以征收集体所有的土地和单位、个人的房屋及其他不动产。"

《国有土地上房屋征收与补偿条例》第 8 条将公共利益界定为以下几类：

(1)国防和外交的需要。

(2)由政府组织实施的能源、交通、水利等基础设施建设的需要。

(3)由政府组织实施的科技、教育、文化、卫生、体育、环境和资源保护、防灾减灾、文物保护、社会福利、市政公用等公共事业的需要。

（4）由政府组织实施的保障性安居工程建设的需要。

（5）由政府依照城乡规划法有关规定组织实施的对危房集中、基础设施落后等地段进行旧城区改建的需要。

（6）法律、行政法规规定的其他公共利益的需要。

2. 必须由法定的主体依照法律规定的权限和程序进行

根据《国有土地上房屋征收与补偿条例》，因公共利益需要征收国有土地上房屋的，须由市、县级人民政府作出房屋征收决定。

3. 必须给予补偿

《民法典》物权编对征收补偿作出了明确规定。第 243 条第 2 款规定："征收集体所有的土地，应当依法足额支付土地补偿费、安置补助费、地上附着物和青苗补偿费等费用，安排被征地农民的社会保障费用，保障被征地农民的生活，维护被征地农民的合法权益。"第 3 款规定："征收单位、个人的房屋及其他不动产，应当依法给予拆迁补偿，维护被征收人的合法权益；征收个人住宅的，还应当保障被征收人的居住条件。"第 4 款特别规定："任何单位和个人不得贪污、挪用、私分、截留、拖欠征收补偿费等费用。"

（二）征用

征用是指国家为了公共利益的需要而强制性地使用民事主体的财产。《民法典》第 245 条规定："因抢险、救灾等紧急需要，依照法律规定的权限和程序可以征用单位、个人的不动产或者动产。被征用的不动产或者动产使用后，应当返还被征用人。单位、个人的不动产或者动产被征用或者征用后毁损、灭失的，应当给予补偿。"

征用的对象既可以是动产，也可以是不动产。征用虽然是为了抢险、救灾等公共利益的需要，但这种需要是非常紧急的，国家来不及从市场上购买或生产，才需要进行征用。征用只是暂时剥夺单位或个人的不动产或动产的使用权，被征用的不动产或动产使用之后应当返还给被征用人。单位、个人的不动产或者动产被征用或者征用后毁损、灭失的，应当给予补偿。

第二节　国家所有权、集体所有权与私人所有权

一、国家所有权的概念和特征

国家所有权是指国家对国有财产的占有、使用、收益与处分的权利。

第一，国家所有即全民所有，由国家出面代表全民行使所有权。依据《民法典》第 246 条第 1 款的规定，法律规定属于国家所有的财产，属于国家所有，即全民所有。

第二，国家所有权的产生、内容和运作程序都是法定的。依据《民法典》第 242 条的规定，法律规定专属于国家所有的不动产和动产，任何单位和个人不能取得所有权。

第三，国家所有权的客体范围十分广泛，且某些形态由国家专有。如自然资源、公用财产、国家投入企业的财产，以及矿藏、野生动物、无线电频谱等。依据《民法典》第

251 条的规定,法律规定属于国家所有的野生动植物资源,属于国家所有。

二、国家所有权的主体和行使

《民法典》第 246 条第 2 款规定:"国有财产由国务院代表国家行使所有权;法律另有规定的,依照其规定。"在由国务院代表国家行使所有权的同时,依照法律规定可由地方人民政府等部门行使有关权利。例如,《土地管理法》第 5 条规定:"国务院自然资源主管部门统一负责全国土地的管理和监督工作。县以上地方人民政府自然资源主管部门的设置及其职责,由省、自治区、直辖市人民政府根据国务院有关规定确定。"

依据《民法典》第 255 条的规定,国家机关对其直接支配的不动产和动产,享有占有、使用以及依照法律和国务院的有关规定处分的权利。依据《民法典》第 256 条的规定,国家举办的事业单位对其直接支配的不动产和动产,享有占有、使用以及依照法律和国务院的有关规定收益、处分的权利。譬如《高等教育法》第 38 条规定,高等学校对举办者提供的财产、国家财政性资助、受捐赠财产依法自主管理和使用。

依据《民法典》第 257 条的规定,国家出资的企业由国务院、地方人民政府依照法律、行政法规规定分别代表国家履行出资人职责,享有出资人权益。譬如《煤炭法》第 13 条规定,煤炭矿务局是国有煤矿企业,具有独立法人资格。矿务局和其他具有独立法人资格的煤矿企业、煤炭经营企业依法实行自主经营、自负盈亏、自我约束、自我发展。

另外,我国《民法典》物权编规定,国有财产受法律保护,禁止任何单位和个人侵占、哄抢、私分、截留、破坏。

履行国有财产管理、监督职责的机构及其工作人员,应当依法加强对国有财产的管理、监督,促进国有财产保值增值,防止国有财产损失;滥用职权,玩忽职守,造成国有财产损失的,应当依法承担法律责任。违反国有财产管理规定在企业改制、合并分立、关联交易等过程中,低价转让、合谋私分、擅自担保或者以其他方式造成国有财产损失的,应当依法承担法律责任。

三、国家所有权的客体

国家所有权的客体是指国家所有权所指向的对象。属于国家所有的财产有两类:

1. 法律规定属于国家专有的财产

(1)矿藏、水流、海域。《民法典》第 247 条规定,矿藏、水流、海域属于国家所有。《矿产资源法》规定,矿产资源属于国家所有,由国务院行使国家对矿产资源的所有权。第 4 条第 2 款规定,国有矿山企业是开采矿产资源的主体。《水法》规定,水资源属于国家所有。《海域使用管理法》规定,海域属于国家所有,国务院代表国家行使海域所有权。

(2)城市土地。《宪法》第 10 条和《民法典》第 249 条规定,城市的土地属于国家所有。

(3)无线电频谱资源。《民法典》第 252 条规定,无线电频谱资源属于国家所有。《无线电管理条例》第 4 条规定,无线电频谱资源属于国家所有。

(4)国防资产。《民法典》第 254 条第 1 款规定,国防资产属于国家所有。《国防法》第 37 条第 2 款规定,国防资产归国家所有。

2.法律规定属于国家所有的财产

法律规定属于国家所有的农村和城市郊区的土地；森林、山岭、草原、荒地、滩涂等自然资源属于国家所有，但法律规定属于集体所有的除外；法律规定属于国家所有的野生动植物资源；法律规定属于国家所有的文物；法律规定属于国家所有的铁路、公路、电力设施、电信设施和油气管道等基础设施。国家为了公共利益的需要，依照法律规定的权限和程序可以征收集体所有的土地和单位、个人的房屋及其他不动产。征收集体所有的土地，应当依法足额支付土地补偿费、安置补助费、地上附着物和青苗补偿费等费用，安排被征地农民的社会保障费用，保障被征地农民的生活，维护被征地农民的合法权益。

四、集体所有权的概念与类型

集体所有权，也称劳动群众集体所有权，指劳动群众集体对集体财产享有的占有、使用、收益和处分等权利。

集体所有权主体是单一的，即集体组织。集体成员不是所有权主体，不能以自己名义行使所有权，也无权擅自处分集体财产。

五、集体所有权的主体、行使和保护

1.集体所有权的主体

集体组织所有权的主体是集体组织，成员对集体所有的不动产和动产都不享有所有权。

（1）农民集体所有权主体。《民法典》第 261 条规定："农民集体所有的不动产和动产属于本集体成员集体所有。"在农民集体所有权的形态下，本集体成员的权利主要是通过成员权来体现的。

（2）城镇集体所有权主体。《民法典》第 263 条规定："城镇集体所有的不动产和动产，依照法律、行政法规的规定由本集体享有占有、使用、收益和处分的权利。"

2.集体所有权的行使

《民法典》对集体所有权的行使从两个方面作了明确规定。

（1）农民集体所有的不动产和动产权利的行使。

涉及全体成员利益的重大事项应当依照法定程序经本集体成员决定。譬如《农村土地承包法》规定，承包方案应当依法经本集体经济组织成员的村民会议三分之二以上成员或三分之二以上村民代表的同意；发包方将农村土地发包给本集体经济组织以外的单位或者个人承包，应当事先经本集体经济组织成员的村民会议三分之二以上成员或三分之二以上村民代表的同意，并报乡（镇）人民政府批准。

（2）集体所有的土地、森林、山岭、草原、荒地和滩涂等不动产所有权的行使。

《民法典》第 262 条规定，"对于农民集体所有的土地和森林、山岭、草原、荒地、滩涂等，依照下列规定行使所有权：（一）属于村农民集体所有的，由村集体经济组织或者村民委员会代表集体行使所有权；（二）分别属于村内两个以上农民集体所有的，由村内各该集体经济组织或者村民小组代表集体行使所有权；（三）属于乡镇农民集体所有的，由乡镇集体经济组织代表集体行使所有权"。

3.集体所有权的保护

《民法典》物权编专门设置了对于集体所有权进行保护的特别规范。

第一，集体成员对于集体财产享有知情权。依据《民法典》第264条的规定，农村集体经济组织或者村民委员会、村民小组应当依照法律、行政法规以及章程、村规民约向本集体成员公布集体财产的状况。譬如《土地管理法》第49条规定，被征地的农村集体经济组织应当将征收土地的补偿费用的收支状况向本集体经济组织的成员公布，接受监督。

第二，集体所有的财产受法律保护，禁止任何单位和个人侵占、哄抢、私分、破坏。集体经济组织、村民委员会或者其负责人作出的决定侵害集体成员合法权益的，受侵害的集体成员可以请求人民法院予以撤销。

集体所有的不动产和动产包括：

(1)法律规定属于集体所有的土地和森林、山岭、草原、荒地、滩涂。

(2)集体所有的建筑物、生产设施、农田水利设施。

(3)集体所有的教育、科学、文化、卫生、体育等设施。

(4)集体所有的其他不动产和动产。

六、私人所有权

私人所有权是私人对其不动产和动产享有占有、使用、收益、处分的权利。

我国《民法典》第266条规定："私人对其合法的收入、房屋、生活用品、生产工具、原材料等不动产和动产享有所有权。"

《民法典》不仅规定了私人所有权的客体，而且还规定了私人财产的其他表现形式和财产来源，包括合法的储蓄、投资及其收益、继承的财产。还规定私人依法可以独立出资或者与他人共同出资设立企业，享有出资者权益。

《民法典》对保护私人所有权作了规定，私人的合法财产受法律保护，禁止任何单位和个人侵占、哄抢、破坏。

七、法人所有权

我国《民法典》第269条第1款规定："营利法人对其不动产和动产依照法律、行政法规以及章程享有占有、使用、收益和处分的权利。"

企业法人是以营利为目的，从事生产经营活动的法人。企业法人所有权是企业法人在法律和其章程规定的范围内，独占性地支配其不动产和动产的权利。出资人对其出资的企业享有出资者权益，包括资产收益、重大决策以及选择经营管理者等权利。

机关法人、国家举办的事业单位法人的不动产和动产属于国家所有，只能在对外关系上适用所有权的有关规定。

我国《民法典》第269条第2款规定："营利法人以外的法人，对其不动产和动产的权利，适用有关法律、行政法规以及章程的规定。"《民法典》第270条规定："社会团体法人、捐助法人依法所有的不动产和动产，受法律保护。"

第三节　业主的建筑物区分所有权

一、建筑物区分所有权的概念与特征

建筑物区分所有权是指业主对建筑物内的住宅、经营性用房等专有部分享有所有权，对专有部分以外的共有部分享有共有和共同管理权利(《民法典》第271条)。

建筑物区分所有权的特征表现在以下几个方面：

(1)特殊的所有权。权利人对专有部分的单独所有权、对共有部分的共有权以及管理权的结合。

(2)集合性的权利。专有部分的单独所有权占据主导地位。

(3)整体不可分割。权利人不能保留其中的某一项权利而转让或者抛弃其他权利。

《民法典》第273条第2款规定，"业主转让建筑物内的住宅、经营性用房，其对共有部分享有的共有和共同管理的权利一并转让"。权利人不能以放弃权利为由而不履行相应义务。《民法典》第273条第1款规定，"业主对建筑物专有部分以外的共有部分，享有权利，承担义务；不得以放弃权利不履行义务"。

二、专有部分的单独所有权

专有部分是指在一栋建筑物内区分出的独立住宅或者经营性用房等单元。该单元须具备构造上的独立性与使用上的独立性。业主对其专有部分享有单独所有权，即对该部分享有占有、使用、收益和处分的排他性的支配权，性质上与一般的所有权并无不同。但业主行使权利不得危及建筑物的安全，不得损害其他业主的合法权益。专有部分的承租人、借用人等物业使用人，根据法律、法规、管理规约、业主大会或者业主委员会依法作出的决定，以及其与业主的约定，享有相应权利，承担相应义务。

三、共有部分的共有权

共有部分指建筑物及附属物的共同部分，即专有部分以外的其他部分。共有部分既有全体业主共同使用的部分，如基础、承重结构、外墙、屋顶等基本结构部分，通道、楼梯、大堂等公共通行部分，消防、公共照明等附属设施、设备，避难层、设备层或设备间等结构部分，也有仅为部分业主共有的部分，如各相邻专有部分之间的楼板、隔墙，部分业主共同使用的楼梯、走廊、电梯等。

改变共有部分的用途、利用共有部分从事经营性活动、处分共有部分，以及业主大会依法决定或者管理规约依法确定应由业主共同决定的事项，属于《民法典》第278条第1款第9项规定的有关共有和共同管理权利的"其他重大事项"。

四、业主的管理权

基于区分所有建筑物的构造，业主在建筑物的权利归属以及使用上形成了不可分离的共同关系，并基于此共同关系而享有管理权。管理权内容：第一，业主有权设立业主大会

并选举业主委员会。第二，业主有权决定区分建筑物相关事项。第三，业主享有知情权。第四，业主可以自行管理建筑物及其附属设施，也可以委托物业服务企业或者其他管理人管理。

物业服务企业或者其他管理人根据业主的委托管理建筑区划内的建筑物及其附属设施，并接受业主的监督。建设单位依法与物业服务企业签订的前期物业服务合同，以及业主委员会与业主大会依法选聘的物业服务企业签订的物业服务合同，对业主具有约束力。

第四节　相邻关系

一、相邻关系的概念

相邻关系是指两个以上相邻不动产的所有人或使用人，在行使占有、使用、收益、处分权利时因给对方提供必要便利而发生的权利义务关系。

《民法典》第 288 条规定："不动产的相邻权利人应当按照有利生产、方便生活、团结互助、公平合理的原则，正确处理相邻关系。"

《民法典》第 289 条规定："法律、法规对处理相邻关系有规定的，依照其规定；法律、法规没有规定的，可以依照当地习惯。"

二、相邻用水、流水、截水、排水关系

依据《民法典》第 290 条的规定，不动产权利人应当为相邻权利人用水、排水提供必要的便利。对自然流水的利用，应当在不动产的相邻权利人之间合理分配。对自然流水的排放，应当尊重自然流向。

相邻人应当尊重水的自然流向，在需要改变流向并影响相邻他方用水时，应征得他方的同意，并对由此造成的损失给予适当补偿。为了灌溉土地，需要提高上游的水位、建筑水坝，必须附着于对岸时，对岸的土地所有人或者使用人应当允许；如果对岸的土地所有人或者使用人也使用水坝及其他设施时，应按受益的大小，分担费用。

三、相邻通行关系

不动产权利人对相邻权利人因通行等必须利用其土地的，应当提供必要便利。

依据《民法典》第 291 条的规定，不动产权利人对相邻权利人因通行等必须利用其土地的，应当提供必要的便利。相邻一方的建筑物或土地，处于邻人的土地包围之中，非经过邻人的土地不能到达公用通道，或者虽有其他通道但需要较高的费用或十分不便的，可以通过邻人的土地到达公用通道。通行人应当尽量避免对相邻的不动产权利人造成损害，造成损害的，应当予以赔偿。

四、相邻管线安设关系

相邻人因建造、修缮建筑物以及铺设电线、电缆、水管、暖气和燃气管线等必须利用相邻土地、建筑物的，该土地、建筑物的权利人应当提供必要的便利。但相邻人应当选择

损害最小的地点及方法安设，还应对所占土地及施工造成的损失给予补偿，并于事后及时清理现场。

五、相邻防险、排污关系

相邻一方在挖掘土地、建造建筑物、铺设管线以及安装设备等时，不得危及相邻不动产的安全，不得使邻地的地基受到危害，不得使邻地的建筑物受到危害。相邻人，尤其是化工企业、事业单位，在生产研究过程中，不得违反国家规定弃置固体废物，排放大气污染物、水污染物、土壤污染物、噪声、光辐射、电磁辐射等有害物质。

六、相邻光照、通风、采光关系

相邻人在建造建筑物时，应当与邻人的建筑物留有一定的距离，不得违反国家规定的有关工程建设标准，以免影响邻人建筑物的通风、采光和日照。建造建筑物违反国家有关工程建设标准的，应当视为超出了社会一般人的容忍限度，受害人可以主张排除妨碍和损害赔偿。

七、相邻不可量物侵害关系

依据《民法典》第 294 条的规定，不动产权利人不得违反国家规定弃置固体废物，排放大气污染物、水污染物、土壤污染物、噪声、光辐射、电磁辐射等有害物质。

相邻各方应当注意环境清洁、舒适，讲究精神文明，不得以高音、噪声、喧嚣、振动等妨碍邻人的工作、生活和休息。否则，邻人有权请求停止侵害以及损害赔偿。

八、相邻竹木归属关系

相邻地界上的竹木、分界墙、分界沟等，如果所有权无法确定的，推定为相邻双方共有财产，其权利义务适用按份共有的原则。对于相邻他方土地的竹木根枝超越地界，并影响自己对土地的使用的，如妨碍自己土地的庄稼采光，相邻人有权请求相邻他方除去越界的竹木根枝。

✦ 小 结

所有权人有权在自己的不动产或者动产上设立用益物权和担保物权。用益物权人、担保物权人行使权利，不得损害所有权人的权益。法律规定专属于国家所有的不动产和动产，任何单位和个人不能取得所有权。为了公共利益的需要，依照法律规定的权限和程序可以征收集体所有的土地和单位、个人的房屋及其他不动产。

✦ 知识点

绝对权、占有支配权、公共利益、征收与征用、国家所有权、集体所有权、私人所有权、单独所有权、共有权、业主委员会、相邻不动产、不可量物侵害

复习思考

一、简答

1.归纳并总结所有权的内容与权能。

2.简述国家所有权的客体。

3.《民法典》对集体所有权的行使和保护有哪些明确规定?

二、案例分析

甲与乙签订合同,甲受让乙的土地使用权,准备自己建一栋三层洋楼。甲开工当天,邻居丙前来制止,理由是丙和乙之间签有采光权协议。根据该协议,为保障丙的三层洋楼视野开阔以便欣赏风景,30 年内乙不得在该土地上建造高于 5 米的建筑物,丙每年支付2000 元的补偿费给乙。但该协议未办理采光权登记。问:(1)有没有采光权?采光权与地役权有无区别?(2)地役权如何设立并生效,能否对抗第三人?(3)本案中的甲能否修建高楼?

三、辨识判断

1.《民法典》物权编的内容对我们来说虽不陌生,但其中一些条文或术语在理解时可能不好区分。比如征收与征用两个词就有不同含义。甲乙两人在聊天,甲说他们家的房子被征用了,政府安排了一套新住所给他们住。乙说他们家那套老房子因社区规划整改要拆迁征收,政府给的是拆迁补偿费。请你判断下面的表述是正确的还是错误的?

乙的房子被征收了,但居住权是应受法律保护的,所以政府依法给予乙合理的拆迁补偿。而甲的房子是被征用了,政府临时安排的住所,甲只有暂时使用权。

2.开发商将某小区的车位都卖给外面的公司泊车,包括原来规划用作小区公共绿地开发的区域,因而造成小区业主的车没有地方停放。下列哪些选项表述是正确的?

A.非小区车可以泊车,停车费由物业服务公司收取

B.非小区车可以泊车,停车费由业主委员会收取

C.小区业主可以自由泊车,停车费由物业服务公司收取

D.小区业主可以自由泊车,不用交停车费

四、课后作业

1.举例说明如何维护不动产的各类相邻关系。

2.阐述业主的建筑物专有所有权、共有权与管理权的概念与特征。

第七章　用益物权

【导语】用益物权人对他人所有的不动产或者动产，依法享有占有、使用和收益的权利。

【重点】土地承包经营权、建设用地使用权、宅基地使用权、地役权

第一节　用益物权的概念与特征

一、用益物权的概念

用益物权指权利人享有的对他人所有的不动产或动产在一定范围内加以使用、收益的定限物权。我国物权法反映了我国经济体制改革的成果，规定了土地承包经营权、建设用地使用权、宅基地使用权和地役权。

用益物权人的目的在于取得他人之物的使用价值，用益物权只有通过对他人之物加以实际的占有，才能实现其使用、收益的目的。

用益物权的主要内容是对标的物的实际占有以及使用和收益，用益物权的客体原则上限于不动产。用益物权是一种独立的物权，无须与债权相伴而生。用益物权以对物的占有、使用、收益为主要内容，因此一旦某人取得用益物权，则其权利即告实现，该人即可对物加以使用、收益。

二、用益物权的特征

(一)用益物权以对标的物的使用、收益为主要内容，并以对物的占有为前提

用益物权必须将标的物的占有移转给用益物权人，由其在实体上支配标的物。否则，用益物权的目的就无法实现。例如，不移转对土地的占有，建设用地使用权人就根本不可能在土地上建造建筑物。

(二)用益物权是他物权、限制物权和有期限物权

用益物权是在他人所有物上设定的物权，是非所有人根据法律规定或者当事人的约

定，对他人所有物享有使用、收益的权利。因此，用益物权是由所有权派生的权利。

基于用益物权的他物权性质，用益物权也是限制物权。用益物权只是在一定方面支配标的物的权利，没有完全的支配权。

用益物权有一定的期限，在其存续期限届满时用益物权即当然归于消灭。以出让方式取得的建设用地使用权有期限限制，如居住用地 70 年、工业用地 50 年，而以划拨方式取得的建设用地使用权一般没有期限限制。

(三)用益物权是以不动产为客体的物权

《民法典》第 323 条规定："用益物权人对他人所有的不动产或者动产，依法享有占有、使用和收益的权利。"在现实中用益物权的客体只限于不动产，即土地、建筑物及其附属物。例如，土地承包经营权、建设用地使用权和宅基地使用权的标的物是土地，海域使用权的标的物是海域，地役权的标的物包括土地、房屋等地上定着物。

由于不动产作为权利客体本身所具有的特殊性，法律对用益物权的确认和保护，在权利的效力范围、行使方式及限制、权利的变动程序等方面的法律思想、法律技术及具体规范都不同于动产物权。

第二节　土地承包经营权

一、土地承包经营权的概念

土地承包经营权指承包人依法通过承包而取得的对农村土地使用和收益的权利，是反映我国经济体制改革中农村承包经营关系的新型物权。

《民法典》第 331 条规定："土地承包经营权人依法对其承包经营的耕地、林地、草地等享有占有、使用和收益的权利，有权从事种植业、林业、畜牧业等农业生产。"

二、土地承包经营权的特征

(1)土地承包经营权的客体具有特定性，是以农村土地为客体的一种用益物权。

(2)土地承包经营权的主体具有特定性，主要是农村集体经济组织成员。

(3)土地承包经营权的内容具有特定性，是对承包经营的耕地、林地、草地等进行占有、使用和收益。

(4)土地承包经营权的期限具有稳定性，通过家庭承包取得的土地承包经营权，耕地的承包期为 30 年，草地的承包期为 30~50 年，林地的承包期为 30~70 年。

三、土地承包经营权的取得方式

农村土地承包采取农村集体经济组织内部的家庭承包方式，不宜采取家庭承包方式的荒山、荒沟、荒丘、荒滩等农村土地，可以采取招标、拍卖、公开协商等方式承包。

国家依法保护农村土地承包关系的长期稳定。农村土地承包后，土地的所有权性质不变。承包地不得买卖。

农村集体经济组织成员有权依法承包由本集体经济组织发包的农村土地。任何组织和个人不得剥夺和非法限制农村集体经济组织成员承包土地的权利。

家庭承包方式指以农村集体经济组织的每一个农户家庭全体成员为一个生产经营单位，作为承包人承包农村集体的耕地、林地、草地等农业用地，对于承包地按照本集体经济组织成员人人平等地享有一份的方式进行承包。

四、土地承包经营的原则

农村土地承包应当遵守法律、法规，保护土地资源的合理开发和可持续利用。未经依法批准不得将承包地用于非农建设。

国家鼓励农民和农村集体经济组织增加对土地的投入，培肥地力，提高农业生产能力。国家保护集体土地所有者的合法权益，保护承包方的土地承包经营权，任何组织和个人不得侵犯。国家保护承包方依法、自愿、有偿地进行土地承包经营权流转。

土地承包应当遵循以下原则：

(1)按照规定统一组织承包时，本集体经济组织成员依法平等地行使承包土地的权利，也可以自愿放弃承包土地的权利。

(2)民主协商，公平合理。

(3)承包方案应当依法经本集体经济组织成员的村民会议 2/3 以上成员或者 2/3 以上村民代表的同意。

(4)承包程序合法。

国家所有依法由农民集体使用的农村土地，由使用该土地的农村集体经济组织、村民委员会或者村民小组发包。

五、土地承包经营合同

发包方与承包方应当签订书面的承包合同。

承包合同一般包括以下条款：发包方、承包方的名称，发包方负责人和承包方代表的姓名、住所；承包土地的名称、坐落、面积、质量等级；承包期限和起止日期；承包土地的用途；发包方和承包方的权利和义务；违约责任。

承包合同自成立之日起生效。承包方自承包合同生效时取得土地承包经营权。承包合同生效后，发包方不得因承包人或者负责人的变动而变更或者解除，也不得因集体经济组织的分立或者合并而变更或者解除。

县级以上地方人民政府应当向承包方颁发土地承包经营权证或者林权证等证书，并登记造册，确认土地承包经营权。通过家庭承包取得的土地承包经营权可以依法采取转包、出租、互换、转让或者其他方式流转。

六、土地承包经营权的流转

土地承包经营权流转的主体是承包方。

承包方有权依法自主决定土地承包经营权是否流转和流转的方式。

土地承包经营权采取转包、出租、互换、转让或者其他方式流转，当事人双方应当签订书面合同。

土地承包经营权采取转让方式流转的，应当经发包方同意；采取转包、出租、互换或者其他方式流转的，应当报发包方备案。土地承包经营权采取互换、转让方式流转，当事人要求登记的应当向县级以上地方人民政府申请登记。未经登记，不得对抗善意第三人。承包方可以在一定期限内将部分或者全部土地承包经营权转包或者出租给第三方，承包方与发包方的承包关系不变。

承包方之间为方便耕种或者各自需要，可以对属于同一集体经济组织的土地的承包经营权进行互换。承包方有稳定的非农职业或者有稳定的收入来源的，经发包方同意可以将全部或者部分土地承包经营权转让给其他从事农业生产经营的农户，由该农户同发包方确立新的承包关系，原承包方与发包方在该土地上的承包关系即行终止。承包方之间为发展农业经济可以自愿联合将土地承包经营权入股，从事农业合作生产。荒山、荒沟、荒丘、荒滩等可以直接通过招标、拍卖、公开协商等方式实行承包经营，也可以将土地承包经营权折股份给本集体经济组织成员后，再实行承包经营或者股份合作经营。

发包方将农村土地发包给本集体经济组织以外的单位或者个人承包，应当事先经本集体经济组织成员的村民会议三分之二以上成员或者三分之二以上村民代表的同意，并报乡（镇）人民政府批准。由本集体经济组织以外的单位或者个人承包的，应当对承包方的资信情况和经营能力进行审查后，再签订承包合同。通过招标、拍卖、公开协商等方式承包农村土地，经依法登记取得土地承包经营权证或者林权证等证书的，其土地承包经营权可以依法采取转让、出租、入股、抵押或者其他方式流转。土地承包经营权通过招标、拍卖、公开协商等方式取得的，该承包人死亡，其应得的承包收益，依照继承法的规定继承；在承包期内，其继承人可以继续承包。

承包方依法取得的农村土地承包经营权，可以采取转包、出租、互换、转让、股份合作等形式进行流转，其权益受法律保护。

①专业大户经营。承包方将承包土地流转给种植大户，合理收取流转费，而接转土地的大户不断扩大耕作面积，实现规模经营。②村集体统一经营。经过村民代表大会讨论，承包方将承包土地流转给发包方统一经营，年终所创收益按土地权益分配到承包方。③合作社专业经营。承包方将承包土地流转给土地股份合作社，由其统一组织生产资料购进、技术服务和产品销售，承包方以家庭为单位组织生产，年终按交易量实现利润返还，并按土地股份分红。

①企业自主经营。承包方将承包土地流转给发包方，而后由发包方统一租赁给农业龙头企业，由其自主经营，发包方收取租金，全额返还给相关承包方。②村企联合经营。承包方将承包土地流转给发包方，发包方以土地入股形式参与企业经营，年终将股权收益按股兑现到承包方。③民企合作经营。承包方将土地承包经营权直接入股，参与股份合作企业经营，除享受按股分红外，还可在企业打工，获取工资性收入。

第三节　建设用地使用权

一、建设用地使用权的概念与特征

建设用地使用权，即国有土地使用权，指单位或者个人依法享有的在国家所有的土地上建造建筑物、构筑物及其他附着物，并进行占有、使用和收益的权利。

建设用地使用权有如下特点：

(1)建设用地使用权是在国有土地所有权基础上产生的一种用益物权。

(2)建设用地使用权即对于国有土地享有占有、使用、收益以及处分的权利。

(3)建设用地使用权可以在土地的地表、地上或者地下分别设立。

(4)建设用地使用权取得程序具有法定性。

(5)建设用地使用权具有期限。

(6)建设用地使用权的设立包括出让和划拨等方式。

二、建设用地使用权的产生和期限

(一)建设用地使用权的产生

建设用地使用权的产生，即建设用地使用权的取得。根据承载建设用地使用权的土地法律属性，可将建设用地使用权的取得分为两大类：在国家所有的土地上设立的建设用地使用权和在集体所有的土地上设立的建设用地使用权。

建设用地使用权的产生方式：

(1)划拨方式。土地使用人只需按照一定程序提出申请，经主管机关批准即可取得建设用地使用权，而不必向土地所有人支付租金及其他费用。《划拨用地目录》规定，符合划拨用地目录的建设用地项目，由建设单位提出申请，经有批准权的人民政府批准，方可以划拨方式取得土地使用权。

(2)出让方式。建设用地使用权出让是指国家以土地所有人身份将建设用地使用权在一定期限内让与土地使用者，并由土地使用者向国家支付建设用地使用权出让金，土地使用者取得建设用地使用权。

(3)流转方式。建设用地使用权流转是指土地使用人将建设用地使用权再转移给他人，如转让、互换、出资、赠与等。建设用地使用权转让、互换、出资或者赠与的，应当向不动产登记机构申请转移登记。

(二)建设用地使用权的登记

设立建设用地使用权的，应当向登记机构申请建设用地使用权登记。建设用地使用权自登记时设立。受让人依照国有建设用地使用权出让合同的约定付清全部土地出让价款后，方可申请办理土地登记，领取国有建设用地使用权证书。

(1)登记申请人。以出让方式取得的登记申请人是出让合同中的受让人；以划拨方式设立的登记申请人是获得政府批准使用该土地的单位或者个人。

(2)登记事项。一般包括建设用地使用权人、建设用地的位置及范围、土地用途、土地使用期限、允许建造的建筑物类型等。

(3)登记效力。建设用地使用权的设立登记是法定公示方法和成功设立的法定要件。

(三)建设用地使用权的期限

通过土地划拨及乡(镇)村建设用地程序取得的建设用地使用权，是无期限的。通过这种程序取得建设用地使用权的建设用地使用权人，除了法律规定使建设用地使用权消灭的原因外，可以无期限地使用土地。

通过建设用地使用权出让取得建设用地使用权的，根据《国有土地使用权出让和转让暂行条例》第 12 条规定，按照土地的不同用途，来确定土地使用权的最高年限：(1)居住用地 70 年；(2)工业用地 50 年；(3)教育、科技、文化、卫生、体育用地 50 年；(4)商业、旅游、娱乐用地 40 年；(5)综合或者其他用地 50 年。每一块土地的实际使用年限，在最高年限内，由出让方和受让方双方商定。

三、建设用地使用权的内容

建设用地使用权的内容即建设用地使用权人享有的权利和承担的义务。

(一)建设用地使用权人的权利

1. 占有和使用土地

建设用地使用权是为保存建筑物或者构筑物及其他附属设施而使用土地的权利，因而使用土地是建设用地使用权人的最主要权利。建设用地使用权人对土地的使用权，应当在划拨或者约定所限定的范围内行使。

2. 权利处分

权利处分包括：(1)转让、互换、出资或者赠与；(2)作为抵押权的标的进行抵押；(3)作为出租标的连同其他附属设施租赁给他人使用。

3. 附属行为

附属行为包括修筑围墙、种植花木、养殖等行为。

(二)建设用地使用权人的义务

(1)建设用地使用权人应当依照法律规定以及合同约定支付出让金等费用。土地出让金是建设用地使用权人为取得建设用地使用权所必须支付的对价。

(2)建设用地使用权人应当合理利用土地，不得改变土地用途；需要改变土地用途的，应当依法经有关行政主管部门批准。

《土地管理法》第 56 条规定，建设单位使用国有土地的，应当按照土地使用权出让等有偿使用合同的约定或者土地使用权划拨批准文件的规定使用土地；确需改变该幅土地建设用途的，应当经有关人民政府自然资源主管部门同意，报原批准用地的人民政府批准。

四、建设用地使用权的收回

(一)因为使用期限届满而未续期

依据《民法典》第 359 条规定，住宅建设用地使用权期限届满的，自动续期。非住宅建设用地使用权期限届满后的续期，依照法律规定办理。

(二)被依法收回

有《土地管理法》第 58 条规定的情形之一的，由有关人民政府自然资源主管部门报经原批准用地的人民政府或者有批准权的人民政府批准，可以收回国有土地使用权。另外，依据《民法典》第358条规定，建设用地使用权期间届满前，因公共利益需要提前收回该土地的，应当依法对该土地上的房屋及其他不动产给予补偿，并退还相应的出让金。

《城市房地产管理法》第26条规定，以出让方式取得土地使用权进行房地产开发的，必须按照土地使用权出让合同约定的土地用途、动工开发期限开发土地。

(三)土地灭失

如果作为权利客体的土地不存在，则建设用地使用权自然消灭。

五、集体建设用地使用权

依据《民法典》第361条的规定，集体所有的土地作为建设用地的，应当依照土地管理法等法律规定。

按照《土地管理法》第59条的规定，乡镇企业、乡(镇)村公共设施、公益事业、农村村民住宅等乡(镇)村建设，应当按照村庄和集镇规划，合理布局，综合开发，配套建设；建设用地，应当符合乡(镇)土地利用总体规划和土地利用年度计划，并依照土地管理法的相关规定办理审批手续。

集体土地上设立建设用地使用权的主要内容：

(1)乡(镇)村公益用地使用权。农村集体经济组织或由农村集体经济组织依法设立的公益组织，依法审批后对用于本集体经济组织内部公益事业的非农业用地取得建设用地使用权。

(2)乡(镇)村企业建设用地使用权。农村集体经济组织使用乡(镇)土地利用总体规划确定的建设用地兴办企业，或者与其他单位、个人以土地使用权入股、联营等形式共同举办企业的，应当由县级以上地方人民政府批准。涉及占用农用地的，应当办理农用地转用审批手续。

第四节　宅基地使用权

一、宅基地使用权的概念及特征

宅基地使用权指的是农村集体经济组织的成员依法享有的在农民集体所有的土地上建造个人住宅及其附属设施的权利。

依据《民法典》第362条的规定，宅基地使用权人依法对集体所有的土地享有占有和使用的权利，有权依法利用该土地建造住宅及其附属设施。

宅基地"四至"图标如图7-1所示。

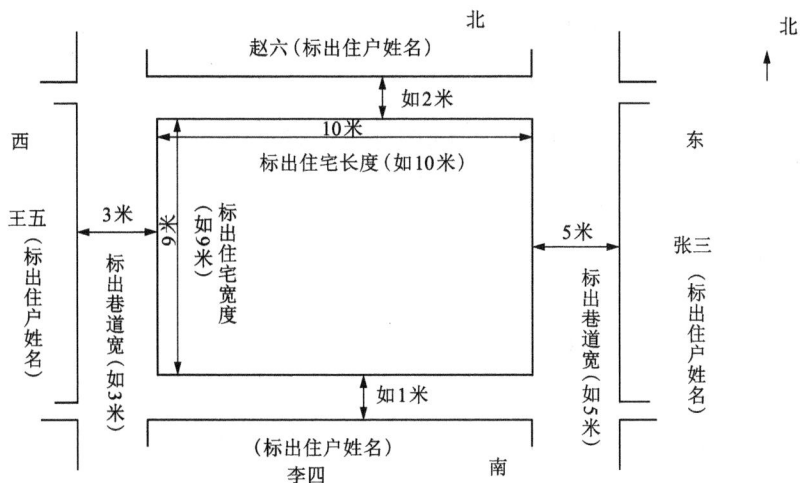

图 7-1 宅基地"四至"图标

宅基地使用权具有如下特点：

第一，宅基地使用权的主体是农村集体经济组织成员。

第二，宅基地使用权的用途仅限于村民建造个人住宅及其附属设施，譬如厨房、院墙等。

第三，宅基地使用权实行"一户一宅"制。

二、宅基地使用权的变动和内容

依据《民法典》第363条的规定，宅基地使用权的取得、行使和转让，适用土地管理法等法律和国家有关规定。取得宅基地使用权必须具备如下条件：第一，须具备村民资格。第二，申请人提出申请。第三，符合乡（镇）土地利用总体规划，尽量利用原有的宅基地和村内空闲地。宅基地使用权有效转让必须满足下列条件：第一，转让行为应征得本集体经济组织同意；第二，受让人为同一集体经济组织内部成员；第三，受让人没有住房和宅基地，且符合宅基地使用权分配条件。

宅基地使用权人对宅基地享有如下权利，并承担一定的义务：

（1）占有和使用宅基地。宅基地使用权人有权占有宅基地，并在宅基地上建造个人住宅以及与居住生活相关的附属设施。

（2）收益和处分。宅基地使用权人有权获得因使用宅基地而产生的收益，譬如在宅基地空闲处种植果树等经济作物而产生的收益。

（3）宅基地使用权人出卖、出租住房后再申请宅基地的，土地管理部门将不予批准。已经登记的宅基地使用权转让或者消灭的，应当及时办理变更登记或者注销登记。

三、宅基地的使用限制和变化趋势

《土地管理法》第63条规定，土地利用总体规划、城乡规划确定为工业、商业等经营性用途，并经依法登记的集体经营性建设用地，土地所有权人可以通过出让、出租等方式交由单位或者个人使用，并应当签订书面合同，载明土地界址、面积、动工期限、使用期限、土地用途、规划条件和双方其他权利义务。

第五节　居住权与地役权

一、居住权

(一)居住权的概念与特征

1. 居住权的概念

居住权，是指自然人为满足生活居住的需要，按照合同的约定，对他人所有的住宅享有的占有、使用的用益物权。

2. 居住权的特征

(1)居住权是他物权，具有用益性。

(2)居住权是为了满足特定自然人生活居住需要而设立的物权，具有人身性。

(3)居住权一般不具有可转让性。

(二)居住权的设立和效力

1. 居住权的设立

(1)意定居住权及其设立。意定居住权是指根据房屋所有人意愿而设立的居住权。设立方式有三种：①依据合同的方式；②依据遗嘱方式设立；③依据遗赠方式设立。

(2)法定居住权及其设立。法定居住权是指依据法律规定或判决产生的居住权。例如，《民法典》第1090条规定的"离婚经济帮助"。

(3)居住权登记。设立意定居住权，应当向登记机关申请居住权登记。

2. 居住权的效力

(1)居住权人的权利：使用权、进行必要改良和修缮权、排除所有人侵害权、对抗所有权人变更权、抛弃权。

(2)居住权人的义务：合理使用房屋，支付必要费用，房屋合理保管，不得转让、出租或继承。

(三)居住权的消灭

(1)居住权消灭原因：居住权的抛弃，居住权期限届满或居住权人死亡，居住权被撤销，住房被征收、征用、灭失，权利混同。

(2)居住权消灭的后果：①居住权人返还住房；②房屋被征用、灭失的，居住权人有权请求分得适当的补偿费和赔偿金；③因居住权人故意或重大过失导致房屋毁损或灭失的，居住权人应当承担损害赔偿责任。

二、地役权

(一)地役权的概念及特征

地役权指以他人土地供自己的土地便利而使用,以提高自己不动产效益的权利。

第一,使用他人土地的权利。为便利而使用他人土地之地,称为需役地;为该土地便利而供其使用的土地,称为供役地。

第二,为使自己土地便利的权利。"便利"指开发、利用需役地的各种需要,其内容只要不违反法律的强制性规定,不违背社会公共利益,可以由当事人根据实际情况约定。

第三,具有从属性和不可分性。地役权的成立必须是需役地与供役地同时存在,因此在法律属性上地役权与其他物权不同。地役权必须与需役地所有权或者使用权一同转移,不能与需役地分离而让与。地役权不得与需役地分离而为其他权利的标的,如果在需役地上设定其他权利,则地役权亦包括在内。

(二)地役权的取得

1.基于民事法律行为取得地役权

双方通过书面合同的方式设定地役权。地役权自地役权合同生效时设立。当事人要求登记的,可以向登记机构申请地役权登记;未经登记,不得对抗善意第三人。地役权的期限由当事人约定,但不得超过土地承包经营权、建设用地使用权等用益物权的剩余期限。

土地上已设立土地承包经营权、建设用地使用权、宅基地使用权等权利的,未经用益物权人同意,土地所有权人不得设立地役权。

另外,地役权还可以基于让与而取得。

2.基于民事法律行为以外的原因取得地役权

此类方式主要是指因继承取得。需役地权利人死亡时,需役地的权利由继承人继承,则其地役权当然由其继承人继承。通过继承取得的地役权,非经登记,不得处分。

(三)地役权的内容

1.地役权人的权利

(1)土地使用。地役权是为自己土地的便利而使用他人土地的权利,在地役权目的范围内使用供役地,是地役权人最主要的权利。

(2)附属行为。附属行为是指地役权人为达到地役权的目的,而不得不实施的行为。

2.地役权人的义务

(1)地役权人对供役地的使用应当选择损害最小的地点及方法为之。

(2)地役权人对于为行使地役权而在供役地修建的设施应当注意维修,以免供役地方因设施损坏而受到损害。

(四)地役权的消灭

地役权是一种不动产物权,不动产物权的一般消灭原因适用于地役权。

（1）土地灭失。地役权不但因为作为其标的物的土地(供役地)灭失而消灭，也因需役地的灭失而消灭。

（2）目的事实不能。设定地役权的目的事实上不能实现，即供役地事实上不能再为需役地提供便利时地役权消灭。

（3）供役地权利人解除地役权关系。第一，地役权人违反法律规定或者合同约定滥用地役权。第二，有偿利用供役地，约定的付款期间届满后在合理期限内经两次催告仍未支付费用。

（4）抛弃。地役权人如将其地役权抛弃，供役地则因之恢复其无负担的状态，地役权归于消灭。

✦ 小 结

用益物权人行使权利，应当遵守法律有关保护和合理开发利用资源的规定。所有权人不得干涉用益物权人行使权利。"三权分置"即实行所有权、承包权、经营权分置并行。其改革最大的突破是放活土地经营权，在保护农民相应权益的同时盘活土地资源要素市场，有利于土地流转和规模经营主体的培育，将为农民进城安居和新型城镇化提供保障。

✦ 知识点

农村土地承包、承包经营权流转、"四荒地"、"三权分置"、土地出让、土地利用规划、宅基地使用权、居住权、地役权

✦ 复习思考

一、简答

1.归纳并总结用益物权的概念与特征。

2.评述土地承包经营权流转的主要方式。

3.简述建设用地使用权的取得方式及特点。

4.简述宅基地使用权人对宅基地享有的权利。

二、案例分析

甲为某村村民，前几年承包了本村的8亩水田进行水产养殖。由于其技术欠佳，一直以来效益不好。去年年底，甲与邻村村民乙商议将水田转包给乙，双方签订了转包协议并签字盖章。今年年初，乙在购买鱼苗时，向本地信用合作社贷款5万元，用8亩水田中的5亩作为抵押并签订了抵押合同。问：(1)甲乙双方签订的转包协议是否有效？(2)乙以5亩水田向信用合作社抵押贷款的行为是否合法？

三、辨识判断

甲为某村的农民，承包了山上的 30 亩土地用来种茶。经营 5 年后，由于茶叶生产规模扩大急需资金，于是他找到了某家银行申请贷款，但银行要他提供抵押物。甲提出以剩余 15 年的土地承包经营权来抵押贷款 50 万元。这样可不可以？

A. 可以

B. 不可以

C. 可以，但抵押的土地应该是通过招标、拍卖或公开协商等方式承包的荒地等农村土地

D. 不可以，因为通过家庭承包获得的土地承包经营权不可以抵押

四、课后作业

地役权与相邻权有何区别？请举例说明。

第八章　担保物权

【导语】担保物权人在债务人不履行到期债务或者发生当事人约定的实现担保物权的情形，依法享有就担保财产优先受偿的权利。

【重点】担保物权的取得与担保范围、抵押权、质权、留置权

第一节　担保物权的概念与特征

一、担保物权的概念

担保物权是指为确保债权的实现，在债务人或者第三人的物上设定的以直接取得或者支配其交换价值为内容的权利。

《民法典》第 386 条规定："担保物权人在债务人不履行到期债务或者发生当事人约定的实现担保物权的情形，依法享有就担保财产优先受偿的权利，但法律另有规定的除外。"

二、担保物权的特征

（1）担保物权是以担保债权的实现为目的的限制物权。

（2）担保物权限制了债务人或第三人对担保标的物的处分权。这种处分权是指财产所有人对其财产在法律规定的范围内最终处理的权利，包括资产的转让、消费、出售、封存处理等方面的权利。

（3）债权人享有对担保财产的折价权。债务人不履行到期债务或者发生当事人约定的实现担保物权的情形时，担保物权人可以将担保财产拍卖、变卖或折价。

（4）有担保物权的债权优先于无担保的债权而受清偿。

依据《民法典》第 388 条的规定，设立担保物权，应当依照本法和其他法律的规定订立担保合同。担保合同包括抵押合同、质押合同和其他具有担保功能的合同。担保合同是主债权债务合同的从合同。主债权债务合同无效，担保合同也无效。担保物权的从属性指担保物权必须从属于债权，其以债权的成立为前提，因债权的移转而移转，因债权的消灭而消灭。

担保物权的不可分性是指在被担保的债权未受全部清偿前，担保物权人可以就担保物的全部行使权利。

担保物权的物上代位性是指担保物因灭失、毁损而获得金钱或其他物的赔偿或补偿时，此等金钱或其他物成为担保物的代替物，担保物权依然存在于其上，债权人有权就该代替物行使担保物权。

三、担保物权的类型

依据发生原因的不同，可以将担保物权分为法定担保物权与约定担保物权。

法定担保物权是依据法律规定的构成要件而当然发生的一种担保物权，如留置权、法定抵押权、优先权等。如《民法典》中的留置权和建设工程价款优先受偿权、《海商法》规定的船舶优先权、《民用航空法》规定的民用航空器优先权等。

约定担保物权是依据当事人的物权意思表示而产生的担保物权，如约定抵押权、质权等。约定担保物权的产生是基于当事人的物权意思表示，而当事人设定或转让此物权的考虑因素多种多样，因此约定担保物权能更加灵活地适应社会经济的发展。

担保物权作为对标的物的交换价值加以支配的一种物权，当被担保的债权届期未受偿满足时，担保物权人就可以行使换价权，以标的物拍卖，变卖所得价款优先实现自己的债权。在债务未全部清偿前，担保物权人有权留置标的物，以迫使债务人清偿债务。

依据担保物权效力的不同又可将其分为优先受偿性担保物权与留置性担保物权。担保物权中偏重于优先受偿效力的称为优先受偿性担保物权，抵押权为典型的代表；担保物权中偏重于留置效力的称为留置性担保物权。

担保物权的类型如图8-1所示。

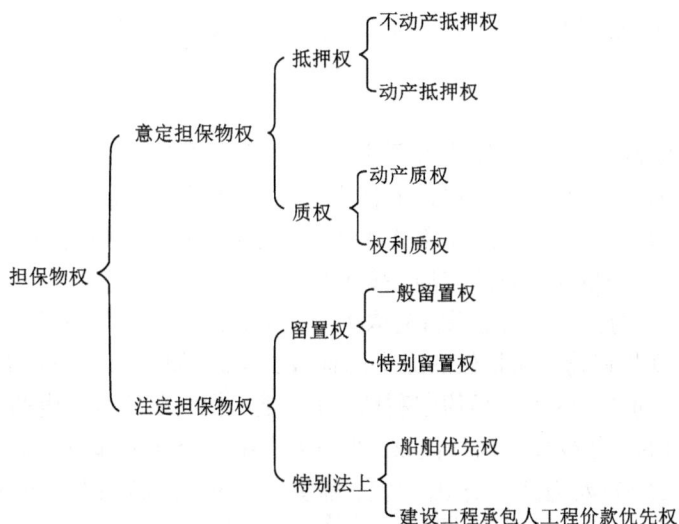

图8-1 担保物权的类型

第二节　担保物权的取得与担保范围

一、担保物权的取得

（一）基于法律行为而取得担保物权

取得担保物权的法律事实可以分为两类：法律行为与法律行为之外的法律事实。基于法律行为取得担保物权的情形包括担保物权的设定和担保物权的让与。

担保物权的设定是指因设定行为而取得担保物权，一般指通过订立担保合同而取得。依据《民法典》第388条第1款的规定，设立担保物权，应当依照本法和其他法律的规定订立担保合同，即设立担保物权只能是订立担保合同（双方法律行为），而不能采取遗嘱的方式。担保物权的让与是指在债权人将其债权转让给他人时，基于担保物权的从属性，当作为主权利的债权转让时，除非当事人有相反的约定，否则作为从权利的担保物权将一并发生转让，受让人不仅取得债权，而且取得担保物权。

（二）非基于法律行为而取得担保物权

（1）因法律规定而直接取得担保物权，如留置权、建筑工程承包人的优先受偿权、民用航空器优先权、船舶优先权。

（2）因继承而取得担保物权，即被继承人死亡时，其债权连同担保物权一并为继承人所取得。

（3）因取得时效而取得担保物权，如因取得时效而取得动产抵押权。

二、担保物权的担保范围

法律中规定担保物权的担保范围在于明确当债务人届期不履行债务或者发生当事人约定的实现担保物权的情形时，债权人能优先受偿的范围。依据《民法典》第389条的规定，担保物权的担保范围包括主债权及其利息、违约金、损害赔偿金、保管担保财产和实现担保物权的费用。当事人另有约定的，按照约定。

在实践中，担保物权担保的范围首先取决于当事人的约定。其担保范围主要为：

（1）主债权，即担保物权所担保的原本的债权，也称"原债权"。所谓原债权，就是依当事人之间的主合同产生的不包括约定利息、违约金或损害赔偿金在内的初始债权。一般来说，无论被担保的主债权属于何种债权，当事人在担保合同中都应当就被担保的主债权的种类、数额以及债务人为何人作出约定，需要登记的担保物权应在登记时一并加以登记。

（2）利息，可以分为狭义利息（即作为本金孳生物的利益）与逾期利息（迟延利息）。狭义利息是指债务人对于债权人所负担的支付利息的义务而产生的债，即利息之债，其与本金之债同属于金钱之债。作为狭义利息计算标准的利率既可以是约定的，也可以是法定利率。逾期利息是指在债务人履行金钱债务迟延时，应当向债权人给付的利息。

（3）违约金，指合同当事人约定的或者法律直接规定的，当一方违约即不履行或不适当履行合同时，应当向对方当事人支付的一定数额的货币。违约金属于一种从债务，例如与保证债务一样从属于主债务。实践中，违约金的约定通常不是以一份单独合同书的形式存在，而与主合同条款共同存在于一份合同书当中。担保人在订立担保合同时是否知道主合同中存在违约金的约定或者法律对此有直接规定，不影响违约金纳入保证担保的范围。

（4）损害赔偿金，是损害赔偿这一民事责任的形式，在合同法与侵权行为法中都存在。合同法上的损害赔偿是指违约方因不履行或不完全履行合同义务而给对方造成损失，依法承担的赔偿非违约方损失的责任。侵权法上的损害赔偿是指因不法侵害他人合法权益而造成损失时，依法应当承担的赔偿受害人损失的责任。

损害赔偿金应当包括以下两种类型：第一，违约损害赔偿金，因债务人违反主债权债务合同而给债权人造成损害时应当承担的损害赔偿金。第二，因质物的隐蔽瑕疵而造成质权人损害时的损害赔偿金。

（5）对于动产质权与留置权而言存在保管担保财产的费用。

《民法典》第429条规定："质权自出质人交付质押财产时设立。"即动产质权的设立须移转质物的占有。

《民法典》第432条第1款规定："质权人负有妥善保管质押财产的义务；因保管不善致使质押财产毁损、灭失的，应当承担赔偿责任。"即质权人对质物负有妥善保管的义务，质权人因保管质物所产生的费用，也应当纳入质权担保的债权范围。

《民法典》第451条规定："留置权人负有妥善保管留置财产的义务；因保管不善致使留置财产毁损、灭失的，应当承担赔偿责任。"即留置权人负有妥善保管留置财产的义务。

（6）实现担保物权的费用，即担保物权人因实现担保物权而支出的各类费用。实现担保物权的方式有拍卖、变卖等方式。当事人可以依法自行协商决定担保物权的实现方式，也可以请求人民法院拍卖、变卖担保物。

《民法典》第410条规定："债务人不履行到期债务或者发生当事人约定的实现抵押权的情形，抵押权人可以与抵押人协议以抵押财产折价或者以拍卖、变卖该抵押财产所得的价款优先受偿。协议损害其他债权人利益的，其他债权人可以请求人民法院撤销该协议。抵押权人与抵押人未就抵押权实现方式达成协议的，抵押权人可以请求人民法院拍卖、变卖抵押财产。抵押财产折价或者变卖的，应当参照市场价格。"

《民法典》第436条规定："债务人履行债务或者出质人提前清偿所担保的债权的，质权人应当返还质押财产。债务人不履行到期债务或者发生当事人约定的实现质权的情形，质权人可以与出质人协议以质押财产折价，也可以就拍卖、变卖质押财产所得的价款优先受偿。质押财产折价或者变卖的，应当参照市场价格。"

《民法典》第454条规定："债务人可以请求留置权人在债务履行期届满后行使留置权；留置权人不行使的，债务人可以请求人民法院拍卖、变卖留置财产。"

上述无论哪一种方式都会因此而支付一定的费用，即实现担保物权的费用。

第三节　抵押权、质权、留置权

一、抵押权

(一)抵押权的概念

抵押权指债权人对于债务人或者第三人不移转占有而供担保的物或者财产权利，优先清偿其债权的权利。

抵押权是抵押权人直接对抵押财产享有的权利，可以对抗财产所有人及第三人，因此是一种担保物权，其目的在于担保债的履行，而不在于对物的使用和收益。

抵押权的标的物是债务人或者第三人提供担保的物或者财产权利。抵押标的物主要是不动产，也可以是动产，还可以是权利。抵押权不移转标的物占有。抵押权的成立不以对标的物的占有为要件。抵押人不必将抵押物的占有移转给债权人(抵押权人)，而由自己继续对抵押物进行使用、收益、处分，发挥物的效用。

(二)抵押权的特征

1.抵押权属于优先受偿性担保物权

一方面，与债务人的普通债权人相比，抵押权人有权就抵押物卖得的价金优先于普通债权人而受清偿。《企业破产法》第109条规定："对破产人的特定财产享有担保权的权利人，对该特定财产享有优先受偿的权利。"另一方面，与债务人的其他抵押权人相比，依据抵押权登记的顺序不同，债权人受偿的顺序也不同；同一顺序的，按照债权比例清偿。

2.抵押权是不移转财产的占有的担保物权

抵押权与质权、留置权的一个重要区别就是，抵押权的成立与存续不以移转抵押财产的占有为必要。

(三)抵押权的类型

1.意定抵押权与法定抵押权

意定抵押权指当事人基于法律行为而设定的抵押权，也称约定抵押权。法定抵押权指基于法律规定所产生的抵押权。

2.单一抵押权、共同抵押权与财团抵押权

单一抵押权指在某一特定的财产上所设定的抵押权。共同抵押权指为担保同一个债权而在数项不动产、动产或权利上设定的抵押权。财团抵押权指抵押人(企业)将属于企业的土地、建筑物、机械等设备以及企业的知识产权(如专利权、商标权、著作权等)作为一个财产目录的财团而设定的抵押权。

3.不动产抵押权、动产抵押权与权利抵押权

根据《民法典》第395条第1款第1项的规定，债务人或者第三人可以对其有权处分的建筑物和其他土地附着物进行抵押。不动产抵押指当事人以"建筑物和其他土地附着物"

设定的抵押权。动产抵押，指能够用以抵押的动产，包括生产设备、原材料、半成品、产品，正在建造的船舶、航空器以及交通运输工具。权利抵押权，也称准抵押权，指以权利作为客体而设定的抵押权。如建设用地使用权；以招标、拍卖、公开协商等方式取得的荒山、荒沟、荒丘、荒滩等土地承包经营权；海域使用权、采矿权等法律允许设定抵押权的特许物权。

4. 定额抵押权与不定额抵押权

定额抵押权指抵押权担保的主债权数额已确定的抵押权，此类抵押权是实践中较为常见的情形。不定额抵押权，也称"最高额抵押权"，指对于债权人一定范围内的不特定债权，预定一个最高的限额，由债务人或第三人提供抵押物予以担保的特殊抵押权。依据《民法典》第420条规定，为担保债务的履行，债务人或者第三人对一定期间内将要连续发生的债权提供担保财产的，债务人不履行到期债务或者发生当事人约定的实现抵押权的情形，抵押权人有权在最高债权额限度内就该担保财产优先受偿。最高额抵押权设立前已经存在的债权，经当事人同意，可以转入最高额抵押担保的债权范围。

(四) 抵押权的设立

抵押权依抵押行为而设立。

抵押行为是当事人(主债权人和主债务人或者第三人)以意思表示设定抵押权的双方民事法律行为，其具体表现形式为抵押合同。

根据我国物权法的规定，设立抵押权，当事人应当采取书面形式订立抵押合同。书面形式既可以是单独订立的书面合同即合同书，当事人之间具有担保性质的信件和数据电文(包括电报、电传、传真、电子数据交换和电子邮件)，也可以是主合同中的担保条款。

当事人签订的抵押合同一般包括以下内容：①被担保的主债权的种类和数额。②债务人履行债务的期限。③抵押物的名称、数量、质量、状况、所在地、所有权权属或者使用权权属。④抵押权所担保的范围，包括主债权及利息、保管抵押物和抵押权实现的费用、违约金和损害赔偿金。对于抵押担保的范围，当事人可以有特别约定。⑤当事人认为需要约定的其他事项。

流押契约指抵押人与抵押权人在订立抵押合同时作出的如下约定：债务人届期不履行债务时，抵押权人有权直接取得抵押物的所有权。流押契约也被称为"抵押物代偿条款""流抵契约"或"直流抵押"。我国法律明确禁止流押契约。

《民法典》第401条规定："抵押权人在债务履行期限届满前，与抵押人约定债务人不履行到期债务时抵押财产归债权人所有的，只能依法就抵押财产优先受偿。"

抵押财产也被称为"抵押权的标的物"，指债务人或者第三人提供担保的财产。下列财产可以作为抵押物：①房屋和其他土地附着物；②建设用地使用权；③以招标、拍卖、公开协商等方式取得的荒地等土地承包经营权；④生产设备、原材料、半成品、产品；⑤正在建造的建筑物、船舶、航空器；⑥交通运输工具；⑦法律、行政法规未禁止抵押的其他财产。

依据《民法典》第399条，以下财产禁止抵押：①土地所有权；②宅基地、自留地、自留山等集体所有土地的使用权，但是法律规定可以抵押的除外；③学校、幼儿园、医疗机构等为公益目的成立的非营利法人的教育设施、医疗卫生设施和其他公益设施；④所有权、使用权不明或者有争议的财产；⑤依法被查封、扣押、监管的财产；⑥法律、行政法规规定不得抵押的其他财产。

（五）抵押权当事人的权利

1. 抵押人的权利

抵押人的权利包括：

（1）在同一抵押财产上设定多个抵押权。

（2）在抵押财产上设定用益物权。

（3）出租抵押财产。

（4）转让抵押财产。

2. 抵押权人的权利

抵押权人的权利包括：

（1）抵押物的保全。

（2）抵押权的处分。

（3）优先受偿权。

（六）抵押权的实现与终止

抵押权的实现是在债权已届清偿期而没有清偿或者发生当事人约定的实现抵押权的情形时，抵押权人就抵押物受偿的行为。抵押权的实现是发挥抵押权作用的方式和途径。

我国《民法典》物权编规定，债务人不履行到期债务或者发生当事人约定的实现抵押权的情形，抵押权人可以与抵押人协议以抵押财产折价或者以拍卖、变卖该抵押财产所得的价款优先受偿。

抵押权的实现方法有以下几种：①拍卖；②折价；③变卖。

出现主债权消灭、抵押物灭失、抵押权实行等情况之一的，抵押权即终止其效力。

二、质权

（一）质权的概念

质权指为了担保债务的履行，债务人或者第三人将其动产或财产权利移交债权人占有，当债务人不履行债务或发生当事人约定的实现质权的情形时，债权人有就其占有的财产优先受偿的权利。即作为债权的担保，在债务人不履行债务时，债权人有权以该财产折价或以拍卖、变卖所得价款优先受偿的权利。

债务人或者第三人交由债权人占有的特定财产称为质物；债权人称为质权人，而提供特定财产出质的人称为出质人。质权成立示意图如图8-2所示。

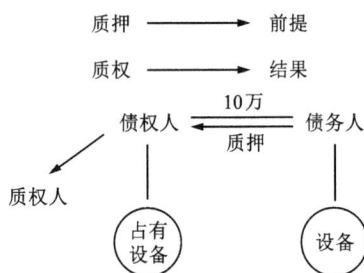

图8-2　质权成立示意图

质权须移转质物的占有，质权以占有标的物为成立要件。在设立质权时出质人（债务人或第三人）应当将质物的占有移交给债权人。

我国民间当铺，亦称为典当行、典卖行，实际是专门从事质押营业的，其营业质权即债务人以一定的财物（称为当物或质物）交付于债权人（当铺）作担保，向债权人借贷一定数额的金钱，于一定期限内（赎当期限），债务人清偿债务后即取回担保物；于期限届满后，债务人不清偿时，由债权人以当物的价值优先受清偿或担保物即归债权人所有。

动产质权是以动产为标的物的质权。

动产质权具有以下特征：①以他人的动产为标的物所设定的担保物权；②以质权人占有作为质物的动产为生效要件；③以质物所卖得的价金优先受偿的权利。

权利质权是为了担保债务的履行，就债务人或者第三人所享有的财产权利设定的质权。权利质权必须是可让与的不违背质权性质的财产权，可以作为其标的的财产权利包括：①汇票、本票、支票、债券、存款单、仓单、提单；②依法可以转让的基金份额、股权；③依法可以转让的注册商标专用权、专利权、著作权等知识产权中的财产权；④应收账款；⑤法律、行政法规规定可以出质的其他权利。

质权的设立通常都是以合同形式进行的。当事人签订的质权合同应采用书面形式，一般包括以下内容：①被担保的主债权种类和数额；②债务人履行债务的期限；③质押财产的名称、数量、质量、状况；④质权的担保范围；⑤质物移交的时间。

（二）质权人的权利

质权人的权利包括：

（1）占有质物。对质物的占有，既是质权的成立要件，也是质权的存续要件，质权人有权在债权受清偿前占有质物，并以质物的全部行使其权利。

（2）收取孳息。质权人有权收取质物的孳息，质押合同另有约定的除外。

（3）质权的保全。因不能归责于质权人的事由可能使质押财产毁损或者价值明显减少，足以危害质权人权利的，质权人有权要求出质人提供相应的担保。

（4）优先受偿。债务人不履行到期债务或者发生当事人约定的实现质权的情形，质权人可以与出质人协议以质押财产折价，也可以就拍卖、变卖质押财产所得的价款优先受偿。

（5）转质。质权人在质权存续期间，为担保自己的债务，经出质人同意，以其所占有的质物为第三人设定质权的，应当在原质权所担保的债权范围之内，超过的部分不具有优先受偿的效力。

（6）放弃质权。质权人可以放弃质权。债务人以自己的财产出质，质权人放弃该质权的，其他担保人在质权人丧失优先受偿权益的范围内免除担保责任，但其他担保人承诺仍然提供担保的除外。

（三）出质人的权利

出质人的权利主要包括：

（1）出质人在质权人因保管不善致使质物毁损灭失时，有权要求质权人承担民事责任。

（2）出质人可以请求质权人在债务履行期届满后及时行使质权；质权人不行使的，出质人可以请求人民法院拍卖、变卖质押财产。

（3）债务履行期届满，债务人履行债务的，或者出质人提前清偿所担保的债权的，出质人有权要求质权人返还质物。

（4）出质人如果是债务人以外的第三人，该第三人代为清偿债权或者因质权行使丧失质物的所有权时，有权向债务人追偿。

（5）债务履行期届满，出质人请求质权人及时行使权利，而质权人怠于行使权利致使质物价格下跌，由此造成的损失，出质人有权要求质权人予以赔偿。

三、留置权

（一）留置权的概念与特征

留置权是指债权人合法占有债务人的动产时，债务人不履行到期债务，债权人依法享有的留置该财产，以该财产折价或者以拍卖、变卖该财产的价款优先受偿的权利。

留置权具有以下几项特征：①留置权是一种担保物权；②留置权是以动产为标的物的法定担保物权；③留置权是具有二次效力的担保物权；④留置权不具有追及效力；⑤留置权具有从属性、不可分性与物上代位性。

（二）留置权的取得

留置权的取得是基于法律规定，并且当事人没有排除适用。只有在符合法律规定的条件下债权人才取得留置权。

1.留置权取得的积极要件

（1）须债权人占有债务人的动产。

（2）须债权已届清偿期。

（3）债权人留置的动产应当与债权属于同一法律关系，但企业之间留置的除外。

2.留置权取得的消极条件

（1）对动产的占有不是因侵权行为取得。

（2）法律规定不得留置的动产不得留置。

（3）对动产的留置不得与债权人的义务相抵触。

（三）留置权人的权利

（1）留置标的物。在债务人不履行债务时，债权人可以留置标的物，拒绝债务人交付标的物的请求。

（2）收取留置物的孳息。收取的孳息应先充抵收取孳息的费用。

（3）请求偿还费用。债权人因保管留置物所支出的必要费用有权向债务人请求偿还。

（4）就留置物优先受偿。留置权所担保的范围包括主债权和利息、违约金、损害赔偿金、留置物保管费用和实现留置权的费用。

(四) 留置权人的义务

1. 保管留置物

留置权人负有妥善保管留置财产的义务；因保管不善致使留置财产毁损、灭失的，应当承担赔偿责任。

在留置权存续期间，债权人未经债务人同意，擅自使用、出租、处分留置物，因此给债务人造成损失的，债权人应当承担赔偿责任。

2. 返还留置物

在留置权所担保的债权消灭或债权虽未消灭，债务人另行提供担保时，债权人应当返还留置物给债务人。

小 结

担保期间，担保财产毁损、灭失或者被征收等，担保物权人可以就获得的保险金、赔偿金或者补偿金等优先受偿。被担保债权的履行期未届满的，也可以提存该保险金、赔偿金或者补偿金等。

知识点

处分权、换价权、担保物权、主债权、利息、违约金、损害赔偿金、流押契约、抵押财产、动产质权、优先受偿、留置权

复习思考

一、简答

1. 归纳并总结担保物权的概念与特征。
2. 简述担保物权的取得和担保范围。
3. 抵押权有哪些类型？各有什么特点？
4. 简述留置权人的权利和义务。

二、辨析

担保物权与债权有着本质上的区别：首先，担保物权是与用益物权相对应的他物权，指的是为确保债权的实现而设定的，以直接取得或者支配特定财产的交换价值为内容的权利。担保物权包括抵押权、质权和留置权。随着市场经济的发展，保障债尤其是合同之债的履行，对于维护商品流通秩序，保护公民、法人的合法权益至关重要。其次，债权人在债的关系中，有权要求债务人实施一定行为或者不实施一定行为。随着商品交换关系的发展，债权债务逐渐可以转让，允许第三人享受债权或者履行债务，所以当事人可能既是债权人，又是债务人，既享受权利，又承担义务。最后，根据民法原理，物权优于债权。有财

产担保的债权人可以通过行使担保物权获得债务的清偿。比如当抵押物的所有人破产了，行使抵押权变卖抵押物清偿债务，无须通过和解或者破产分配行使自己的债权。另外，民法中规定的有优先受偿权的人主要指的是抵押权人、留置权人、质权人。这些人可以通过行使抵押权等权利满足债权，无须破产财产分配，故无表决权。

问：上述说法是否正确？

三、课后作业

分别阐述质权人的权利与出质人的权利。

第三编

债权与合同法

第九章 债的发生与类型

【导语】在债的关系中，享有权利的人是债权人，负有义务的人是债务人。

【重点】债的性质与要素、债的发生原因、债的类型

第一节 债的概念、性质与要素

一、债的概念

民法上债的概念源自罗马法"债"（obligatio）一词，本义为"连结"，既指债权、债务，也指债权债务关系，可并称为法锁（juris vinculum）。

英美法上，与债相当的概念为 obligation，指联系两个法律人格、赋予每个法律人格以具有法律效力的相互权利、义务的约束和纽带。

我国民间所称之债专指金钱债务，如借债、欠债、还债等。

现代民法中的债是指特定当事人之间的请求为一定行为的法律关系。债是按照合同的约定或者依照法律的规定，在当事人之间产生的特定的权利义务关系。享有权利的人是债权人，负有义务的人是债务人。比如房屋买卖合同（买卖之债）中的出卖人交付房屋、转移房屋的所有权，买受人受领房屋；而买受人支付价款，出卖人受领价款。

依据《民法典》第468条的规定，非因合同产生的债权债务关系，适用有关该债权债务关系的法律规定。

二、债的性质

(一)债为特定当事人之间的民事法律关系

债的当事人双方都是特定的人，债权具有依附或者归属于某一特定当事人的固有性质。作为一种对人请求权，债权要求债务人必须特定，即特定的债务人才能成为履行义务之人。

（二）债为当事人之间的特别结合关系

债权人和债务人结合在一起或者基于彼此间的信赖，形成债的关系。在债的关系中，当事人只有互负通知、协助、保密等多项义务，才算达到要求。

依据《民法典》第509条的规定，当事人应当按照约定全面履行自己的义务。当事人应当遵循诚信原则，根据合同的性质、目的和交易习惯履行通知、协助、保密等义务。当事人在履行合同过程中，应当避免浪费资源、污染环境和破坏生态。

（三）债是有存续期限的民事法律关系

债的关系自始以完全满足债权人的给付利益为目的，债是有存续期限的民事法律关系。

三、债的要素

债的要素是指构成债所必须具备的因素，即债的法律关系的成分，包括债的主体、债的内容和债的客体。

（一）债的主体

债的主体指参与债的关系的当事人。其中，享有债权的主体称为债权人，负有债务的主体称为债务人。在某些债中，一方当事人仅享有债权而不负有债务，另一方当事人仅负担债务而不享有债权。而在多数情况下，双方当事人都既享有债权又负有债务。债权人和债务人是相互对立、相互依存的，缺少任何一方，债的关系就不能成立和存续。

（二）债的内容

1. 债权

债权人请求债务人为给付的权利。除少数债权以外，债权为财产权，能用货币衡量和评价。

（1）债权的特征。

①请求权：根据权利的内容，即权利人请求相对人为或不为一定行为的权利。

②相对权：权利人只能向特定之人主张的权利，即权利人只能请求特定之人为或不为一定行为。

③期限性：债权在性质上不允许永久存在，在期限届满时债权消灭。期限包括：当事人约定的期限；法律规定的期限；时效期限。

④相容性：针对同一标的物可以成立两个以上内容相同的数个债权，此数个债权之间能够互容而非相互排斥。

⑤平等性：对同一债务人的数个普通债权，无论成立先后顺序如何，其效力一律平等，无先后优劣之分。

⑥任意性：在法律不禁止的情况下，经当事人自由协商，可任意创设债权。这主要是针对合同债权而言的。

（2）债权的权能。

债权的权能是指债权的表现形态，即债权人依其享有的债权而可为的行为。债权具有四项权能：

①给付请求权。债的关系成立后，债权人有请求债务人履行给付的权利。此在债的效力上，为债权的请求力。

②给付受领权。债务人依约定或法律规定履行债务时，债权人有权予以接受，并保持所得利益。此在债的效力上，为债权的保持力。

③保护请求权。当债务人不履行债务时，债权人可依此权能请求司法保护。此在债的效力上，为债权的强制执行力。

④处分权能。从债权实现角度而言，债权人可对债权进行抵销、免除、让与、权利质押等。

债权具备以上四种权能时，就是效力完备的债权，即完全债权；如缺失某项效力，则沦为不完全债权。

2.债务

债务是指依法律规定或当事人的约定，义务人所负担的应为或不为特定行为的义务。债务在法律上具有必须为或不为一定行为的拘束力；债务是债务人负担的不利益；债务的内容具有特定性；债务不能永久存在。

（1）给付义务。

①主给付义务和从给付义务。主给付义务是指债之关系所固有的、必备的，并能决定债之关系尤其是合同关系类型的基本义务。从给付义务是指主给付义务以外的，债权人可以独立诉请履行，旨在使债权人利益得到最大程度满足的义务。

②原给付义务和次给付义务。根据产生原因的不同分为原给付义务和次给付义务。原给付义务，又称为第一次给付义务，是指债之关系中原定的履行义务。次给付义务，又称为第二次给付义务，是指在原给付义务履行过程中因特殊事由演变而生的义务，主要情形有二：一是因原给付义务给付不能、给付迟延、不完全给付而生之义务，此种损害赔偿义务有替代原给付义务者，亦有与原给付义务并存者；二是契约解除后所生恢复原状义务。

（2）附随义务。附随义务即指法律无明文规定，当事人亦无明确约定，为保护对方利益和稳定交易秩序，当事人依诚实信用原则所应负担的义务。

根据服务对象的不同，可以分为：①为实现债权人给付利益的附随义务，主要体现为通知、照顾、忠实、协助、说明、不为禁止营业的义务。②为维护相对人人身及财产利益的附随义务，主要表现为先合同义务、后合同义务和不为加害给付。

相应地，附随义务也就具有两个方面的功能：①促进主给付义务的实现，使债权人的给付利益得到最大程度的满足（辅助功能）；②维护他方当事人人身或财产上的利益（保护功能）。

（3）不真正义务。不真正义务是指在合同关系中非违约方的损害减损义务。

①不真正义务为一种强度较弱的义务，其主要特征在于相对人通常不得请求履行，而其违反并不发生损害赔偿责任，仅使负担此项义务者遭受权利减损或丧失后果的不利益而已。②不真正义务与附随义务的区别主要在于：附随义务是向对方所承担的义务，违反该

义务应向对方承担责任；而违反不真正义务不会产生向对方担责的情况，只是自我遭受不利益。

依据《民法典》第591条的规定，当事人一方违约后，对方应当采取适当措施防止损失的扩大；没有采取适当措施致使损失扩大的，不得就扩大的损失请求赔偿。当事人因防止损失扩大而支出的合理费用，由违约方负担。为受害人规定的不真正义务就是减轻损害的义务，简称减损义务。减损义务所指的损害是指受害人自己的损害，对这种义务的违反不得让义务人赔偿其损失，而是使其自担损失。

(三)债的客体

债的客体又称债的标的，指债权债务所指向的对象。债权是一种能够请求债务人为一定给付的权利，而债务是应债权人请求而为一定给付的义务。可见，债权债务指向的是给付。

比如，甲与乙签订买卖一辆凤凰牌自行车的合同，规定甲应向乙交付该自行车，即为给付。而甲实际交付给乙凤凰牌自行车则是履行；如交付的凤凰牌自行车有缺陷，则构成违约。

此外，给付必须合法、确定和适格。以违法行为作给付的不产生债的关系；给付不确定将使债权债务无法实现，债的关系不成立；适格指依事物的性质适于作为债的标的，给付的形态可以表现为交付财物、支付金钱、转移权利、提供劳务、提交成果及不作为等。

第二节　债的发生原因

一、合同

债作为一种法律关系，其发生也必基于一定的法律事实。这种法律事实就是债的发生原因，又称债的发生根据。

合同是当事人之间设立、变更、终止债权债务关系的协议。基于合同产生的债的关系，是合同之债。合同是产生债的最常见、最重要的原因。

依据《民法典》第464条的规定，合同是民事主体之间设立、变更、终止民事法律关系的协议。婚姻、收养、监护等有关身份关系的协议，适用有关该身份关系的法律规定；没有规定的，可以根据其性质参照适用本编规定。

二、缔约过错

缔约过错指当事人在缔约过程中具有过错，从而导致合同不成立、无效、被撤销或者不被追认等，使他方当事人受到损害的情况。

具有过错的一方应赔偿对方遭受的损失，由此产生缔约上的过失责任。该责任成立，使过错的一方负有向受害的一方赔偿的义务，受害的一方享有请求过错的一方赔偿的权利，形成债的关系。

三、单独行为

单独行为又称单务约束，指表意人向相对人作出的为自己设定某种义务，使相对人取得某种权利的意思表示。

依当事人意思自治原则，当事人可基于某种物质或者精神上的需要，为自己设定单方义务，同时放弃对于相对人给付代价的请求。比如，第三人向债权人表示愿意清偿债务人尚欠债权人的借款，这属于单方允诺行为。

四、侵权行为

侵权行为是指不法侵害他人的民事权益，应承担民事责任的行为。

通常认为，侵权行为发生，侵权人应依法承担侵权责任，被侵权人有权请求侵权人承担民事责任，这种责任关系也形成债的关系。

五、无因管理与不当得利

无因管理指没有法定或者约定的义务而为他人管理事务。管理他人事务的人叫管理人，负有将开始管理事务通知本人、适当管理、继续管理、报告及计算等项义务，本人负有偿还必要费用、赔偿损失等项义务。管理人与本人之间形成债的关系。

不当得利是指没有合法根据，致使他人遭受损失而取得的利益。由于该项利益没有法律根据，应返还给受害人，形成不当得利返还的债的关系。

除上述事实外，其他法律事实也可引起债的产生。如拾得遗失物的保管和交还、遗嘱执行人与受遗赠人之间的保管和交付遗产等也发生债的关系。

第三节　债的类型

一、种类之债

根据债的标的物属性的不同，债可以分为特定之债和种类之债。给付以其种类中的一定数量指示的债，称为种类之债。以特定给付为标的的债为特定之债。

例如，债务人负担交付某种品牌、规格的电视机若干台的债务，即为种类之债；债务人负担交付某台特定电视机的债务，即为特定之债。

（1）种类之债对债务人给付的约束程度较特定之债低。

（2）种类之债中标的物因不可抗力而灭失的，债务人的给付义务仍旧存在。

（3）"限制种类之债"是特殊种类之债，其给付除以种类指示外，又以某种特殊范围进行限制。最常见的情形是以某主体的存货范围作为限制范围，因而也称为存货之债。

种类之债的标的物系以种类方式指示，并不明确、具体，须经特定才可以履行的，是种类之债向特定之债的转化，在性质上属于债的内容变更。种类之债经特定后即变为特定之债，债务人对经特定的给付物，负有善良管理人注意义务，如未尽此义务，致使给付物毁损或者灭失的，原则上发生债务不履行的效果，债务人应当承担赔偿损失责任。

种类之债依据债务人的行为而特定，或债务人有指定权的场合，经特定后，债务人原则上不得再进行变更。

二、货币之债

货币之债是以给付一定数额的货币为标的的债，也称金钱之债。货币之债在现实中较为常见，是债的一种重要类型。在有偿合同中，对价往往以货币形式支付；在无偿合同中，货币常成为赠与等的标的物。在法定之债中，债的标的以支付货币最为常见。

（一）金额货币之债

金额货币之债是以给付一定金额的通用货币为标的的债。当事人只注重货币的金额，而不注重其种类，债务人可以自由选择任何种类的通用货币进行支付。比如甲在商店购买服装，支付价款 500 元。甲支付 100 元面额的货币 5 张，或者支付 50 元面额的货币 10 张，并无不同。金额货币之债为货币之债的典型，其法律上的特征是不存在履行不能的问题，不发生因不可抗力免责的问题。

（二）特定货币之债

特定货币之债是以给付作为特定物的货币为标的的债。货币通常被视为种类物，但在当事人有特别意思表示的情况下，可经特定化而成为特定物。货币特定化最常见的方式是"封金"，即将一定数额的货币以包装物封存或者运送。特户是指金融机构或性质相当的机构，如股票交易所为出质金钱所开的专用账户，该账户必须特定化以区别于普通存款户。封金是指封存的货币。

（三）特种货币之债

特种货币之债是以给付一定金额的特种货币为标的的债。当事人关于币种的约定，称为"金约款"，其通常目的在于确保货币不发生贬值。目前在我国，人民币是唯一的通用货币，实践中"金约款"通常体现为以外国货币支付的约定。《票据法》第 59 条规定，"汇票金额为外币的，按照付款日的市场汇价，以人民币支付。汇票当事人对汇票支付的货币种类另有约定的从其约定"，承认了特种货币之债。有"金约款"存在的债，债务人应当以所约定的货币支付，其余法律特征与金额货币之债相同。

三、利息之债

利息是债务人使用或者占有债权人的金钱或者其他代替物所应给付的对价或者补偿。与利息相对的原物以及利息本身，均不限于金钱，还包括其他的代替物。

利率是利息与本金之间的比例，通常以百分数表示。约定利率由当事人意思表示决定，法定利率直接由法律规定。约定利率通常受法律规定的限制，如贷款人与办理贷款业务的金融机构约定利率不得超越中国人民银行规定的贷款利率的上下限。

《民法典》第 680 条明确规定"禁止高利放贷，借款的利率不得违反国家有关规定"。

根据《中国人民银行法》的有关规定，国务院批准和国务院授权中国人民银行制定的各种利率为法定利率。法定利率的公布、实施由中国人民银行总行负责。

民间个人借贷利率由借贷双方协商确定,但双方协商的利率不得超过中国人民银行公布的金融机构同期、同档次贷款利率(不含浮动)的四倍。超过上述标准的,应界定为高利借贷行为。

《最高人民法院关于修改〈关于审理民间借贷案件适用法律若干问题的规定〉的决定》明确:"出借人请求借款人按照合同约定利率支付利息的,人民法院应予支持,但是双方约定的利率超过合同成立时一年期贷款市场报价利率四倍的除外。"即以中国人民银行授权全国银行间同业拆借中心自 2019 年 8 月 20 日起每月发布的一年期贷款市场报价利率(LPR)的四倍为标准,确定民间借贷利率的司法保护上限,促进民间借贷利率逐步与我国经济社会发展的实际水平相适应。

(一)约定利息之债与法定利息之债

约定利息之债是由当事人的民事法律行为而创设的利息之债,通常构成债务人使用原物的对价关系,其典型形式为有偿的消费借贷。法定利息之债是依据法律规定而产生的利息之债,通常构成债务人占有原物或相应利益的补偿关系。

《票据法》第 70 条第 1 款第 2 项、第 71 条第 1 款第 2 项规定的迟延利息之债,持票人行使追索权,可以请求被追索人支付下列金额和费用:①汇票金额自到期日或者提示付款日起至清偿日止,按照中国人民银行规定的利率计算的利息;②被追索人依照前条规定清偿后,可以向其他汇票债务人行使再追索权,请求其他汇票债务人支付相关金额和费用;③前项金额自清偿日起至再追索清偿日止,按照中国人民银行规定的利率计算的利息等。

(二)基本权利息之债与支分权利息之债

基本权利息之债指由原本之债产生而未届清偿期的利息之债;支分权利息之债指由原本之债产生并已届清偿期的利息之债。例如,2024 年 1 月 1 日甲贷款人民币 1 万元予乙,约定期限 5 年,年利率 5%,利息按年分期支付,每年 12 月 31 日为利息支付时间,最后一年利息连同本金一并支付。到 2025 年 6 月 30 日,乙未支付任何利息。其中,2024 年度发生的利息之债(500 元)已届清偿期,为支分权利息之债;2025 年上半年发生的利息之债(250 元)未届清偿期,为基本权利息之债。

(三)单利之债与复利之债

单利之债,是独立计算每一期利息,不将上期利息计入下期原本再生利息的利息之债。复利之债,是将每一期所生利息计入下期的原本再生利息的利息之债。在相同利率水平下,复利之债较单利之债对债务人更不利,多数立法例为了平衡债权人与债务人之间的利益,对复利之债均作原则上的禁止,而仅于例外情形允许其存在。

四、选择之债

根据债的标的有无选择性,债可分为简单之债和选择之债。

简单之债是指债的标的是单一的,债务人只能就该项标的给付,债权人也只能受领该项标的给付,又称不可选择之债。

选择之债是指债的客体或者其构成因素为两项以上,当事人可以选择其一进行履行的债。比如，甲号大米 10 吨或者乙号大米 10 吨，汽车运货或者火车运货，现金支付或者支票支付等。在出售的商品不符合质量要求时，买卖双方之间就会发生选择之债，必须从修理、更换或退货中选择一种方式履行义务。

《民法典》第 582 条："履行不符合约定的，应当按照当事人的约定承担违约责任。对违约责任没有约定或者约定不明确，依据本法第五百一十条的规定仍不能确定的，受损害方根据标的的性质以及损失的大小，可以合理选择请求对方承担修理、重作、更换、退货、减少价款或者报酬等违约责任。"

《民法典》第 510 条："合同生效后，当事人就质量、价款或者报酬、履行地点等内容没有约定或者约定不明确的，可以协议补充；不能达成补充协议的，按照合同相关条款或者交易习惯确定。"

选择之债的特点在于债成立时存在着两种以上类型的给付，但履行债务时仅由债务人给付其中之一。这就需要在履行债务前将两种以上的给付特定为一种，也就是将选择之债转变为简单之债，此即所谓选择之债的特定。特定以后，履行债务则完全遵循简单之债的履行原则、规则及方法。

选择之债的数项给付全部不能的，依据债务不履行中的给付不能制度处理。其中一项或者几项给付不能，此外尚有存余的可以履行的给付的，债的关系在余存给付上继续存在。余存的给付为数项的，仍为选择之债，选择权人仅得在余存的给付中进行选择；余存的给付为一项的，为单一之债，此即发生选择之债特定的法律效果。如果给付不能的事由可归责于无选择权人，则选择权人可选择余存的给付，履行者或者请求履行；也可选择不能给付，发生债务不履行的法律后果。例如，标的物为甲车或者乙车，选择权归出卖人，因买受人过失撞毁甲车，出卖人有权选择甲车，不能因为无选择权人的过失而剥夺选择权人的权利。

五、连带之债

连带之债是多数主体之债的一种。多数主体之债指债的双方主体均为两人以上或者其中一方为两人以上的债。连带之债指债的主体一方为多数人，多数人一方的各个当事人之间存有连带关系的债。连带关系指当事人各自的债务或者债权具有共同目的，从而在债的效力上、债的消灭上相互发生牵连。

连带之债因当事人的民事法律行为而发生的，为意定连带之债；因法律的直接规定而发生的，为法定连带之债。相应地也存在意定连带债权和法定连带债权、意定连带债务和法定连带债务。

作为意定连带之债发生原因的民事法律行为，可以是合同，也可以是单独行为。

《民法典》合同分编中的各种有名合同，大多可以由当事人约定为连带之债。法定连带债务通常体现了对债权人特别保护的立法政策，故必须为法律的明文规定。

（一）对外效力

债权人与债务人之间的关系问题，核心是债权人的请求权。连带债务对外效力的核心，是债权人对连带债务人的请求权。债权人可以向任何一个连带债务人请求履行全部债务。债权人有权选择向任何一个或多个连带债务人请求履行债务，而不仅仅是部分债务。例如，甲、乙、丙三人对丁负有连带债务，丁可以要求甲、乙、丙中的任何一人或多人偿还全部债务。

(二)就当事人一人所生事项的效力

连带债务的此种效力指针对连带债务人一人与债权人之间发生的事项，对其他连带债务人是否以及如何发生影响。连带之债本质上是相互独立并具有共同目的的数个债。针对连带债务人之一发生的事项，对其他连带债务人也会产生相应的效力。例如，某一连带债务人破产或死亡，其债务份额应当由其他连带债务人承担。连带债务人之一对债权人的抗辩权，可以传递给其他连带债务人。例如，甲、乙、丙三人对丁负有连带债务，如果甲证明债务已经清偿，乙和丙也可以援引这一抗辩理由。

(三)对内效力

对内效力是各债权人之间或者各债务人之间的内部关系问题。连带债务人之间应当按照约定的比例分担债务。如果没有约定或约定不明的，按照平均分担的原则处理。例如，甲、乙、丙三人对丁负有连带债务，如果事先约定甲承担40%，乙和丙各承担30%，则按此比例分担；如果没有约定，则每人承担三分之一。连带债务人中的任何一人履行了全部债务后，其他连带债务人的债务即告消灭。履行债务的连带债务人有权向其他连带债务人追偿其应当承担的部分。例如，甲、乙、丙三人对丁负有连带债务，如果甲偿还了全部债务，甲可以向乙、丙追偿他们各自应当承担的部分。

小 结

债就其本质来说是债务人负担的不利益。债务履行的结果，一方面使债权人的利益得以实现；另一方面又使债务人失去既有利益，处于不利益的状态。债权、债务、责任同为债的法律关系的构成要素，债权、债务为债的法律关系的内容。债权为请求权，债权人不能直接支配标的物及义务人，仅能请求义务人履行义务。在债务人不为给付时，债权人须借助法律上的力强制债务人为给付或赔偿损害。债权是请求特定人为或不为特定行为的权利。物权为直接支配物且具有排他性的财产权。债法和物权法共同反映着社会经济中最基本的财产关系，债权与物权分别为两类不同的财产权，反映着不同的财产关系。

知识点

债义务群、给付义务、附随义务、不真正义务、履行、清偿、利率、种类之债、货币之债、利息之债、选择之债、连带之债

复习思考

一、简答

1.简述债的概念、性质与要素。

2.归纳并总结各种债的类型。

二、案例分析

甲准备将自己的店面以较为优惠的价格转让给乙。丙知道后想让乙买下丙自己的水果店，于是找到甲说要盘下甲的店面。甲由于等着用钱急需转让，因而与丙积极洽谈转让事宜。在连续数日的洽谈过程中，丙却背着甲与乙签订了转让协议。当甲认为具体的转让事宜双方都谈得差不多了，提出与丙签合同时，丙突然以资金周转不开为由，拒绝签合同并告知甲不准备买他的店面了。问：本案中的丙应当赔偿甲遭受的损失吗？

三、课后作业

什么是给付不能？请举例说明。

第十章　债的履行与担保

【导语】债的履行应是债务人全面地、适当地完成债务。
【重点】债的履行、债的保全与担保、债的转移与消灭

第一节　债的履行

一、债的履行的概念

债的履行指实现债的内容的行为，即债务人全面地、适当地完成其债务，使债权人的债权得到完全实现。

债的履行是债务人完成债务的行为，即债务人为给付行为。同时，债的履行应是债务人全面地、适当地完成债务，使债权人实现其债权的给付行为和结果的统一。

二、债的履行的原则

债的履行的原则是当事人在履行债务时应遵循的基本准则。

(一)适当履行原则

当事人按照法律规定或者合同约定的标的及其质量、数量，由适当的主体在适当的履行期限、履行地点，以适当的履行方式，全面完成债务的履行原则。

依据《民法典》第 509 条的规定，当事人应当按照约定全面履行自己的义务。当事人应当遵循诚信原则，根据合同的性质、目的和交易习惯，履行通知、协助、保密等义务。当事人在履行合同过程中，应当避免浪费资源、污染环境和破坏生态。

(二)协作履行原则

协作履行原则是指当事人不仅应当适当履行自己的债务，而且应基于诚实信用原则的要求，在必要的限度内，协助对方当事人履行债务的原则。

《民法典》规定，当事人应当遵循诚实信用原则，根据合同的性质、目的和交易习惯履

行通知、协助、保密等义务，其中包含了协作履行原则的内容。

（1）债务人履行债务，债权人应适当受领给付。

（2）债务人履行债务，要求债权人创造必要的条件，提供方便。

（3）债务人因故不能履行或者不能完全履行时，债权人应积极采取措施，避免或者减少损失，否则要就扩大的损失自负其责。

（三）经济合理原则

经济合理原则要求履行债务时，讲求经济效益，付出最小的成本，取得最大的利益。

（1）债务人应选择最经济合理的运输方式。

（2）选择履行期应体现经济合理。

（3）选用设备应体现经济合理原则。

（4）变更合同应体现经济合理原则，我国法律允许变更到货地点、收货人，即为例证。

（5）在可能的范围内，减轻债权人的损失。

（四）情事变更原则

情事变更原则是指合同依法成立后，因不可归责于双方当事人的原因发生了不可预见的情事变更，致使合同的基础丧失或者动摇，若继续维持合同原有效力则显失公平，而允许变更或者解除合同的原则。

根据《民法典》第533条规定，合同成立后，合同的基础条件发生了当事人在订立合同时无法预见的、不属于商业风险的重大变化，继续履行合同对于当事人一方明显不公平的，受不利影响的当事人可以与对方重新协商；在合理期限内协商不成的，当事人可以请求人民法院或者仲裁机构变更或者解除合同。人民法院或者仲裁机构应当结合案件的实际情况，根据公平原则变更或者解除合同。

适用情事变更原则应满足以下情况：

（1）须有情事变更的事实。

（2）情事变更的事实须发生在合同成立以后、履行完毕之前。

（3）须情事变更的发生不可归责于当事人。

（4）须情事变更是当事人所不可预见的。

（5）须情事变更使履行原合同显失公平。

三、履行主体

债的履行主体为债务人，包括单独债务人、连带债务人、不可分债务人、保证债务人。除法律规定、当事人约定、性质上必须由债务人本人履行的债务以外，履行可由债务人的代理人进行。

合同约定由第三人履行债务的，法律保护这种约定。债权人的代理人可以代为受领履行。持有债权人签名的收据的人也可以受领履行。

债权的准占有人有足以使人认其为真实的债权人的表征时，也可以受领履行。合同约定由第三人受领履行的，依其约定。

依据《民法典》第522条的规定，当事人约定由债务人向第三人履行债务，债务人未向第三人履行债务或者履行债务不符合约定的，应当向债权人承担违约责任。法律规定或者当事人约定第三人可以直接请求债务人向其履行债务，第三人未在合理期限内明确拒绝，债务人未向第三人履行债务或者履行债务不符合约定的，第三人可以请求债务人承担违约责任；债务人对债权人的抗辩，可以向第三人主张。

四、履行标的

履行标的指债务人实施一定行为，包括交付标的物、转移权利、提供劳务、完成工作等。履行标的应具体确定。当事人之间有约定债务人可以部分履行的，法律应允许给付不可分时延缓履行。

履行标的的质量约定明确的，按约定履行。质量要求不明确的，按照国家标准、行业标准履行；没有国家标准、行业标准的，按照通常标准或符合合同目的的特定标准履行。

履行标的的价款或者报酬约定明确的按约定履行。价款或者报酬不明确的，按照订立合同时履行地的市场价格履行；依法应当执行政府定价或者政府指导价的，按照规定履行。

五、代物清偿

代物清偿是指债权人受领他种给付以代原定给付而使债的关系消灭的现象。例如，甲欠乙技术转让费 20 万元，本应以现金支付，现依双方合意，甲向乙交付了价值 20 万元之产品，使债之关系消灭，此即代物清偿。再如，甲购买古董商乙的一个花瓶，交付前花瓶灭失，乙经甲同意以一幅字画替代之，并实际交付，从而消灭债之关系，亦为代物清偿。

代物清偿具有消灭债的关系的效力。连带债务人、不可分债务人一人所为的代物清偿，使其他债务人一同免责。保证因保证人或者主债务人为代物清偿而使两个债务一同消灭。

六、履行地点

履行地点是指债务人应为履行行为的地点。在履行地点为履行，只要适当，即发生债的消灭的效力。在其他地点履行则否。当事人在合同中明确约定履行地点时，依其约定。合同对履行地点没有约定或者约定不明确的，可以协议补充；不能达成补充协议的，按照合同有关条款或者交易习惯确定。履行地点在法律有特别规定时依其规定。

《民法典》第 511 条第 3 项："履行地点不明确，给付货币的，在接受货币一方所在地履行；交付不动产的，在不动产所在地履行；其他标的，在履行义务一方所在地履行。"

另外，《票据法》第 23 条第 3 款规定："汇票上未记载付款地的，付款人的营业场所、住所或者经常居住地为付款地。"

如果存在交易习惯时应遵从习惯，除非当事人之间另有约定。如车站、码头的物品寄存，应在该寄存场所履行。

七、履行期限

履行期限，合同有约定时，依其约定。当事人在合同中可以约定一项债务划分为各个部分，每个部分各有一个履行期限；还可以约定数个履行期限，届时可以选择确定。

履行期限不明确的，债务人可以随时履行，债权人也可以随时要求履行，但应当给对方必要的准备时间。

《民法典》第530条规定："债权人可以拒绝债务人提前履行债务，但是提前履行不损害债权人利益的除外。债务人提前履行债务给债权人增加的费用，由债务人负担。"

八、履行方式

履行方式是指完成债务的方法。如标的物的交付方法，价款或者酬金的支付方法等。

合同有关于履行方式的约定时，依其约定。没有约定时，履行方式不明确的，按照有利于实现合同目的的方式履行。

九、履行费用

债的履行费用指履行债务的必要费用，但是不包括债的标的物本身价值。通常情况下，履行费用有运送费、包装费、汇费、登记费、通知费等。

对于履行费用的负担，当事人有约定的依其约定；如无约定，双方当事人可协议补充；不能达成补充协议的，按照有关条款或者交易习惯确定。如此仍不能确定的，由履行义务一方负担。

《民法典》第511条第6项规定："履行费用的负担不明确的，由履行义务一方负担；因债权人原因增加的履行费用，由债权人负担。"

第二节　债的保全与担保

一、债的保全

（一）债的保全的概念

债的保全指法律为防止因债务人的财产不当减少给债权人的债权带来危害，允许债权人代债务人之位向第三人行使债务人的权利，或者请求法院撤销债务人与第三人的民事法律行为的制度。其中，债权人代债务人之位，以自己的名义向第三人行使债务人的权利的法律制度，称为债权人代位权制度；债权人请求法院撤销债务人与第三人的民事法律行为的制度，称为债权人撤销权制度。

（二）债权人代位权的概念

债权人的代位权指当债务人怠于行使其对第三人享有的权利而害及债权人的债权时，债权人为保全其债权，可以自己的名义代位行使债务人对第三人之权的权利。

债权人的代位权是债权人为保全其债权而代债务人行使其权利，是实体法上的权利而非诉讼法上的权利。债权人的代位权不是债权人对于债务人或者第三人的请求权。

债权人的代位权不是固有意义上的形成权。债权人的代位权属于债权的对外效力，从属于债权的特别权利，是债权的一种法定权能。

(三)代位权的成立要件

(1)债务人享有对于第三人的权利。债务人对于第三人的权利,为债权人代位权的标的。

(2)债务人怠于行使其权利。怠于行使其权利指应行使并且能行使而不行使其权利;应行使指若不及时行使则权利将有消灭或丧失的可能。

(3)债务人已陷于迟延。在债务人迟延履行以前,债权人的债权能否实现难以预料。若债务人已陷于迟延,债权人的债权已经有不能实现的现实危险,此时已发生保全债权的必要。

(4)有保全债权的必要。债权人的债权有不能依债的内容获得满足的危险,才有代位行使债务人的权利,以便实现债权。

(四)代位权的行使及时效

债权人的代位权的行使主体是债权人,债务人的各个债权人在符合法律规定的条件下均可以行使代位权。在代位权诉讼中,次债务人对债务人的抗辩,可向债权人主张。

债权人的代位权行使须通知债务人,通知后,第三人对于债务人开始有抗辩权。债务人在代位权诉讼中对债权人的债权提出异议,经审查异议成立的,人民法院应当裁定驳回债权人的起诉。

债权人行使代位权后,对于被代位行使的权利,债务人的处分权能受到限制。

债权人提起代位权诉讼,一方面可以使债权人的债权的诉讼时效中断;另一方面,也会导致债务人的债权的诉讼时效中断。

代位权行使示意图如图 10-1 所示。

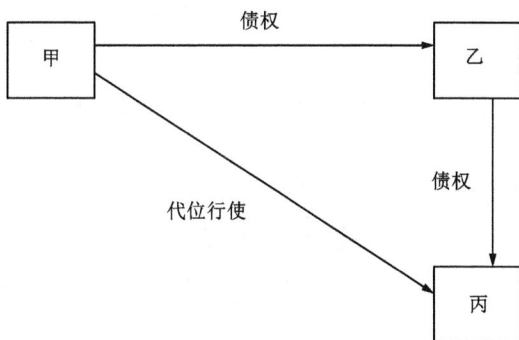

图 10-1　代位权的行使示意图

五、债权人的撤销权

债权人的撤销权指债权人对于债务人所为的危害债权的行为,可请求法院予以撤销的权利。债权人撤销权的成立要件,因债务人所为的行为系无偿行为抑或有偿行为而有所不同。在无偿行为场合,只需具备客观要件;而在有偿行为的情况下,则必须同时具备客观要件与主观要件。①客观要件。须有债务人的行为;债务人的行为必须以财产为标的;债务人的行为有害债权。②主观要件。债务人的恶意;受益人的恶意;转得人的恶意。

债权人的撤销权行使的效力依判决的确定而产生,对债权人、债务人、第三人产生效力。债务人的行为一旦被撤销，即自始不具有法律约束力。尚未依该行为给付的，当然恢复原状。债权人行使撤销权的必要费用，由债务人负担。

二、债的担保

（一）债的担保概述

债的担保是促使债务人履行其债务，保障债权人的债权得以实现的法律措施。一般担保是债务人以其全部财产作为履行债务的总担保。特别担保是以第三人的信用或者以特定财产担保债权实现的制度。债的担保包括人的担保、物的担保和金钱担保。

担保人为了自己的利益，可以要求他人设定反担保。反担保指在商品贸易、工程承包和资金借贷等经济往来中，有时为了换取担保人提供保证、抵押或者质押等担保方式，由债务人或者第三人向该担保人新设担保，以担保该担保人承担了担保责任后易于实现其追偿权的制度。第三人为债务人向债权人提供担保时，可以要求债务人提供反担保。反担保可以采用保证、抵押、质押的方式，并各有其特定的成立要件，需符合相应条款规定的特定成立要件。

（二）保证

保证指第三人和债权人约定，当债务人不履行其债务时，该第三人按照约定履行债务或者承担责任的担保方式。

（1）附从性。保证以主债的成立为前提，于其存续中附从于主债。保证的范围和强度原则上不得大于或者强于主债务。主债权转移时保证人的保证债权也随之转移，主债务消灭时保证债务也随之消灭。

（2）独立性。保证合同可以约定仅担保主债务的一部分，保证债务的范围和强度可以有自己独立的变更或者消灭原因。保证合同还可以单就保证债务约定违约金，保证人可以单就部分债务提供担保。

（3）补充性。在一般保证中先由主债务人履行其债务，只有在对其财产强制执行而无效果时才由保证人承担保证责任。在连带责任保证中，当主债务人不履行主债务时，债权人既可以请求主债务人履行债务，也可以请求保证人在其保证范围内承担保证责任。

（三）定金

定金指合同当事人为了确保合同的履行，依据法律规定或者当事人双方的约定，由当事人一方在合同订立时，或者订立后、履行前，按合同标的额的一定比例，预先给付对方当事人的金钱或者其他代替物。

定金合同的成立不仅须有双方当事人的合意，而且应有定金的现实交付。若无定金的实际交付，定金合同不成立。定金的有效以主合同的有效成立为前提。定金合同是主合同的从合同，若主合同无效，定金合同亦无效。

定金是一种担保方式，不属于债务的履行范畴；预付款属于价金支付义务的一部分，是提前履行部分债务，其作用在于使接受预付款的一方获得期限利益。定金的交付形成一个定金合同，从属于主债关系；预付款的交付属于履行主债的一部分，不构成一个独立的合同。定金一般一次性交付，预付款可分期支付。定金合同成立后，若当事人一方不履行合同，可适用定金罚则。预付款则无此效力，在标的物正常交付的情况下，交付预付款的一方再补交剩余的价款即可。

定金的交付通常是在合同订立时或者履行前，具有预先给付的特点；而押金的交付，或者与履行主合同同时，或者与履行主合同相继进行，不是预付。定金担保的对象是主合同的主给付，押金担保的对象往往是主合同的从给付。定金的数额应低于合同标的额且不得超过法定的比例；押金的数额往往高于或者等于被担保的债权额。定金具有在一方违约时发生定金丧失或者双倍返还的效力，押金没有双倍返还的法律效果。

成约定金指作为合同成立要件的定金，因定金的交付，合同才成立。成约定金即以交付事实作为当事人之间存在合同关系之证明的定金。

依照我国法律的规定，当事人享有充分的合同自由，可以将定金的交付作为合同成立或者生效的附加条件。若当事人约定定金并且明确表示定金的交付构成合同的成立或者生效要件的，该定金具有成约定金的性质。我国《民法典》允许当事人约定以交付定金作为主合同成立或者生效要件的情形。另外，在主合同已经履行或者已经履行主要部分的情况下，即使给付定金的一方尚未交付定金，主合同仍然成立或者生效。

证约定金指以交付事实作为当事人之间存在合同关系的证明的定金。证约定金指以定金为订立合同的证据。

我国《民法典》及最高人民法院相关司法解释没有对证约定金作出专门规定，但是司法实践认可交付定金的书面证明（如收据）为主合同业已成立的证据。对于此类定金，我国现行法虽然无明确的条文规定，但定金的交付一般都标志着合同的存在，所以有证明合同成立的作用。对方当事人若否认合同成立，须举证定金的交付另有原因和作用，而非主合同成立的标志。

违约定金指以定金的放弃或者双倍返还作为违反合同的补救方法而约定的定金。交付定金的当事人若不履行债务，接受定金的当事人可以没收定金。这种定金和违约金都具有间接强制债务履行的效力。违约定金通常兼有证约定金的作用。

当事人一方不履行约定的债务作为适用定金罚则的条件如下：一是明确规定违约定金处罚的条件不但要有迟延履行等违约行为，还要有因该违约行为致使合同目的落空的结果，这两个条件缺一不可。二是主合同部分得到履行，部分没有履行，一方当事人因此受到了损失，但是合同的目的没有完全落空，这时，既要对不完全履行合同的当事人进行定金处罚，又不能使定金全部被罚。三是因不可抗力、意外事件致使主合同不能履行的，不适用定金罚则。因合同关系以外第三人的过错，致使主合同不能履行的，适用定金罚则。当事人一方受定金处罚后，可以依法向第三人追偿。

解约定金是为保留合同解除权而支付的定金。即以定金为保留合同解除权的代价，交付定金的当事人可以抛弃定金以解除合同，而接受定金的当事人也可以通过双倍返还定金来解除合同。在这种情况下，合同解除后，对方不得要求继续履行合同。

我国《民法典》未明确规定解约定金，原担保法解释则明确承认了此类定金：定金交付后，交付定金的一方可以按照合同的约定以丧失定金作为代价而解除主合同，收受定金的一方可以双倍返还定金作为代价而解除主合同。

立约定金指为保证正式缔约的定金。立约定金常常与预约合同并存，是指在合同订立前交付，目的在于保证正式订立合同。

合同的订立需要经过要约和承诺的过程，这个过程可能需要持续较长的时间。尤其是在一些标的额比较大的民事交易中，因为存在一些未定情形，合同一直未能订立，当事人又不愿意许诺成立合同，于是采用立约定金来实现当事人间的相互信任，以求最终成立合同，完成交易。

原担保法解释规定，当事人约定以交付定金作为订立主合同担保的，给付定金的一方拒绝订立主合同的，无权要求返还定金；收受定金的一方拒绝订立主合同的，应当双倍返还定金。

第三节　债的转移与消灭

一、债的转移

（一）债的转移的概念与特征

债的转移指债的关系不失其同一性，而其主体有所变更的现象，或者说在债的关系不失其同一性的前提下，债的关系的一方当事人依法将其债权、债务全部或者部分地转让给第三人的现象。

债的关系不失其同一性指债的效力依旧不变，不仅其原有的利益（如时效利益）和瑕疵（如各种抗辩）均不受转移的影响，而且其从属的权利（如担保）原则上亦仍然继续存在。

债的转移属于债的变更，是债的主体发生变更，由新的主体代替旧的主体，或者是债权转移，或者是债务转移，或者是债权债务转移。无论是债权转移还是债务转移，都可以是全部的，也可以是部分的。

（二）债权让与

债权让与指债的关系不失其同一性，债权人通过让与合同将其债权转移给第三人享有的现象。其中的债权人称为让与人，第三人称为受让人。例如，甲公司向乙公司购买苹果2000斤，甲公司有请求乙公司给付苹果2000斤的债权，后来甲公司和乙公司约定，甲公司将其请求乙公司给付苹果2000斤的债权让与丙公司，丙就成为债权人，有权请求乙给付苹果2000斤，这就是债权让与。

债权让与的实际发生需要债权让与合同成立并生效。债权让与对于债务人的效力是指债权转移给受让人的结果，及与债务人之间的关系。

债权让与合同一经成立并生效，在让与人和受让人之间立即发生债权让与的效果。债权让与合同的生效，在让与人和受让人之间形成如下法律后果：

（1）法律地位的取代。

（2）从权利随之转移。

（3）让与人应将债权证明文件全部交付受让人，并告知受让人行使债权所必要的一切情况。

(三)债务承担

债务承担指债的关系不失其同一性,债权人或者债务人通过与第三人订立债务承担合同,将债务全部或者部分地转移给第三人。该第三人称为债务承担人。债务承担合同成立并生效,债务就发生转让的效果,不需要履行行为。

以原债务人是否免责为标准,可以分为免责的债务承担和并存的债务承担。其中,免责的债务承担指第三人取代原债务人的地位而承担全部债务,使债务人脱离债的关系。并存的债务承担,又称附加的债务承担,或重叠的债务承担,指第三人(承担人)加入债的关系之中,与原债务人一起向债权人承担债务。

(四)债的概括承受

债的概括承受指债的一方当事人将其债权债务一并转移给第三人,由第三人概括地继受这些权利义务的法律现象。

依据《民法典》第555条的规定,当事人一方经对方同意,可以将自己在合同中的权利和义务一并转让给第三人。债的概括承受基于当事人之间民事法律行为产生的称为意定概括承受。

依据《民法典》第556条的规定,合同的权利和义务一并转让的,适用债权转让、债务转移的有关规定。基于法律的规定产生的称为法定概括承受。

(1)合同承受。合同承受又称合同承担,指合同关系一方当事人将其合同上的权利和义务全部转移给该第三人,由其在转移范围内承受自己在合同上的地位,享受合同权利并负担合同义务。

(2)企业的合并与分立。企业合并指两个以上的企业合并为一个企业。企业分立则指一个企业分立为两个以上的企业。企业合并或者分立之前的债权和债务应由合并或者分立后的企业承担。

二、债的消灭

债的消灭指债的关系在客观上不复存在,债权债务归于消灭。

债的消灭原因大致有三类:一是基于当事人的意思表示,如免除、解除;二是由于债的目的消灭,如不能履行、清偿;三是基于法律的直接规定。债的消灭同时使债的担保及其他权利义务也归于消灭。债的担保,包括抵押权、质权、留置权等;其他权利义务,包括违约金债权、利息债权等。债消灭后,债权人应将负债字据返还债务人。

依据《民法典》第558条的规定,债权债务终止后,当事人应当遵循诚信等原则,根据交易习惯履行通知、协助、保密、旧物回收等义务。

(一)清偿

清偿指按债的约定实现其目的的行为。清偿与履行的意义相同,只不过履行是从债的效力、债的动态方面讲的,而清偿则是从债的消灭的角度讲的。当事人利益的实现为债的本来目的。债务一经清偿,债权即因其达到目的而消灭。清偿可由第三人代而为之,这就是代为清偿制度。清偿费用指清偿所需要的必要费用。通常情况下,清偿费用包括运送费、包装费、汇费、登记费、通知费等。清偿抵充指债务人对同一债权人负担数宗同种类债务，而债务人的履行不足以清偿全部债务时，债权人决定该履行抵充某宗或者某几宗债务的现象。

(二) 抵销

抵销指二人互负债务时，各以其债权充当债务之清偿，而使其债务与对方的债务在对等额内相互消灭。主张抵销的债权，称为主动债权(自动债权，或能动债权)。被抵销的债权，称为被动债权(受动债权，或反对债权)。抵销依其产生的根据不同，可分为法定抵销与合意抵销两种。法定抵销由法律规定其构成要件，当要件具备时，依当事人一方的意思表示即可发生抵销的效力。合意抵销指按照当事人双方的合意所为的抵销，重视当事人的意思自由，可不受法律规定的构成要件的限制。依据《民法典》第569条的规定，当事人互负债务，标的物种类、品质不相同的，经协商一致，也可以抵销。

(三) 提存

提存指由于债权人的原因而无法向其交付合同标的物时，债务人将该标的物交给提存部门而消灭合同的制度。提存涉及三方当事人，即提存人(债务人)、提存部门和债权人。提存人指为履行清偿义务或者担保义务而向提存部门申请提存的人，是提存之债的债务人。提存受领人指提存之债的债权人。提存部门按《提存公证规则》的规定为公证处，债务履行地的公证处办理提存公证(第4条第1款)。提存标的为债务人依约定应当交付的标的物。提存的标的物，以适于提存者为限。适于提存的标的物，包括货币；有价证券、票据、提单、权利证书；贵重物品；担保物(金)或者其替代物；其他适于提存的标的物。依据《民法典》第570条第2款的规定，标的物不适于提存或者提存费用过高的，债务人依法可以拍卖或者变卖标的物，提存所得的价款。

(四) 债务免除

债务免除指债权人抛弃债权，从而全部或者部分终止债的关系的单方行为。免除为无因行为，仅依债权人表示免除债务的意思而发生效力。债务免除为非要式行为，其意思表示不需特定方式，无论以书面或者言词为之，或者以明示或者默示为之，均无不可。免除应由债权人向债务人以意思表示为之。向第三人作出免除的意思表示，不发生免除的法律效力。免除发生债务绝对消灭的效力。仅免除部分债务，债的关系仅部分终止。依据《民法典》第575条的规定，债权人免除债务人部分或者全部债务的，债权债务部分或者全部终止，但是债务人在合理期限内拒绝的除外。债务免除不得损害第三人的合法权益。例如，已就债权设定质权的债权人不得免除债务人的债务，而以之对抗质权人。

(五) 混同

混同指债权和债务同归一人，原则上致使债的关系消灭的事实。债权债务的混同，由债权或者债务的承受而产生。概括承受是发生混同的主要原因，例如债权人继承债务人的财产、债务人继承债权人的财产、企业合并、营业的概括承受等。特定承受指债务人自债权人处受让债权，或者债权人承担债务人的债务，因而发生的混同。概括承受使合同关系及其他债之关系绝对地消灭。债权系他人权利的标的时，从保护第三人的合法权益出发，债权不消灭。例如，债权为他人质权的标的，为了保护质权人的利益，不使债权因混同而消灭。法律为贯彻债权的流通性，可以设有例外规定，在债权债务归于一人时，不发生混同的效力。例如，票据法为促进票据的流转，规定票据债权人、债务人为一人的，债不消灭，票据在到期前仍可以转让。

小 结

债的转移指债的关系的一方当事人将其债权、债务全部或者部分转让给第三人。根据《民法典》的有关规定，定金当事人可以约定一方向对方给付定金作为担保。履行债务后，定金应当抵作价款或者收回。给付定金的一方不履行约定债务的，无权要求返还定金；收受定金的一方不履行约定的债务的，应当双倍返还定金。定金应当以书面形式约定。当事人在定金合同中应当约定交付定金的期限。定金合同从实际交付定金之日起生效。

知识点

代位权、定金、预付款、订金、押金、违约金、债务转移、抵销、提存、债务免除、混同

复习思考

一、简答

1. 债的履行的原则有哪些？
2. 归纳并总结各种定金的特点。
3. 概括债的几种主要消灭方式。

二、案例分析

小张和小李准备年底结婚，想买套新房。5月1日，小张和小李与某房地产开发商签订了一份《认购协议书》，并交了2万元定金。在签订认购协议书之前，售楼人员告知房屋可于12月31日前交房，可当小张和小李付款后才得知交房时间是明年的12月31日。因交房时间太迟，不符合原定婚期，于是小张和小李要求开发商退还2万元，却遭拒绝。双方遂闹上法院。法庭上，小张和小李认为交的2万元为预付款，而开发商则坚持认为是定金。问：开发商要返还这2万元定金吗？

三、辨识判断

1. 甲与乙之间达成借款协议，甲答应借给乙200万元，但要求乙提供担保。乙于是找到丙和丁，丙答应做乙的保证人，丁答应用价值100万元的轿车给乙作抵押。甲在还款期到了以后要求乙还钱，乙说目前还不起钱，于是甲找到丙和丁。丙却说自己只是保证人，没什么财产给甲，甲应该先卖了丁的汽车。下列选项中哪个是正确的？

A. 甲应当先要求丙承担保证责任并还款

B. 甲应当先要求丁以汽车偿还欠款

C. 甲既可以先要求丙承担保证责任并还款，也可以先要求丁以汽车偿还欠款

D. 甲应当先要求丁以汽车偿还欠款，再要求丙承担保证责任并还款

2. 甲公司向乙银行借款 100 万元，丙、丁以各自房产分别向乙银行设定抵押，戊、己分别向乙银行出具承担全部责任的担保函，承担保证责任。下列哪些表述是正确的？

A. 乙银行可以就丙或者丁的房产行使抵押权

B. 丙承担担保责任后，可向甲公司追偿，也可要求丁清偿其应承担的份额

C. 乙银行可以要求戊或者己承担全部保证责任

D. 戊承担保证责任后，可向甲公司追偿，也可要求己清偿其应承担的份额

3. 楼市蒸蒸日上，甲决定先买房后成家，正好乙准备卖房，于是甲与乙签订了房屋买卖协议，协议约定甲交付乙人民币 8 万元作为定金，交房时可用来冲抵部分房款，同时在协议中约定违约金为 10 万元。后来在甲不知情的情况下，乙与他人办理了房屋变更登记手续，并收取了房款。下列选项中哪个是正确的？

A. 甲只能要求乙双倍返还 8 万元定金

B. 甲只能要求乙支付 10 万元违约金

C. 甲可以要求乙双倍返还 8 万元定金并支付 10 万元违约金

D. 甲可以要求乙双倍返还 8 万元定金或支付 10 万元违约金

4. 甲："你欠我的那 1 万块钱该还我了。"乙："改天丙会代我还你的。"甲："不行。"乙："怎么不行？那天我叫丙代我还时你不是知道吗！"甲："可是我没同意。"乙："……"下列选项中哪个是正确的？

A. 甲可以要求乙还钱

B. 甲可以要求丙还钱

C. 甲只能要求乙还钱

D. 甲只能要求丙还钱

5. 甲："最近手头紧，借我点钱，过段时间还你。"乙："咱们兄弟一场，这么点钱拿去花，不用还了。"甲："谢谢哥们！"过了一段时间，双方吵架了……乙："把欠我的钱还了！"甲："你上次说不用还了啊。"乙："我现在又要求你还了。"甲："……"下列选项哪个是正确的？

A. 乙可以要求甲还钱

B. 乙不可以要求甲还钱

四、课后作业

定金与订金（预付款）如何区分？请举例说明。

第十一章　合同的订立与履行

> 【导语】合同是平等主体之间设立、变更、终止民事权利义务关系的协议。
>
> 【重点】合同的订立与内容、合同的生效与履行

第一节　合同与合同编概述

一、合同的概念与特征

合同是平等主体之间设立、变更、终止民事权利义务关系的协议。

合同具有如下法律特征：其一，合同是两方以上当事人的意思表示一致的民事法律行为；其二，合同是以设立、变更、终止民事权利义务关系为目的的民事法律行为；其三，合同是各方当事人在平等、自愿的基础上实施的民事法律行为。

二、合同的分类

(一)双务合同与单务合同

以给付义务是否由双方当事人互负为标准，合同分为双务合同与单务合同。双务合同是双方当事人互负对待给付义务的合同，如图11-1所示。买卖、租赁、承揽等合同均属此类。单务合同是仅有一方当事人负给付义务的合同。赠与、借用等合同为其代表。

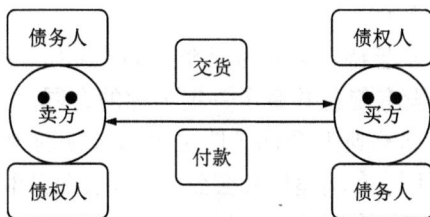

图 11-1　双务合同

（二）有偿合同与无偿合同

以当事人取得权益是否须付相应代价为标准，合同分为有偿合同与无偿合同。有偿合同是当事人一方享有合同规定的权益，须向对方当事人偿付相应代价的合同。买卖、租赁、保险等合同是其典型。无偿合同是当事人一方享有合同规定的权益，不必向对方当事人偿付相应代价的合同。赠与、借用等合同为其代表。

（三）诺成性合同与实践性合同

以合同的成立是否须交付标的物或者完成其他给付为标准，合同分为诺成性合同与实践性合同，其中诺成性合同是原则，实践性合同是例外。诺成性合同是当事人各方的意思表示一致即成立的合同。实践性合同又称要物合同，是除双方当事人的意思表示一致以外，尚需交付标的物或者完成其他给付才能成立的合同。借用合同、保管合同、自然人借款合同、定金合同、客运合同等属于实践性合同。

（四）要式合同与不要式合同

以合同的成立是否必须依照某种特定的形式为标准，可分为要式合同和不要式合同。要式合同是依法律规定或者依约定，必须采取一定形式或者履行一定程序才能成立的合同。对于一些重要的交易要求当事人必须采取特定的方式订立合同，例如以票据行为为内容的合同。不要式合同是法律不要求特定形式，当事人可以采取口头方式，也可以采取书面形式，即当事人自由选择一种形式即能成立的合同。现代民法以方式自由为原则，除法律特别规定或者当事人特别约定外，均为不要式合同。

（五）实定合同与射幸合同

以合同的效果在缔约时是否确定为标准，合同分为实定合同与射幸合同。实定合同是指合同的法律效果在缔约时已经确定的合同。绝大多数合同都是实定合同。射幸合同是合同的法律效果在缔约时不能确定的合同，保险合同、彩票合同均属此类。彩票作为一种特殊凭证，是一种有价证券。彩票由国家特许机构发行，直接上市销售，面向不特定的社会大众，供人们自愿购买，《彩票发行与销售管理暂行规定》第 6 条和《中国福利彩票发行与销售管理暂行办法》第 4 条均明确规定彩票不记名。彩票买卖合同是彩票零售商或者彩票销售机构与彩票购买者为了购买彩票而订立的合同。彩票买卖合同是实践性合同、双务合同、格式合同、射幸合同，是最大诚信合同。

（六）有名合同与无名合同

以法律是否设有规范并赋予特定名称为标准，合同分为有名合同与无名合同。有名合同，又称典型合同，是法律设有规范并赋予一定名称的合同。买卖、借款、租赁等合同均为有名合同。无名合同，又称非典型合同，是法律尚未特别规定亦未赋予一定名称的合同。合同法奉行合同自由原则，在不违反社会公德、社会公共利益以及强制性规范的前提下，允许当事人订立任何内容的合同。

(七)本约(本合同)与预约(预备合同)

预约是约定将来订立一定合同的合同,本约则为履行该预约而订立的合同。预约是基于法律或者事实上的原因,订立本约的条件尚未成熟,先订立预约,使对方受其约束,以确保本约的订立。例如,甲拟向乙承租房屋,乙与丙之间的房屋租赁合同在半年后终止,于是甲先与乙订立房屋租赁合同的预约。预约的成立须遵循合同法关于合同订立的一般规则"初步协议""意向性协议"等。预约的债务人有订立本约的义务,违反预约不订立本约的,应承担违约责任。

(八)为订约人自己利益订立的合同与为第三人利益订立的合同

以是否为订约人自己的利益订立合同为标准,合同分为为订约人自己利益订立的合同与为第三人利益订立的合同。为订约人自己利益订立的合同是合同当事人为自己约定并享受利益,第三人与合同当事人之间不得主张合同权利和追究合同责任的合同。为第三人利益订立的合同是当事人为第三人设定合同权利,由第三人取得利益的合同。此种合同中的当事人双方的约定使债务人向第三方履行义务,第三人由此取得直接请求债务人履行义务的权利。例如,甲乙双方约定,甲订购由乙所制作的蛋糕,由乙送给甲的朋友丙,丙为利益第三人。

三、合同编的适用范围

《民法典》合同编主要规范合同的订立,合同的效力,合同的履行、变更、解除、保全,以及违反合同的责任等问题。

我国《民法典》第 463 条规定:"本编调整因合同产生的民事关系。"合同编的适用范围为各类平等主体的自然人、法人和其他组织之间设立、变更和终止民事权利义务关系的协议。

我国《民法典》第 467 条规定:"本法或者其他法律没有明文规定的合同,适用本编通则的规定,并可以参照适用本编或者其他法律最相类似合同的规定。在中华人民共和国境内履行的中外合资经营企业合同、中外合作经营企业合同、中外合作勘探开发自然资源合同,适用中华人民共和国法律。"从该条规定可以看出,合同编适用于各类民商事合同。除已确认的 15 类有名合同以外,还包括知识产权法、劳动法等法律所确认的抵押合同、质押合同、土地使用权出让和转让合同、专利权或商标权转让合同、许可合同、著作权使用合同、出版合同、肖像权许可使用合同、名称权转让合同、劳动合同等。

如下关系不由《民法典》合同编调整:第一,政府依法维护经济秩序的管理活动,属于行政管理关系,不是民事关系,应由有关政府管理的法律调整,不适用合同编。第二,法人、其他组织内部管理关系,适用有关公司、企业的法律,也不适用合同编。第三,部分与交易、财产关系不大的身份关系不应当受到合同编的调整。

依据《民法典》第 464 条的规定,合同是民事主体之间设立、变更、终止民事法律关系的协议。婚姻、收养、监护等有关身份关系的协议,适用有关该身份关系的法律规定;没有规定的,可以根据其性质参照适用本编规定。

四、合同编的特征

《民法典》合同编具有以下特征：

（1）任意性。合同编主要通过任意性规范而不是强行性规范来调整交易关系。合同编的绝大多数规范都允许当事人通过协商加以改变。

（2）权威性。合同编既是裁判规则，也是行为规则。《民法典》合同编的法律规范既是裁判者的裁判规范，又可以指导合同主体的行为，属于行为规范。

（3）国际性。在现代市场经济条件下，越来越需要交易规则在世界范围内的统一。为了适应经济全球化的发展，具体规则正相互融合、相互接近，甚至走向统一。

五、合同编的基本原则

（1）合同自由原则。当事人的合意具有法律效力，当事人享有订立合同和确定合同内容等方面的自由。

（2）诚实信用原则。当事人在从事民事活动时，应诚实守信，以善意的方式履行其义务，不得滥用权利及规避法律或合同规定的义务。

（3）合法原则。贯彻合法原则能将各项交易活动纳入法治的轨道，保障社会经济活动的正常秩序。

第二节　合同的订立与内容

一、合同订立的概念

合同的订立是缔约人为意思表示并达成合意的状态。合同的订立是缔约各方自接触、洽商直至达成合意的过程，是动态行为与静态协议的统一体。动态行为包括缔约各方的接触和洽商，由要约邀请、要约、反要约诸制度规范和约束，产生先合同义务及缔约过失责任。静态协议是达成合意，合同条款（至少是合同的主要条款）已经确定，各方享有的权利义务得以固定，其中，承诺、合同成立要件和合同条款等制度发挥作用。

二、合同订立的一般程序

（一）要约与要约邀请

在商业活动及对外贸易中，要约常被称作发价、发盘、出盘、报价等。

要约是要约人（发出要约之人）向相对人（受要约人）所作出的含有合同条件的意思表示，旨在得到受约人的承诺而成立合同，只有当要约人是特定的人，受要约人才能对之承诺。要约必须经过相对人的承诺才能成立合同，要约必须以缔结合同为目的。

要约邀请又称要约引诱，指一方当事人邀请对方当事人向自己发出要约，其目的不是订立合同，而是邀请对方当事人向其发出要约的意思表示。普通商业广告、商品价目表、招标公告、拍卖公告、招股说明书等均为要约邀请。

依据《民法典》第 473 条第 1 款的规定，要约邀请是希望他人向自己发出要约的意思表示。拍卖公告、招标公告、招股说明书、债券募集办法、基金招募说明书、商业广告和宣传、寄送的价目表等为要约邀请。但商业广告在内容清楚、确定，足以使相对人知其对待义务时，可构成要约。投标、拍卖、自动售货机等一般为要约。

要约与要约邀请关系图如图 11-2 所示。

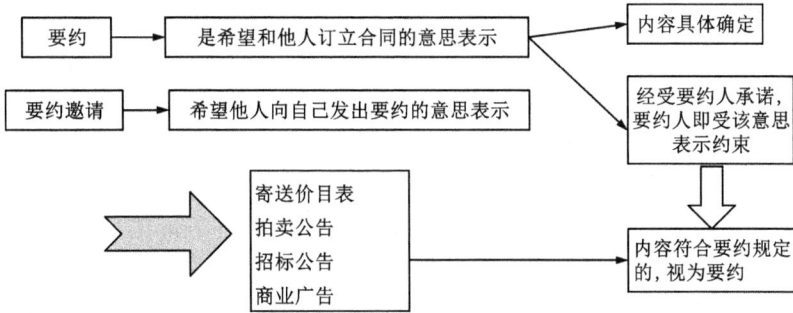

图 11-2　要约与要约邀请

《最高人民法院关于审理商品房买卖合同纠纷案件适用法律若干问题的解释》第 3 条规定，房地产开发企业所作的商品房销售广告和宣传材料，就商品房开发规划范围内的房屋及相关设施所作的说明和允诺具体确定，并对商品房买卖合同的订立以及房屋价格的确定有重大影响的，应当视为要约。

要约到达受要约人时生效。采用数据电文形式订立合同，收件人指定特定系统接收数据电文的，该数据电文进入该特定系统的时间，视为到达时间；未指定特定系统的，该数据电文进入收件人的任何系统的首次时间，视为到达时间。

依据《民法典》第 137 条的规定，以对话方式作出的意思表示，相对人知道其内容时生效。以非对话方式作出的意思表示，到达相对人时生效。以非对话方式作出的采用数据电文形式的意思表示，相对人指定特定系统接收数据电文的，该数据电文进入该特定系统时生效；未指定特定系统的，相对人知道或者应当知道该数据电文进入其系统时生效。当事人对采用数据电文形式的意思表示的生效时间另有约定的，按照其约定。要约一经生效，要约人即受到要约的拘束，不得撤回、随意撤销或者对要约加以限制、变更和扩张。要约人在要约中定有存续期间的，受要约人须在此期间内承诺，才对要约人有拘束力。要约撤回的通知先于或者同时与要约到达受要约人可产生撤回的效力。要约可以撤销，但撤销要约的通知应当于受要约人发出承诺通知前到达受要约人。

依据《民法典》第 475 条的规定，要约可以撤回。要约的撤回适用《民法典》第 141 条的规定。

依据《民法典》第 476 条的规定，要约可以撤销，但是有下列情形之一的除外：要约人以确定承诺期限或者其他形式明示要约不可撤销；受要约人有理由认为要约是不可撤销的，并已经为履行合同作了合理的准备工作。

(二) 承诺与反(新)要约

在商业交易中，承诺又称为接盘，是受要约人作出的同意要约以成立合同的意思表示。受要约人为特定人时，承诺由该特定人作出；受要约人为不特定人时，承诺由该不特定人中的任何人作出。受要约人的代理人可代为承诺。要取得成立合同的法律效果，承诺就必须在内容上与要约的内容一致，如果受要约人在承诺中对要约的内容加以扩张、限制或者变更，便不构成承诺，应视为对要约拒绝而构成反要约。

承诺对要约的内容作出非实质性变更的，除要约人及时表示反对或者要约表明承诺不得对要约的内容作出任何变更的以外，该承诺有效，合同的内容以承诺的内容为准(《民法典》第489条)。要约在其存续期间内才有效力，一旦受约人承诺便可成立合同，因此承诺必须在此期间内作出。凡在要约的存续期间届满后再承诺的，不发生承诺的效力，应视为新要约。但是，要约人及时通知受要约人该承诺有效的除外。承诺通知到达要约人时生效。承诺不需要通知的，根据交易习惯或者要约的要求作出承诺的行为时生效。采用数据电文形式订立合同的，承诺到达的时间的确定，如同要约到达时间的确定。如因传达故障致使承诺迟到的，为特殊的迟到，依诚实信用原则，要约人应有通知义务，即及时地向承诺人发出承诺迟到的通知。怠于为此通知的，承诺视为未迟到，合同成立。承诺的撤回是承诺人阻止承诺发生法律效力的行为。撤回的通知必须先于或者同时与承诺到达要约人，才发生阻止承诺生效的效力。

三、几种特殊的合同订立方式

(一) 广告

普通广告在性质上为要约邀请，对方当事人即使回应也属于要约，在这一阶段，尚无合同的订立。但商品广告的内容符合要约规定的视为要约(《民法典》第473条)，对方的同意为承诺，合同成立。

悬赏广告指以广告的方式公开表示对于完成一定行为之人，给予报酬的意思表示。对于悬赏广告的性质，一种观点为单方民事法律行为说，另一种观点为合同说。按照合同说属于要约；完成悬赏广告指定行为则属于承诺，合同成立。

(二) 招标投标

招标投标程序是由招标人向数人或者公众发出招标通知或者公告，在诸多投标人中选择自己最满意者并与之订立合同的方式。

按照《招标投标法》的规定，在我国境内进行下列工程建设项目，包括项目的勘察、设计、施工、监理以及与工程建设有关的重要设备、材料等的采购，必须进行招标：①大型基础设施、公益事业等关系社会公共利益、公众安全的项目；②全部或者部分使用国有资金或者国家融资的项目；③使用国际组织或者外国政府贷款、援助资金的项目。招标投标的流程包括招标、投标、开标、评标、定标阶段。

(三) 拍卖

拍卖指以公开竞价的形式,将特定物品或者财产权利转让给最高应价者的买卖方式。

拍卖标的是委托人所有或依法可以处分的物品或财产权利。依照法律或按照国务院规定需经审批才能转让的物品或财产权利,在拍卖前,应当依法办理审批手续。委托拍卖文物的,在拍卖前,应当经拍卖人住所地的文物行政管理部门依法鉴定、许可。

拍卖人是依照《拍卖法》和《公司法》设立的从事拍卖活动的企业法人。委托人是委托拍卖人拍卖物品或者财产权利的公民、法人或者其他组织。买受人是以最高应价购得拍卖标的的竞买人。

(四) 强制缔约

强制缔约指个人或者企业负有应对方的请求与其订立合同的义务,即指对对方的要约非有正当理由不得拒绝承诺。强制缔约仍采用要约和承诺的程序,只是一方当事人负有必须承诺的义务。如国家根据抢险救灾、疫情防控或者其他需要下达国家订货任务、指令性任务的,有关民事主体应当依照有关法律、行政法规规定的权利和义务订立合同。(《民法典》第494条)。邮政、电信、电力、煤气、天然气、自来水、铁路、公路等公用事业单位负有缔约义务,非有正当理由不得拒绝用户缔约的请求(《民法典》第810条)。

医院及医生非有正当理由不得拒绝诊疗、检验或者调剂处方。出租车司机负有缔约义务,非有正当理由,不得拒载。缔约义务人在无正当理由的情况下拒绝缔约,致对方以损害的,应负损害赔偿责任。

(五) 附合缔约

附合缔约指合同条款由当事人一方预先拟定,对方只有附合该条款方能成立合同的缔约方式。在附合缔约的情况下,一方所提供的合同条款是格式合同条款,简称格式合同。图11-3为工程设计格式合同示例。

格式合同具有广泛的适用性,其优点是节省时间,有利于事先分配风险,降低交易成本。其弊端在于提供格式条款的一方往往利用其优越的经济地位,制定有利于自己而不利于对方的条款。依据《民法典》第496条的规定,格式条款是当事人为了重复使用而预先拟定,并在订立合同时未与对方协商的条款。采用格式条款订立合同的,提供格式条款的一方应当遵循公平原则确定当事人之间的权利和义务,并采取合理的方式提示对方注意免除或者减轻其责任等与对方有重大利害关系的条款,按照对方的要求,对该条款予以说明。提供格式条款的一方未履行提示或者说明义务,致使对方没有注意或者理解与其有重大利害关系的条款的,对方可以主张该条款不成为合同的内容。

依据《民法典》第497条的规定,有下列情形之一的,该格式条款无效:造成对方人身损害的;因故意或者重大过失造成对方财产损失的;提供格式条款一方不合理地免除或者减轻其责任、加重对方责任、限制对方主要权利;提供格式条款一方排除对方主要权利。另外,根据我国《民法典》第498条的规定,对格式条款的解释应当采取按照通常理解并作出对条款制作人不利解释的原则。

第一部分 合同协议书

发包人（全称）：_____

承包人（全称）：_____

根据《中华人民共和国合同法》、《中华人民共和国建筑法》及有关法律规定，遵循平等、自愿、公平和诚实信用的原则，双方就_____工程设计及有关事项协商一致，共同达成如下协议：

一、工程概况

1. 工程名称：□□□□□□□□□□□□　□□□□。

2. 工程地点：□□□□□□□□□□□□　□□□□。

3. 规划占地面积：_____平方米，总建筑面积：_____平方米（其中地上约____平方米，地下约____平方米）；地上____层，地下____层；建筑高度____米。【备注：房屋建筑工程】

4. 工程内容及规模：_____。【备注：市政工程】

5. 建筑功能：_____、_____、_____等。【备注：房屋建筑工程】

6. 工程主要技术标准：_____。【备注：市政工程】

7. 投资估算：约_____元人民币。

8. 工程批准、核准或备案文号：_____。【备注：市政工程】

9. 工程进度安排：_____。【备注：市政工程】

二、工程设计范围、阶段与服务内容

1. 工程设计范围：□□□□□□□□□□□□□□□　□。

2. 工程设计服务阶段：_____。

3. 工程设计服务内容：_____。

工程设计范围、阶段与服务内容详见专用合同条款附件1。

三、工程设计周期

1. 计划开始设计日期：□□□□□年□□月□□日。

2. 计划完成设计日期：□□□□□年□□月□□日。

3. 实际日期按照发包人在《开始设计通知》中载明的开始设计日期为准。

图 11-3　工程设计格式合同示例

四、合同的内容

合同作为民事法律行为来说，其内容就是合同条款；作为债的关系来看待，则其内容为合同的权利义务。

为了示范较完备的合同条款，《民法典》第470条规定了如下条款，提示缔约人：当事人的姓名或者名称和住所；标的；数量；质量；价款或者报酬；履行期限、地点和方式；违约责任；解决争议的方法。

合同的主要条款，有时是法律直接规定的，例如合同编要求借款合同应有币种的条款，即为合同的主要条款；也可以由合同的类型和性质决定，例如，价款条款是买卖合同的主要条款，却不是赠与合同的主要条款；还可以由当事人约定产生，例如，买卖合同中关于交货地点的条款，如一方提出必须就该条款达成协议，则该条款就是主要条款。

免责条款是当事人双方在合同中事先约定的，旨在限制或免除其未来责任的条款。免责条款可分为两类：①限制责任条款，即将当事人的法律责任限制在某种范围内的条款，如在合同中规定，卖方的赔偿责任不超过货款总额。②免除责任条款，如商店柜台标明"货物出门，恕不退换"。

免责条款的设定为当事人事先预见风险和锁定风险提供了极大的方便。但从维护社会秩序、公共道德和利益的需要出发，必须作出必要的限制：①免责条款不得违反法律、行政法规的强制性规定(《民法典》第一编第六章第三节)；②免责条款不得免除造成对方人身伤害的责任；③免责条款不得免除因故意或重大过失造成对方的财产损失的责任(《民法典》第 506 条)。

格式条款是当事人为了重复使用而预先拟定，并在订立合同时未与对方协商的条款。采用格式条款订立合同的，提供格式条款的一方应当遵循公平原则确定当事人之间的权利和义务，并采取合理的方式提示对方注意免除或者减轻其责任等与对方有重大利害关系的条款，按照对方的要求对该条款予以说明。提供格式条款的一方未履行提示或者说明义务，致使对方没有注意或理解与其有重大利害关系的条款的，对方可以主张该条款不成为合同的内容。

第三节　合同的生效与履行

一、合同的成立

依据《民法典》第 483 条的规定，法律另有规定或者当事人另有约定的除外，承诺生效即为合同成立。

依据《民法典》第 490 条的规定，当事人采用合同书形式订立的合同自双方当事人签字或者盖章时合同成立。在签名、盖章或者按指印之前，当事人一方已经履行主要义务，对方接受时，该合同成立。法律、行政法规规定或者当事人约定合同应当采用书面形式订立，当事人未采用书面形式但是一方已经履行主要义务，对方接受时，该合同成立。

依据《民法典》第 491 条的规定，当事人采用信件、数据电文等形式订立合同，要求签订确认书的，签订确认书时合同成立。当事人一方通过互联网等信息网络发布的商品或者服务信息符合要约条件的，对方选择该商品或者服务并提交订单成功时合同成立，但是当事人另有约定的除外。

人民法院能够确定当事人名称或者姓名、标的和数量的应当认定合同成立。采取招标方式订立合同，当事人请求确认合同自中标通知书到达中标人时成立的，人民法院应予支持。采取现场拍卖、网络拍卖等公开竞价方式订立合同，当事人请求确认合同自拍卖师落槌、电子交易系统确认成交时成立的，人民法院应予支持。

承诺生效的地点为合同成立的地点。采用数据电文形式订立合同的，收件人的主营业地为合同成立的地点；没有主营业地的，其经常居住地为合同成立的地点。当事人另有约定的，按照其约定。

当事人采用合同书形式订立合同没有约定合同签订地的，双方当事人签字或者盖章的地点为合同成立的地点。双方签字或者盖章不在同一地点的，以最后签字或者盖章的地点为合同成立的地点。

二、合同的生效要件

（一）行为人具有相应的民事行为能力

依据合同编的规定，当事人订立合同，应当具有相应的民事权利能力和民事行为能力。当事人超越经营范围订立合同，人民法院不因此认定合同无效。

（二）意思表示真实

表意人的表示行为应当真实地反映其内心的意思。

（三）不违反法律和社会公共利益

当事人不得违反法律强行性规定，不得通过其协议加以改变。

（四）合同必须具备法律所要求的形式

依据合同编的规定，依法成立的合同自成立时生效。法律、行政法规规定应当办理批准、登记等手续生效的，依照其规定。

三、无效合同

无效合同指合同虽然已经成立，但因其违反了法律、行政法规的强制性规定或损害社会公共利益而无法律效力的合同。

无效合同应当是自始无效、当然无效、绝对无效的。

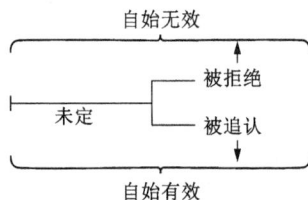

图 11-4　无效合同的效力认定

根据《民法典》第一编第六章第三节的规定，有关合同无效的条款主要有如下几条。第 144 条："无民事行为能力人实施的民事法律行为无效。"第 145 条："限制民事行为能力人实施的纯获利益的民事法律行为或者与其年龄、智力、精神健康状况相适应的民事法律行为有效；实施的其他民事法律行为经法定代理人同意或者追认后有效。"第 146 条："行为人与相对人以虚假的意思表示实施的民事法律行为无效，以虚假的意思表示隐藏的民事法律行为的效力，依照有关法律规定处理。"第 147 条："基于重大误解实施的民事法律行为，行为人有权请求人民法院或者仲裁机构予以撤销。"第 148 条："一方以欺诈手段，使对方在违背真实意思的情况下实施的民事法律行为，受欺诈方有权请求人民法院或者仲裁机构予以撤销。"第 149 条："第三人实施欺诈行为，使一方在违背真实意思的情况下实施的民事法律行为，对方知道或者应当知道该欺诈行为的，受欺诈方有权请求人民法院或者仲裁机构予以撤销。"第 150 条："一方或者第三人以胁迫手段，使对方在违背真实意思的情况下实施的民事法律行为，受胁迫方有权请求人民法院或者仲裁机构予以撤销。"第 151 条："一方利用对方处于危困状态、缺乏判断能力等情形,致使民事法律行为成立时显失公平的,受损害方有权请求人民法院或者仲裁机构予以撤销。"第 153 条："违反法律、行政法规的强制性规定的民事法律行为无效。但是,该强制性规定不导致该民事法律行为无效的除外。违背公序良俗的民事法律行为无效。"第 154 条："行为人与相对人恶意串通,损害他人合法权益的民事法律行为无效。"

无民事行为能力人主要包括不满八周岁的未成年人和不能辨认自己行为的成年人。由于无民事行为能力人缺乏辨认能力和独立进行民事活动的能力,其实施的民事法律行为自始不产生法律效力。无效的民事法律行为可能导致财产返还或损害赔偿等法律后果。这一规定旨在保护无民事行为能力人的合法权益,维护交易安全。

虚假意思表示是指行为人与相对人在实施民事法律行为时,双方明知其表示的意思不是真实的,而是为了掩盖某种目的故意作出的虚假表示。须具备以下条件:①双方合意:虚假意思表示必须是双方当事人共同故意为之,单方的虚假表示不足以构成虚假意思表示。②明知虚假:双方当事人均明知所表示的意思并非真实的意思。③目的性:虚假意思表示通常是为了掩盖某种非法目的或规避法律义务。根据《民法典》第 146 条第 1 款的规定,行为人与相对人以虚假的意思表示实施的民事法律行为无效。这意味着该行为自始没有法律效力,不受法律保护。

恶意串通是指双方当事人非法串通在一起,共同订立某种合同,造成他人合法权益损害。首先,当事人在主观上具有共同的意思联络、沟通,都希望通过实施某种行为而损害他人合法权益;其次,当事人在客观上互相配合或者共同实施了该非法行为。该行为必须实际损害了第三人的合法权益。这里的"合法权益"包括但不限于财产权、人身权、知识产权等受法律保护的各种权利。

公序良俗可以分为公共秩序和善良风俗。公共秩序指的是国家和社会的存在及其发展所必需的一般秩序,包括国家利益、社会经济秩序和社会公共利益等。善良风俗指的是国家社会的存在及其发展所必需的一般道德,包括社会公德、家庭伦理和个人的人格尊严等。公序良俗原则的核心在于保护社会公共利益和道德秩序,防止个人行为损害国家、社会或他人的合法权益。虽然民法强调意思自治,但当个人意愿违反公共秩序或善良风俗时,法律必须对其进行限制,以维护社会的整体利益。

依据《民法典》第 153 条的规定,"违反法律、行政法规的强制性规定"的合同无效,这种合同属于最典型的无效合同。判断合同是否有效应当以法律和行政法规的强制性规定为依据。"但是该强制性规定不导致该民事法律行为无效的除外"。因此,正确理解、识别和适用合同法的"违反法律、行政法规的强制性规定",关系到民商事合同的效力以及市场的安全和稳定。法律、行政法规中的强制性规范分为两种:一是效力性强制性规定,二是管理性强制性规定。违反效力性强制规定的,人民法院应当认定合同无效;违反管理性强制规定的,人民法院应当根据具体情形认定其效力。

四、合同的履行

合同的履行指债务人依据法律和合同的约定全面、正确地作出给付的行为。

依据《民法典》第 509 条的规定,当事人应当按照约定全面履行自己的义务。当事人应当遵循诚信原则,根据合同的性质、目的和交易习惯履行通知、协助、保密等义务。当事人在履行合同过程中，应当避免浪费资源、污染环境和破坏生态。

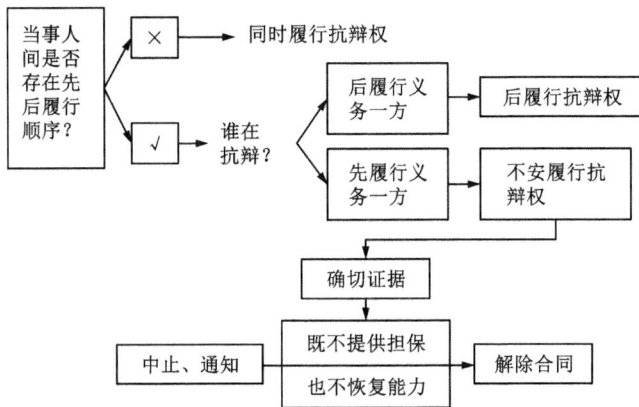

图11-5　合同的履行和抗辩

合同履行的原则是合同法基本原则在合同履行中的具体体现。

（一）全面履行原则

全面履行原则包含以下要求：（1）合同必须严守；（2）要根据合同约定履行义务；（3）双务合同应同时履行；（4）应协作履行合同；（5）无正当理由不得变更或解除合同。

（二）诚信履行原则

当事人应当遵循诚实信用原则，根据合同的性质、目的和交易习惯履行通知、协助、保密等义务。同时，为了确保双方在双务合同中的权益平衡，《民法典》还规定了相应的履行抗辩权。

1.同时履行抗辩权

《民法典》第525条规定了同时履行抗辩权："当事人互负债务，没有先后履行顺序的，应当同时履行。一方在对方履行之前有权拒绝其履行要求。一方在对方履行债务不符合约定时，有权拒绝其相应的履行要求。"同时履行抗辩权的根据在于双务合同功能上的牵连性，如买卖、互易、租赁、承揽、有偿委托、保险、雇佣、劳动等合同。只有当双方债务同时届期时才能行使同时履行抗辩权，目的是使双方当事人所负的债务同时履行。一方向对方请求履行债务时须自己已为履行或提出履行，否则对方可拒绝履行其债务。

2.先履行抗辩权

当事人互负债务，有先后履行顺序的，先履行一方未履行之前，后履行一方有权拒绝其履行请求，先履行一方履行债务不符合债的本旨的，后履行一方有权拒绝其相应的履行请求（《民法典》第526条）。构成先履行抗辩权须符合以下要件：须双方当事人互负债务；两个债务须有先后履行顺序；先履行一方未履行或其履行不符合债的本旨。先履行抗辩权的成立并行使产生后履行一方可一时中止履行自己债务的效力，对抗先履行一方的履行请求，以保护自己的期限利益、顺序利益。在先行一方采取了补救措施、变违约为适当履行的情况下，先履行抗辩权消失，后履行一方须履行其债务。

3.不安抗辩权

先履行抗辩权的特殊情况是指在双务合同中，应当先履行债务的当事人，有确切证据证明对方有丧失或者可能丧失履行债务能力的情形，可以中止履行。如果对方提供担保或者恢复履行能力，应当恢复履行；如果对方在合理期限内未恢复履行能力并且未提供适当担保，中止履行的一方可以解除合同。《民法典》第527条："应当先履行债务的当事人，有确切证据证明对方有下列情形之一的，可以中止履行：（一）经营状况严重恶化；（二）转移财产、抽逃资金，以逃避债务；（三）丧失商业信誉；（四）有丧失或者可能丧失履行债务能力的其他情形。当事人没有确切证据中止履行的，应当承担违约责任。"先履行义务人在后履行义务人有履行能力的情况下不能行使不安抗辩权。只有在有不能为对待给付的现实危险且害及先履行义务人的债权实现时才能行使。《民法典》第528条规定了不安抗辩权人的通知义务，即当事人依照《民法典》第527条的规定中止履行的，应当及时通知对方。

小　结

当事人订立合同，采取要约、承诺方式。要约到达受要约人时生效。承诺是受要约人同意要约的意思表示。承诺生效时，合同成立。依法成立的合同，自成立时生效。当事人应当按照约定全面履行自己的义务。

知识点

要约、要约邀请、承诺、反要约、免责条款、格式条款、欺诈、胁迫、恶意串通、履行抗辩、不安抗辩

复习思考

一、简答

1.简述合同的概念、特征和类型。

2.归纳并总结几种特殊的合同订立方式。

3.合同的生效要件有哪些？

二、案例分析

甲为一名舞蹈演员，乙为大型商场，乙计划筹备一次促销活动，打算请甲来商业演出，于是找到甲的经纪人签订了一份演出合同，并在合同中约定在正式演出前一周预先支付给甲演出劳务费1万元。签约之后，甲在一次交通事故中受伤住院，为此，乙找到甲的主治医生了解到甲的身体有康复的可能，但也不排除伤情会恶化，以至于不能参加原定的演出。因此，乙正式通知甲暂不支付演出合同中约定的1万元劳务费。甲的经纪人认为对方违约将其告到法院要求乙赔偿损失。问：本案中的乙是否违约，为什么？

三、辨识判断

1. 甲："我们公司急需 300 吨水泥，你们要是有货，我司愿意派车来拖运。"

乙："好的，现价每吨 2000 元，我们给你送过去。"乙说完马上挂了电话亲自把水泥送到了甲公司。乙："货已送到了，签字付款吧！"甲："啊？我们已经买了其他厂的水泥了。"乙："你们怎么说话不算数，这是违约！"甲："……"下列选项哪个是正确的？

A. 甲违约

B. 甲没有违约

2. 甲不慎将手提包落在公园里。包内有 30 万元现金、银行卡等，于是甲刊登了一则寻物启事，悬赏 2 万元。后来乙捡到了手提包，并找到甲将手提包还给了甲。当乙要求甲支付 2 万元悬赏酬金时，甲表示乙拾到东西后应该物归原主，这是法定义务，而悬赏酬金是说着玩的，不会真给乙钱。乙则表示要去法院告甲！下列选项中哪个是正确的？

A. 乙有权要求甲支付酬金

B. 乙无权要求甲支付酬金

3. 甲赶飞机，因在郊区，出租车少，此时来了一辆出租车，于是赶紧拦车问司机："师傅，去机场吗？能不能帮帮忙，我赶飞机！"出租车司机一合计：机场在起步路程内，路况又不好，不合算，随便找个借口不去了。于是说："对不起，我正交接班呢，不顺路，您找其他车辆吧。"甲又连续拦了几辆出租车，同样遭到拒载，最终延误了登机！

下列选项中哪个是正确的？

A. 甲可以向出租车公司投诉并索赔

B. 甲可以向运管部门投诉并索赔

四、课后作业

1. 依据《民法典》的规定，当事人应当遵循诚实信用原则，根据合同的性质、目的和交易习惯履行通知、协助、保密等义务。谈谈你对此规定的理解。

2. 归纳并总结各种无效合同的特点。

第十二章 合同的变更与终止

> 【导语】当事人协商一致，可以变更合同。
>
> 【重点】合同的变更与转让、合同的解除与终止

第一节 合同的变更与转让

一、合同变更的概念与要件

合同变更是指合同的内容和主体发生变化。主体的变更是指以新的主体取代原合同关系的主体，即新的债权人、债务人代替原来的债权人、债务人。合同内容的变更指在合同成立以后，尚未履行或尚未完全履行以前，当事人就合同的内容达成修改或补充的协议。

依据《民法典》第543条的规定，当事人协商一致，可以变更合同。合同变更必须具备一定条件：①原已存在合同关系。②合同的变更原则上必须经过当事人协商一致。③合同的变更必须遵循法定的程序。④合同变更必须使合同内容发生变化。

二、合同转让

合同权利的转让是指合同债权人通过协议将其债权全部或部分地转让给第三人的行为。

(1)合同权利转让的主体是债权人和第三人，债务人不是也不可能是合同权利转让的当事人。

(2)合同权利转让的对象是合同债权。

(3)权利的转让既可以是全部转让，也可以是部分转让。

合同权利转让的条件：须有有效的合同权利存在；转让双方须达成合同；转让的合同权利须具有可让与性；须通知债务人。

合同权利转让的生效取决于两个条件：一是合同权利转让合同的成立；二是债权人将权利转让的事实通知债务人以后，债务人未表示异议。

合同义务的移转又称债务承担，是指基于债权人、债务人与第三人之间达成的协议，将债务移转给第三人承担。合同义务的移转包括两种情况：一是债务人将合同义务全部转移给第三人，由该第三人取代债务人的地位成为新的债务人。这种移转称为免责的债务承担。二是债务人将合同义务部分转移给第三人，由债务人和第三人共同承担债务，原债务人并不退出合同关系。这种移转称为并存的债务承担。

依据我国《民法典》第555条的规定，当事人一方经对方同意，可以将自己在合同中的权利和义务一并转让给第三人。这就是对合同权利和义务的概括移转的规定。这种移转不是单纯地移转债权或债务，而是概括地移转债权债务。由于移转的是全部债权债务，如与原债务人利益不可分离的解除权和撤销权，也将因概括的权利和义务的移转而移转给第三人。

合同权利的转让如图12-1所示。

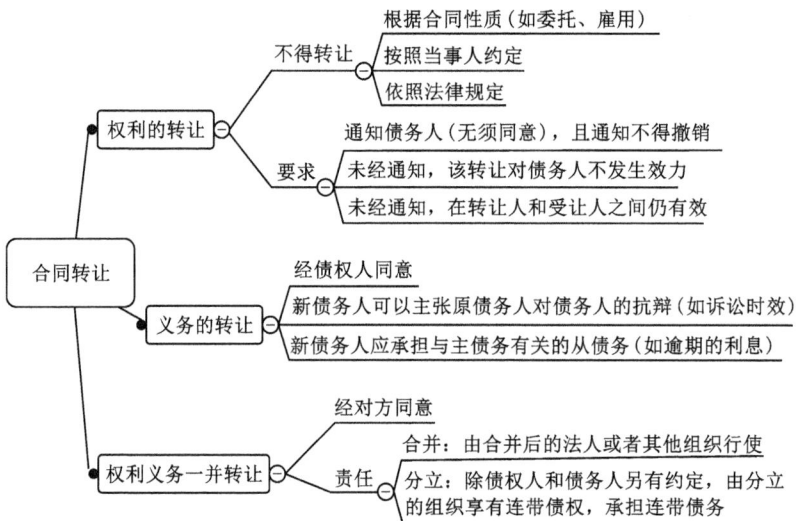

图12-1　合同权利的转让

第二节　合同的解除与终止

一、合同解除的概念

合同的解除是指在合同有效成立以后，当解除的条件具备时，因当事人一方或双方的意思表示，使合同关系自始或者仅向将来消灭的行为。合同解除有单方解除与协议解除之分。前者指解除权人行使解除权将合同解除的行为，不必经对方当事人同意；后者是当事人双方协商一致将合同解除的行为。

依据《民法典》第565条的规定，当事人一方依法主张解除合同的，应当通知对方。合同自通知到达对方时解除；通知载明债务人在一定期限内不履行债务则合同自动解除，债务人在该期限内未履行债务的，合同自通知载明的期限届满时解除。对方对解除合同有异议的，任何一方当事人均可以请求人民法院或者仲裁机构确认解除行为的效力。当事人一方未通知对方，直接以提起诉讼或者申请仲裁的方式依法主张解除合同，人民法院或者仲裁机构确认该主张的，合同自起诉状副本或者仲裁申请书副本送达对方时解除。

约定解除是当事人以合同形式约定为一方或者双方保留解除权的解除。合同解除条件由法律直接加以规定的为法定解除。

二、合同解除的条件

(1)因不可抗力致使合同不能达到目的。不可抗力造成合同不能达到目的，当事人可将合同解除。

(2)拒绝履行主要债务。在履行期限届满前，当事人一方明确表示或者以自己的行为表明不履行主要债务。

(3)迟延履行主要债务。债权人向债务人发出履行催告书，并规定一个宽限期。债务人在该宽限期届满时仍未履行主要债务的，债权人有权解除合同。

(4)迟延履行致使不能实现合同目的。当事人一方迟延履行债务或者有其他违约行为，致使不能实现合同目的；债务人未在履行期限内履行就达不到合同目的的，或者其他违约行为致使不能实现合同目的的，债权人可以不经催告而径直解除合同。

(5)不完全履行。债务人虽然以适当履行的意思表示进行了履行，但其履行不符合法律的规定或者合同的约定。

(6)不定期合同的解除。以持续履行的债务为内容的不定期合同，当事人可以随时解除合同，但是应当在合理期限之前通知对方。

三、合同解除的后果

合同解除的法律后果依合同解除有无溯及力而不同。合同解除有溯及力指解除使合同关系溯及既往地消灭，合同如同自始未成立。

合同解除无溯及力指合同解除仅仅使合同关系向将来消灭，解除之前的合同关系仍然有效。

合同解除有无溯及力应视具体情况而定。合同解除不影响合同中结算和清理条款的效力，不影响当事人请求损害赔偿的权利。

四、合同终止的概念与效力

合同终止，也称为合同的消灭。既包括合同关系向未来的消灭，也包括合同关系溯及既往的消灭。

(1)合同权利义务关系归于消灭。合同终止的事由发生以后，无论是主义务还是从义务，自合同终止的事由发生之时起消灭。

(2)合同终止不影响非违约方对违约方所享有的损害赔偿请求权。

(3)债权人应当返还负债字据。负债字据是合同权利义务的证明，合同权利义务关系终止后，债权人应将负债字据返还给债务人。

(4)合同当事人之间发生后合同义务。后合同义务是指合同关系消灭以后，当事人依诚实信用原则和交易习惯应负有某种作为或不作为的义务。

五、清偿

清偿指当事人按照合同的约定正确地、适当地履行了其合同义务，并使当事人订约目的得以实现。清偿的主体包括清偿人和清偿受领人。

清偿人是清偿债务的人，不仅包括债务人，还包括被授予清偿权限的人和第三人。清偿受领人，即接受清偿的人。凡是持有债权人签名的收据或者持有有效的债权凭证的，应当视为有受领权人。

清偿的标的，即履行的标的，给付的内容。清偿人应当依照全面履行和诚实信用原则全面、准确、适当地履行债务，否则即构成违约行为，应承担违约责任。

构成清偿应当具备以下条件：①清偿必须是双方当事人依据合同的规定作出了履行。②清偿必须是当事人正确地、适当地履行合同义务。③清偿必须使当事人订立合同的目的得以实现。

六、抵销

抵销是指二人互负相同种类债务，各使双方债务在对等额内相互消灭的法律制度。在抵销中，提出抵销的一方所享有的债权，称为主动债权，被抵销的债权，称为被动债权。

抵销依其产生的依据不同，可分为法定抵销和约定抵销。法定抵销是指在符合法律规定的条件下，经过一方作出抵销的意思表示而使双方的债权债务发生消灭的一种抵销方式。约定抵销是指当事人双方通过订立抵销合同而使双方互负的债务发生抵销。

七、提存

提存指由于债权人的原因，债务人无法向债权人清偿其到期债务，债务人将合同标的物交付给特定的提存部门，从而完成债务清偿，使合同消灭的制度。

提存条件：①债权人无正当理由拒绝受领。②债权人下落不明。③债权人死亡时未确定继承人或者其丧失民事行为能力而未确定监护人。④法律规定的其他情形。

如《民法典》第529条规定："债权人分立、合并或者变更住所没有通知债务人，致使履行债务发生困难的，债务人可以中止履行或者将标的物提存。"提存标的物指债务人依合同规定应当交付，并且也适于提存机关保管的标的物。

提存标的物以适于提存者为限。关于提存标的范围，《提存公证规则》规定，"下列标的物可以提存：（一）货币；（二）有价证券、票据、提单、权利证书；（三）贵重物品；（四）担保物（金）或者替代物；（五）其他适宜提存的标的物"。

八、免除

免除是指债权人基于其单方行为，免除债务人的全部或部分的债务，从而导致合同权利义务关系全部或部分消灭。在免除债务的情况下，债权人应当作出意思表示，并在通知送达债务人时发生债的消灭。依据《民法典》第575条的规定，债权人免除债务人部分或者全部债务的，债权债务部分或者全部终止，但是债务人在合理期限内拒绝的除外。

债务免除作为一种单方的法律行为，应当符合法律行为的构成要件：

（1）债务免除人应当享有合法的债权，或对债权享有处分权。

（2）债务免除人应当具有民事行为能力。

（3）免除的对象必须是债务人的债务。

（4）免除的意思表示应当向债务人明确作出。

（5）免除不得损害第三人的利益。

债务免除的直接效果是消灭合同关系。如果是免除全部债务的，则从免除生效之日起合同关系完全消灭；如果是免除部分债务的，则在免除的范围内发生合同义务的消灭。

九、混同

混同指权利与义务的混同，即债权与债务同归于一人从而使合同关系消灭的事实。

依据《民法典》第 576 条的规定，债权和债务同归于一人的，债权债务终止，但是损害第三人利益的除外。

混同的效力表现为合同关系归于消灭，主债消灭，并且附随于主债的从债，如利息债权、违约金债权、担保物权等均归于消灭，为债务人提供担保的第三人亦被解除责任。

下列情况合同关系并不因混同消灭：第一，在涉及第三人利益的情况下，虽然债权人与债务人发生混同，合同关系并不消灭。如承租人经出租人同意而转租，虽出租人与承租人混同，但为了次承租人的利益，租赁权也不消灭。第二，在连带债务中，如果连带债务人中的一人与债权人混同，不能导致整个债权的消灭，只能导致该债务人份额内的债务消灭。

◆ 小　结

当事人协商一致，可以变更合同。当事人对合同变更的内容约定不明确的，推定为未变更。当事人一方经对方同意，可以将自己在合同中的权利和义务一并转让给第三人。合同的权利义务终止后，当事人应当遵循诚实信用原则，根据交易习惯履行通知、协助、保密等义务。当事人协商一致，可以解除合同。当事人可以约定一方解除合同的条件。解除合同的条件成就时，解除权人可以解除合同。

◆ 知识点

合同权利、合同义务、合同解除

◆ 复习思考

一、简答

1. 概括合同变更的概念与要件。

2. 概括合同解除与终止的条件与方式。

二、案例分析

甲上个月出了交通事故，今天出院后立即找到乙公司询问他们约定上月交付的面粉是否备好。乙公司经理答复说按上月交货日送面粉至约定地点，但怎么都联系不到甲，所以就将面粉提存至公证部门了。甲于是去公证部门取面粉。但是由于公证部门的仓库水管破裂，面粉已经全部受潮变质。甲再次找到乙公司提出索赔，理由是乙公司本来可以选择一家储存条件更好的仓库提存货物，但没有尽到足够的谨慎义务，因此得赔偿甲的损失。问：本案中的乙是否应该赔偿甲的损失，为什么？

三、课后作业

阐述合同转让的条件与方式。

第十三章 缔约过失与违约责任

【导语】合同当事人一方受有损失，对方当事人对此有过错时，应赔偿受害人损失的责任。

【重点】缔约过失责任、违约责任

第一节 缔约过失责任

一、缔约过失责任的概念与构成要件

缔约过失责任是指在合同订立过程中，一方因违背诚实信用原则和法律规定的义务致另一方信赖利益遭受损失，应承担损害赔偿责任。《民法典》第 500 条规定，当事人在订立合同过程中，实施了假借订立合同、恶意进行磋商等违背诚信原则的行为，造成对方损失的，应当承担赔偿责任。这就确立了缔约过失责任制度。该条不仅完善了我国债和合同制度体系，完善了交易的规则，而且有助于维护诚实信用原则。

缔约过失责任的成立需要具备以下要件：

（1）缔约过失发生在合同订立过程中。只有在合同尚未成立，或者虽然成立，但因为不符合法定的生效要件而被确认为无效或被撤销时，缔约人才承担缔约过失责任。

（2）缔约人一方违反先合同义务。先合同义务是自缔约双方为签订合同而互相接触、磋商开始逐渐产生的注意义务，包括互相协助、互相照顾、互相保护、互相通知、诚实信用等义务。

（3）对方当事人所受损失仅为财产损失，不包括精神损害。该损失为信赖利益的损失，而非履行利益的损失。

（4）违反先合同义务与该损失之间有因果关系，即对方当事人的损失是由违反先合同义务引起的。

（5）违反先合同义务者有过错，这里的过错是导致合同无效、被撤销、不被追认、不成立等方面的过错。

二、缔约过失责任的类型及赔偿范围

（1）恶意缔约，即假借订立合同，恶意进行磋商。

（2）欺诈缔约，即故意隐瞒与订立合同有关的重要事实或者提供虚假情况签订合同。

（3）违反人格和尊严等其他违背诚实信用原则的缔约行为。

（4）当事人在缔约过程中泄露或者不正当地使用对方当事人的商业秘密，给对方当事人造成损失的。

（5）擅自撤销要约时的缔约过失。

（6）缔约之际未尽通知、保密等项义务给对方造成损失的。

（7）缔约之际未尽保护义务侵害对方的人身权、物权的。

缔约过失的责任方式为赔偿损失，其赔偿范围为当事人由此产生的费用和造成的实际损失，多为信赖利益的损失。

第二节　违约责任

一、违约行为与违约形态

违约行为简称为违约，指债务人不履行合同义务的行为，即"不履行合同义务或者履行合同义务不符合约定"。

违约责任以违约行为为成立要件，没有违约行为便不会产生违约责任。违约行为的主体通常是债务人，在受领迟延场合，违约行为的主体为债权人。具体如图 13-1 所示。

违约形态主要包括：不能履行；迟延履行；不完全履行；拒绝履行；债权人迟延。

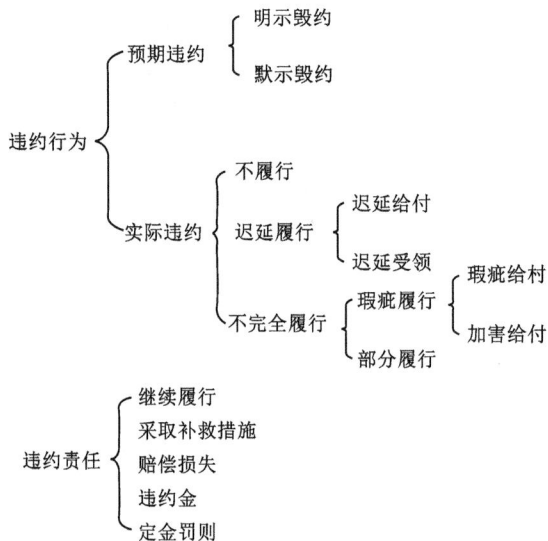

图 13-1　违约行为与违约责任

二、违约责任的概念与归责原则

违约责任是合同当事人违反合同义务依法产生的法律责任。违约责任基本上是一种财产责任。违约责任通常是补偿性的，在特定情况下，违约责任也有惩罚性。

《民法典》第 577 条规定："当事人一方不履行合同义务或者履行合同义务不符合约定的，应当承担继续履行、采取补救措施或者赔偿损失等违约责任。"这里没有出现"但当事人能够证明自己没有过错的除外"的字样，此规定被认为是采取了严格责任原则。

三、免责条件

《民法典》合同编虽然采取了无过错责任原则，但并不意味着违约方在任何情况下均须对其违约行为负责。

免责条件是指法律明文规定的当事人对其不履行合同不承担违约责任的条件。

（1）不可抗力。不可抗力是指不能预见、不能避免并不能克服的客观情况。

（2）货物本身的自然性质、货物的合理损耗。依据《民法典》第 832 条的规定，承运人能证明运输过程中货物的毁损、灭失是不可抗力、货物本身的自然性质或者合理损耗造成的，不承担损害赔偿责任。

（3）债权人的过错。因债权人的过错致使债务人不履行合同，债务人不负违约责任。比如由于托运人、收货人的过错造成运输过程中的货物毁损、灭失的，承运人不负损害赔偿责任。

四、违约责任的承担

（一）继续履行

《民法典》第 579 条第 1 款规定："当事人一方不履行非金钱债务或者履行非金钱债务不符合约定的，对方可以请求履行，但是有下列情形之一的除外：（一）法律上或者事实上不能履行；（二）债务的标的不适于强制履行或者履行费用过高；（三）债权人在合理期限内未请求履行。"

（二）采取补救措施

《民法典》第 583 条规定："当事人一方不履行合同义务或者履行合同义务不符合约定的，在履行义务或者采取补救措施后，对方还有其他损失的，应当赔偿损失。"

（三）赔偿损失

《民法典》第 584 条规定："当事人一方不履行合同义务或者履行合同义务不符合约定，造成对方损失的，损失赔偿额应当相当于因违约所造成的损失，包括合同履行后可以获得的利益；但是，不得超过违约一方订立合同时预见到或者应当预见到的因违约可能造成的损失。"

（四）定金责任

《民法典》第 586 条规定："当事人可以约定一方向对方给付定金作为债权的担保。定金合同自实际交付定金时成立。"

《民法典》第587条规定："债务人履行债务的，定金应当抵作价款或者收回。给付定金的一方不履行债务或者履行债务不符合约定，致使不能实现合同目的的，无权请求返还定金；收受定金的一方不履行债务或者履行债务不符合约定，致使不能实现合同目的的，应当双倍返还定金。"

(五)违约金责任

《民法典》第585条规定："当事人可以约定一方违约时应当根据违约情况向对方支付一定数额的违约金，也可以约定因违约产生的损失赔偿额的计算方法。约定的违约金低于造成的损失的，人民法院或者仲裁机构可以根据当事人的请求予以增加；约定的违约金过分高于造成的损失的，人民法院或者仲裁机构可以根据当事人的请求予以适当减少。当事人就迟延履行约定违约金的，违约方支付违约金后，还应当履行债务。"

(六)免除或减轻责任

《民法典》第590条规定："当事人一方因不可抗力不能履行合同的，根据不可抗力的影响，部分或者全部免除责任，但是法律另有规定的除外。……当事人迟延履行后发生不可抗力的，不免除其违约责任。"

《民法典》第591条规定："当事人一方违约后，对方应当采取适当措施防止损失的扩大；没有采取适当措施致使损失扩大的，不得就扩大的损失请求赔偿。当事人因防止损失扩大而支出的合理费用，由违约方负担。"

《民法典》第592条："当事人都违反合同的，应当各自承担相应的责任。当事人一方违约造成对方损失，对方对损失的发生有过错的，可以减少相应的损失赔偿额。"

小　结

当事人可以约定一方违约时应当根据违约情况向对方支付一定数额的违约金，也可以约定因违约产生的损失赔偿额的计算方法。

知识点

缔约过失、违约、免责

复习思考

一、简答

1.简述缔约过失责任的类型及赔偿范围。
2.简述各种违约行为与违约形态。

二、辨识判断

1. 天气转凉，甲买了条电热毯用于晚上睡觉取暖，但一天夜里电热毯突然着火，造成甲腿部小面积被烧伤！经过治疗后，甲要求百货商店赔偿经济和精神损失费，但百货商店认为退货可以，产品质量问题是生产厂家造成的，拒绝赔偿。甲只好又找到生产厂家进行索赔，但生产厂家认为电热毯是甲从百货商店买的，厂家与消费者甲之间没有买卖关系，也拒绝赔偿。那么应该由谁来承担赔偿责任呢？

A. 百货商店

B. 生产厂家

2. 甲和乙签订了一份供应萝卜的合同。但由于大雪封路，道路无法行车，萝卜无法运到乙处，甲致电乙赶快想办法，避免遭受损失。乙也没有办法，只好回复甲说如果货运不到所有损失由甲来承担！但甲认为是天气原因导致合同无法履行的，他也是受害者。甲应该承担赔偿责任吗？

A. 应该

B. 不应该

三、课后作业

评述违约责任与侵权责任的竞合与区分？

第十四章　典型合同

【导语】买卖合同为诺成、有偿、双务、不要式合同。赠与合同为转移财产权利、单务、无偿合同。借款合同以转让货币所有权为目的，标的物为货币。建设工程合同是承包人进行工程建设，发包人支付价款的合同，包括工程勘察、设计、施工合同。运输合同以运送旅客或者货物为直接目的，以运输行为为标的。运输合同为双务、有偿、具有社会公益性的诺成性合同。保证合同是为保障债权的实现，保证人和债权人约定，当债务人不履行到期债务或者发生当事人约定的情形时，保证人履行债务或者承担责任的合同。保理合同是应收账款债权人将现有的或者将有的应收账款转让给保理人，保理人提供资金融通、应收账款管理或者催收、应收账款债务人付款担保等服务的合同。合伙合同是两个以上合伙人为了共同的事业目的，订立的共享利益、共担风险的协议。物业服务合同是物业服务人在物业服务区域内，为业主提供建筑物及其附属设施的维修养护、环境卫生和相关秩序的管理维护等物业服务，业主支付物业费的合同。

【重点】转移财产的合同、提供服务的合同、技术合同

第一节　转移财产的合同

一、买卖合同

买卖合同是出卖人转移标的物的所有权于买受人，买受人支付价款的合同。依约定应交付标的物并转移标的物所有权的一方为出卖人，应支付价款的一方为买受人。

买卖合同具有以下法律特征：①买卖合同是出卖人转移财产所有权的合同；②买卖合同是买受人支付价款的合同；③买卖合同为诺成、有偿、双务、不要式合同。

(一)出卖人的义务：交付标的物；转移标的物的所有权

《民法典》第598条是关于买卖合同出卖人主给付义务的规定。在买卖合同中，出卖人

具有交付标的物和移转所有权双重的主给付义务。

交付义务与所有权移转义务互相独立，二者可能存在分离的情形：一是出卖人已经交付但所有权尚未发生移转，如所有权保留；二是买受人已经取得所有权但未取得占有，如房屋已经过户登记但未交房。交付义务系移转标的物之占有。如果标的物有从物且买卖双方没有相反约定，则出卖人也有义务移转从物的占有。

交付的形式包括现实交付和观念交付。动产的现实交付是向买受人或者其指定的人移转标的物的管领力；建筑物的现实交付是向买受人或者其指定的人交付钥匙，如果没有钥匙，则通常由双方当事人在建筑物现场以明确的言辞进行控制权的交接。观念交付包括简易交付、占有改定和指示交付。交付义务指向的对象为直接交付的买卖标的物或者交付提取标的物的单证。提取标的物的单证最常见的是仓单、提单等权利凭证，交付单证是指示交付的一种，将权利凭证交给买受人可起到替代现实交付的效果。观念交付可以导致动产所有权移转，除非有相反约定，否则应认定在完成观念交付时，出卖人已经完全履行交付义务。

移转所有权须具备物权让与合意，并满足所有权变动的公示要件。关于不动产所有权移转，《民法典》第 209 条规定不动产物权经依法登记发生设立和转让的效力，故在不动产买卖合同情形中，出卖人负有配合买受人对不动产进行过户登记的义务。关于动产所有权移转，《民法典》第 224 条规定动产物权的设立和转让自交付时发生效力，即在动产买卖情形，出卖人在交付标的物时，通常情况下即同时履行了交付标的物和移转所有权的双重义务。

(二) 买受人的义务：支付价款；受领并检验标的物

依据《民法典》第 628 条的规定，买受人应当按照约定的时间支付价款。对支付时间没有约定或者约定不明确，依据《民法典》第 510 条的规定仍不能确定的，买受人应当在收到标的物或者提取标的物单证的同时支付。

支付价款为买受人的主给付义务。若当事人约定价款支付时间，则应从其约定。如分期付款买卖中，买受人须按期支付价款。

对"约定的时间"应作广义理解，使其包括未约定具体的支付时间，仅约定付款义务与出卖人给付义务履行顺序之情形，如约定"先付款后交货"。

价款支付时间未约定或约定不明时，按照以下顺序进行处理：首先，应当依据《民法典》第 510 条的规定，即当事人可以进行协议补充；不能达成补充协议的，按照合同相关条款或交易习惯确定。其次，若仍无法确定价款支付时间，则以任意性规范补充解释，即买受人应当在收到标的物或者提取标的物单证的同时支付。

"收到标的物或者提取标的物单证"，指买受人受领（事实上的受领）标的物（单证），即此时买受人还未对标的物（单证）进行检验。"同时支付"是同时履行抗辩权的体现。然而，与价款支付义务发生牵连关系的是标的物交付义务和所有权移转义务。若标的物为不动产，"收到标的物"仅意味着出卖人履行了一项主给付义务。另有观点认为，标的物为不动产的，交付和所有权移转发生分离，因此，不动产交付应与部分价金支付构成同时履行。

二、供用电、水、气、热力合同

供用电、水、气、热力合同指供方向用方提供电、水、气、热力，用方为此支付价款的合同。这类合同主要具有以下特征：

（一）合同的标的物是特殊的商品

电、水、气、热力这类商品既是生产、生活中的必需品，又是由有关单位垄断供应的。

（二）属于格式合同

这类合同一般采用定型化的合同，合同条款是由供方单方拟定的，用方只能决定是否同意订立合同，不能决定合同的内容。因此，为保障人民生产生活的需要，法律必须予以特别规制。

（三）合同的履行具有连续性

正常情况下，供方连续地提供电、水、气、热力，用方按期支付相应价款。

（四）合同具有强制性

向社会公众供电、水、气、热力的人，不得拒绝使用人合理的订立合同要求。

三、赠与合同

依据《民法典》第657条的规定，赠与合同是赠与人将自己的财产无偿给予受赠人，受赠人表示接受赠与的合同。赠与是双方法律行为，须由赠与人和受赠人达成合意。无论是赠与人提出要约，抑或受赠人提出要约，只要达成合意即可。此为赠与和遗赠、捐助行为的区别所在。

（一）赠与合同为转移财产权利的合同

赠与的财产权利可以是物权、知识产权、债权、股票等，也可以是总体财产。

（二）赠与合同为单务、无偿合同

赠与合同的当事人中仅赠与人负担将财产权利转移给受赠人的义务，而受赠人并不负担对待给付义务。受赠人取得赠与物无须付出任何代价。现实赠与是指于合同成立之时，赠与人即将赠与物交付给受赠人的赠与。非现实赠与是指于合同成立后赠与人才按照合同的约定将标的物交付受赠人的赠与。

尽管债务免除是处分行为，且依《民法典》第575条，无须达成合意，但其原因行为也可以是赠与合同，需要债权人与债务人就"通过免除债务无偿给予债务人一项利益"达成明示或者默示的合意。欠缺此种赠与合意虽不导致债务免除无效，但可能导致债务免除的结果构成不当得利。

在无偿给予是对第三人作出的情形中（如清偿相对人的债务），若给予人有无偿给予相对人利益的主观意思，相对人有作出承诺的表示，则成立赠与，此时给予人无求偿权。

依据《民法典》第658条的规定,赠与人在赠与财产的权利转移之前可以撤销赠与。经过公证的赠与合同或者依法不得撤销的具有救灾、扶贫、助残等公益、道德义务性质的赠与合同,不适用前款规定。具体情况如图14-1所示。

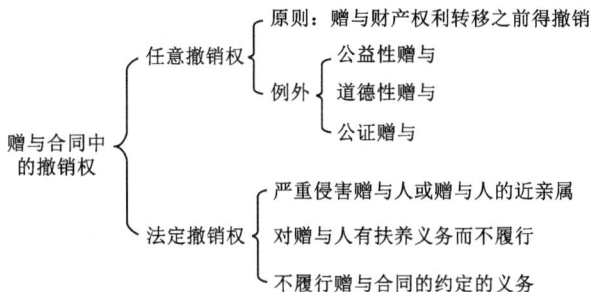

图14-1 撤销赠与

在我国民法上,通常情况下赠与人享有撤销权。尽管如此,赠与合同并非实践性合同。若将赠与合同认定为实践性合同,在未交付标的物之前,赠与合同并未成立,根本无须撤销权之介入。由此可见,赠与合同应为诺成性合同。

当财产权利已移转于受让人,若仍赋予赠与人任意撤销权,则有违诚实信用原则。在分批交付的赠与合同中,对已交付的财产部分不得行使任意撤销权,对未交付的财产部分可行使任意撤销权,二者互不影响。经过公证的赠与合同不得任意撤销,体现了要式性对赠与合同的影响。另外,公益性特征可作为排除赠与人任意撤销权的理由。

四、借款合同

依据《民法典》第667条的规定,借款合同是借款人向贷款人(出借人)借款,到期返还借款并支付利息的合同。

借款合同因贷款人(出借人)是金融机构还是非金融机构或是自然人有不同的特点:①借款合同是以转让货币所有权为目的的合同;②借款合同的标的物为货币;③借款合同原则上为有偿合同,也可以为无偿合同;④借款合同为诺成性合同,自然人之间的借款合同为实践合同;⑤借款合同为双务合同,自然人之间的借款合同原则上为单务合同;⑥借款合同为要式合同,自然人之间的借款合同为不要式合同。

(一)贴息贷款

依据《民法典》第670条的规定,借款的利息不得预先在本金中扣除。利息预先在本金中扣除的,应当按照实际借款数额返还借款并计算利息。金融借款合同中,贷款人按照借款利率计算的利息事先从提供的贷款本金中扣除,称为贴息贷款。民间借贷合同中,预先扣除利息称为扣除头息,俗称"抽头""砍头息"。实践中如果出现"借款的次日即须付息"约定的,可将其视为非典型的"利息预先扣除",对此应作否定性评价。若借款合同中有预先扣除利息的约定,根据《民法典》第153条第1款的规定,该条款无效。但由于该约定具有独立性,根据《民法典》第156条的规定,其不影响其他条款的效力。

（二）借款用途

依据《民法典》第673条的规定，借款人未按照约定的借款用途使用借款的，贷款人可以停止发放借款、提前收回借款或者解除合同。本条强调借款人应当按照约定的用途使用借款，直接目的在于降低贷款人的贷款风险，使得借款人能够按期偿还借款。间接目的在于防控信贷资金风险，维护金融秩序的稳定。借款人对借款用途的改变不能一概认定为"未按约定用途使用借款"，若借款用途的改变显著增加了借款风险，则可认定为借款人未按约定用途使用借款，从而产生相应的法律效果。若借款人未按约定用途使用借款，贷款人享有三个救济途径：第一，停止发放借款，此即合同履行的中止。第二，提前收回借款，此即贷款人行使形成权，使得合同加速到期。第三，解除合同，此即合同关系的终止，须借款人因违反借款用途而构成根本违约时才可行使该权利。

（三）还本付息

依据《民法典》第674条的规定，借款人应当按照约定的期限支付利息。对支付利息的期限没有约定或者约定不明确，依据《民法典》第510条的规定仍不能确定，借款期间不满一年的，应当在返还借款时一并支付；借款期间一年以上的，应当在每届满一年时支付，剩余期间不满一年的，应当在返还借款时一并支付。本条属于借款合同漏洞填补规则，就未约定支付利息期限或约定不明的借款合同，通过本条规范修正其不圆满性。若借款人未按约定的期限支付利息或未依据本条规定的期限支付利息，则其须承担违约责任。在金融借款合同中，违约责任体现为复利的收取。在民间借贷合同中，违约责任有约定的，按照约定进行认定；无约定的，根据《民法典》第577条进行综合认定。

依据《民法典》第675条的规定，借款人应当按照约定的期限返还借款。对借款期限没有约定或者约定不明确，依据《民法典》第510条的规定仍不能确定的，借款人可以随时返还；贷款人可以催告借款人在合理期限内返还。本条属于借款合同漏洞填补规则，就未约定还款期限或约定不明的借款合同，通过本条规范修正其不圆满性。其中"合理期限"须根据借款合同目的、金额等具体情况，由双方协商确定；协商不成的，由裁判机关按照借款合同目的、金额、利率、当地习惯等情况进行综合认定。

五、租赁合同

《民法典》第703条规定："租赁合同是出租人将租赁物交付承租人使用、收益，承租人支付租金的合同。"

租赁合同具有以下法律特征：

（1）租赁合同是转移财产使用权的合同。

（2）租赁合同是承租人交付租金的合同。

（3）租赁合同为诺成性合同、双务合同、有偿合同。

（4）租赁合同是有期限的合同。

（5）租赁合同终止后，承租人须返还租赁物。

六、融资租赁合同

依据《民法典》第735条的规定，融资租赁合同是出租人根据承租人对出卖人、租赁物的选择，向出卖人购买租赁物，提供给承租人使用，承租人支付租金的合同。具体如图14-2所示。

融资租赁合同具有以下三方面的含义：第一，出租人须按照承租人的要求出资购买租赁物；第二，出租人须将购买的租赁物交付承租人使用；第三，承租人须向出租人支付租金。

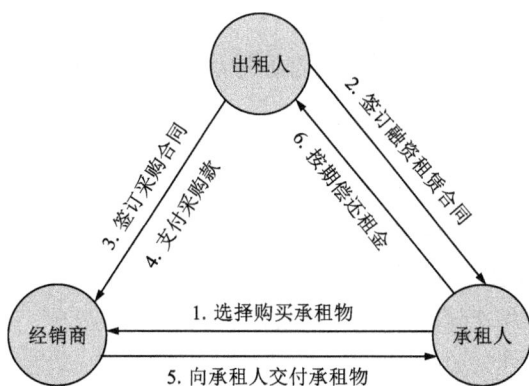

图14-2　融资租赁关系示意图

第二节　提供服务的合同

一、承揽合同

《民法典》第770条规定，承揽合同是承揽人按照定作人的要求完成工作，交付工作成果，定作人给付报酬的合同。承揽包括加工、定作、修理、复制、测试、检验等工作。

承揽合同具有以下法律特征：

(1)承揽合同以一定工作的完成为目的。

(2)承揽合同的承揽标的具有特定性。

(3)承揽合同的承揽人自己承担风险独立完成工作。

(4)承揽合同是诺成性合同、有偿合同、双务合同、不要式合同。

二、建设工程合同

依据《民法典》第788条规定，建设工程合同是承包人进行工程建设，发包人支付价款的合同。这里的工程是指土木建筑工程和建筑业范围内的线路、管道、设备安装工程的新建、扩建、改建及大型的建筑装饰活动。

依据《民法典》第 788 条的规定，建设工程合同包括工程勘察、设计、施工合同。一项工程建设需要经过勘察、设计、建筑、安装过程才能最终完成。

建设工程合同主要具有以下特别的法律特征：

(1) 合同主体的限定性。

(2) 合同标的的限定性。

(3) 合同管理的特殊性。

(4) 合同订立的计划性和程序性。

(5) 合同形式的要式性。

三、运输合同

运输合同是承运人将旅客或者货物从起运地点运输到约定地点，旅客、托运人或者收货人支付票款或者运输费用的合同。）

运输合同具有以下特征：

(1) 运输合同以运送旅客或者货物为直接目的，以运输行为为标的。

(2) 运输合同为双务合同、有偿合同。

(3) 运输合同具有社会性、公益性。

(4) 运输合同一般为诺成性合同、格式合同。

(5) 运输工具的多样性。

客运合同，即旅客运输合同，是指当事人双方约定承运人将旅客及其行李安全运送到目的地，旅客为此支付运费的合同。客运合同以将旅客安全运送到约定的地点为目的；客运合同采用票证形式；客运合同包括运送旅客行李的内容。

货运合同，即货物运输合同，是承运人按照约定的方式、时间将托运人托运的货物安全送达约定的地点，托运人或者收货人为此支付运费的合同。①货运合同往往涉及第三人；②货运合同以承运人将承运的货物交付给收货人为履行终点。

多式联运合同，是指多式联运经营人负责以两种以上的不同运输方式，将托运人托运的货物运输到目的地交付收货人，并收取全程运输费用的合同。

多式联运合同是随着集装箱运输而发展起来的运输合同，除具有运输合同的一般特征外，还具有以下重要特征：

(1) 多式联运合同由两种以上的不同运输方式的承运人相继履行运输义务；

(2) 托运人一次交费并使用同一运输凭证；

(3) 合同的当事人是托运人与联运经营人。

四、保管合同

《民法典》第 888 条第 2 款："寄存人到保管人处从事购物、就餐、住宿等活动，将物品存放在指定场所的，视为保管，但是当事人另有约定或者另有交易习惯的除外。"依此规定，保管合同的一方须将物品交付另一方保管。保管物品的一方为保管人，或者称受寄托人，其所保管的物品为保管物，交付物品保管的一方为寄存人或者寄托人。

保管合同具有以下法律特征：

(1) 保管合同原则上为实践性合同。

(2)保管合同可以为无偿合同,也可以为有偿合同。

(3)保管合同原则上为不要式合同、双务合同。

(4)保管合同以物品的保管为目的,以保管行为为标的。

(5)保管合同应转移标的物的占有。

五、仓储合同

《民法典》第 904 条规定:"仓储合同是保管人储存存货人交付的仓储物,存货人支付仓储费的合同。"只有当事人双方约定由仓库营业人作为保管人储存、保管货物,存货人支付仓储费的协议,才为仓储合同。

仓储合同具有以下法律特征:

(1)仓储合同的保管人须为有仓储设备并专事仓储保管业务的人。

(2)仓储合同中保管的仓储物须为动产。

(3)仓储合同为诺成性合同。

(4)仓储合同为双务合同、有偿合同、不要式合同。

(5)仓储合同的存货人主张货物已交付或者行使返还请求权以仓单为凭证。

仓单是仓储合同的保管人于接受存货人交付的仓储物时填发给存货人的收据。仓单既是保管人收货的证明,又是存货人提取货物的有效凭证。

依据《民法典》第 909 条的规定,保管人应当在仓单上签字或者盖章,仓单包括下列事项:①存货人的名称或者姓名和住所;②仓储物的品种、数量、质量、包装、件数和标记;③仓储物的损耗标准;④储存场所;⑤储存期间;⑥仓储费;⑦仓储物已经办理保险的,其保险金额、期间以及保险人的名称;⑧填发人、填发地和填发日期。

依据《合同法》第 387 条的规定,仓单是提取仓储物的凭证。存货人或者仓单持有人在仓单上背书并经保管人签字或者盖章的,可以转让提取仓储物的权利。即:①仓单为有价证券;②仓单为物品证券、物权证券、要式证券、文义证券、自付证券。

六、委托合同

委托合同,又称委任合同,依据《民法典》第 919 条的规定,委托合同是委托人和受托人约定,由受托人处理委托人事务的合同。

委托合同具有以下法律特征:

(1)委托合同以当事人之间相互信任为前提。

(2)委托合同的目的,是由受托人处理委托人的事务。

(3)委托合同为诺成性合同、不要式合同、双务合同。

(4)委托合同可以是有偿合同,也可以是无偿合同。

七、保证合同

《民法典》第 681 条规定:"保证合同是为保障债权的实现,保证人和债权人约定,当债务人不履行到期债务或者发生当事人约定的情形时,保证人履行债务或者承担责任的合同。"

(1)保证合同的内容一般包括被保证的主债权的种类、数额,债务人履行债务的期限,保证的方式、范围和期间等条款。

(2)保证合同可以是单独订立的书面合同，也可以是主债权债务合同中的保证条款。

(3)保证的方式包括一般保证和连带责任保证。

(4)当事人在保证合同中约定，债务人不能履行债务时，由保证人承担保证责任的，为一般保证。

(5)当事人在保证合同中约定保证人和债务人对债务承担连带责任的，为连带责任保证。

司法适用要点：

(1)保证人领取企业法人执照，属于以营利为目的的企业法人，即使其经营活动具有一定的公共服务性质，亦不属于以公益为目的的事业单位。

(2)保证人作为具有完全民事行为能力的法人，应依法对其所从事民事法律行为独立承担民事责任，其所作保证是否受合同以外第三人影响的问题不涉及合同当事人之间的权利义务关系，亦不影响保证合同的效力。

(3)保证人为被执行人提供保证，承诺在被执行人无财产可供执行或者财产不足清偿债务时承担保证责任的，执行法院对保证人应当适用一般保证的执行规则。在被执行人虽有财产但严重不方便执行时，可以执行保证人在保证责任范围内的财产。

八、保理合同

依据《民法典》第761条的规定，保理合同是应收账款债权人将现有的或者将有的应收账款转让给保理人，保理人提供资金融通、应收账款管理或者催收、应收账款债务人付款担保等服务的合同。

(1)保理合同的内容一般包括业务类型、服务范围、服务期限、基础交易合同情况、应收账款信息、保理融资款或者服务报酬及其支付方式等条款。

(2)保理合同应当采用书面形式。

(3)保理人向应收账款债务人发出应收账款转让通知的，应当表明保理人身份并附有必要凭证。

(4)应收账款债权人与债务人虚构应收账款作为转让标的，与保理人订立保理合同的，应收账款债务人不得以应收账款不存在为由对抗保理人，但是保理人明知是虚构的除外。

(5)应收账款债务人接到应收账款转让通知后，应收账款债权人与债务人无正当理由协商变更或者终止基础交易合同，对保理人产生不利影响的，对保理人不发生效力。

九、行纪合同

《民法典》第951条规定，行纪合同是行纪人以自己的名义为委托人从事贸易活动，委托人支付报酬的合同。行纪合同就其内部关系而言也是一种委托，依据《民法典》第960条规定，可参照适用委托合同的有关规定。

行纪合同具有以下法律特征：

(1)行纪合同是行纪人以自己的名义为委托人从事贸易活动。

(2)行纪合同的行纪人是为委托人从事贸易活动。

(3)行纪合同是双务合同、有偿合同、诺成性合同、不要式合同。

(4)行纪合同中的行纪人具有限定性。

十、中介合同

中介合同在传统民法上一直被称为居间合同,《民法典》将其改称为中介合同。《民法典》第 961 条规定,中介合同是中介人向委托人报告订立合同的机会或者提供订立合同的媒介服务,委托人支付报酬的合同。

中介合同具有以下法律特征:

(1)商事中介活动的主体具有特殊性。法律通常会特别要求中介人必须具有相应的能力、知识,取得相应的资格;或者要求中介人应当符合一定条件,获得相应的行政许可。

(2)内容具有特殊性。中介活动主要包括两类:一是向他人提供订约机会,二是提供订约的媒介服务。

(3)作用具有特殊性。中介人在所促成的交易中并没有独立进行意思表示。在其所促成的交易中,中介人的任务在于为委托人和相对人提供交易的资讯,其并不代表任何一方当事人向另一方当事人作出意思表示。

(4)具有有偿性。典型的中介合同中,中介人从事中介活动都要获取一定的报酬。

(5)具有诺成性、双务性和不要式性。

十一、合伙合同

(一)合伙合同的概念与性质

依据《民法典》第 967 条的规定,合伙合同是两个以上合伙人为了共同的事业目的,订立的共享利益、共担风险的协议。合伙合同与《民法典》中的其他典型合同有两处明显差异:第一,合伙合同的当事人是两个以上的合伙人;第二,合伙合同不涉及给付义务的交换,具有非交换性特征,是一种共同行为。

(二)合伙合同的规范对象

《民法典》与《合伙企业法》有关合伙的规定根植于不同的规范对象:《合伙企业法》的规范对象是合伙企业。依据《民法典》第 102 条规定,合伙企业属于不具有法人资格但能够依法以自己名义从事民事活动的"非法人组织",即商事的、外部的、组织型的、登记的合伙。《民法典》应当与《合伙企业法》有不同的规制重心,其与《合伙企业法》规范对象的最大区分是未形成组织的合伙和形成组织的合伙。

(三)合伙财产的取得

合伙财产,是指为达到共同的事业目的所结合的财产总和。《民法典》第 968 条规定:"合伙人应当按照约定的出资方式、数额和缴付期限,履行出资义务。"《民法典》第 969 条规定:"合伙人的出资、因合伙事务依法取得的收益和其他财产,属于合伙财产。合伙合同终止前,合伙人不得请求分割合伙财产。""合伙人的出资"不仅包括已经履行的出资,还包括合伙对尚未履行出资义务之合伙人的出资请求权。出资标的是否为金钱,在所不问。"因合伙事务依法取得的收益和其他财产",是指因执行合伙事务所得之财产及基于合伙财产所生之财产，后者如天然孳息、法定孳息及因合伙财产毁损灭失而对第三人享有的损害赔偿请求权。

(四) 合伙事务的执行

依据《民法典》第 970 条的规定，合伙人就合伙事务作出决定的，除合伙合同另有约定外，应当经全体合伙人一致同意。合伙事务由全体合伙人共同执行。按照合伙合同的约定或者全体合伙人的决定，可以委托一个或者数个合伙人执行合伙事务；其他合伙人不再执行合伙事务，但是有权监督执行情况。合伙人分别执行合伙事务的，执行事务合伙人可以对其他合伙人执行的事务提出异议；提出异议后，其他合伙人应当暂停该项事务的执行。

(五) 合伙财产的损益分配

合伙财产的损益分配遵循以下原则：第一，以合伙合同的约定为首要标准；第二，合伙合同没有约定或者约定不明确的，通过协商确定；第三，协商不成的，按照合伙人实缴出资比例确定；第四，无法确定出资比例的，平均分配、分担。

(六) 合伙剩余财产的分配

依据《民法典》第 978 条的规定，合伙合同终止后，合伙财产在支付因终止而产生的费用以及清偿合伙债务后有剩余的，首先应当返还合伙人的出资，在此之后，若还有剩余，则依据《民法典》第 972 条的规定进行分配。

十二、物业服务合同

(一) 物业服务合同的定义

依据《民法典》第 937 条的规定，物业服务合同是物业服务人在物业服务区域内，为业主提供建筑物及其附属设施的维修养护、环境卫生和相关秩序的管理维护等物业服务，业主支付物业费的合同。物业服务人包括物业服务企业和其他管理人。

(二) 物业服务合同的内容和形式

依据《民法典》第 938 条的规定，物业服务合同的内容一般包括服务事项、服务质量、服务费用的标准和收取办法、维修资金的使用、服务用房的管理和使用、服务期限、服务交接等条款。物业服务人公开作出的有利于业主的服务承诺，为物业服务合同的组成部分。物业服务合同应当采用书面形式。

(三) 物业服务人的主给付义务

依据《民法典》第 942 条的规定，物业服务人应当按照约定和物业的使用性质，妥善维修、养护、清洁、绿化和经营管理物业服务区域内的业主共有部分，维护物业服务区域内的基本秩序，采取合理措施保护业主的人身、财产安全。对物业服务区域内违反有关治安、环保、消防等法律法规的行为，物业服务人应当及时采取合理措施制止、向有关行政主管部门报告并协助处理。

(四)业主的主给付义务

依据《民法典》第 944 条的规定,业主应当按照约定向物业服务人支付物业费。物业服务人已经按照约定和有关规定提供服务的,业主不得以未接受或者无须接受相关物业服务为由拒绝支付物业费。业主违反约定逾期不支付物业费的,物业服务人可以催告其在合理期限内支付;合理期限届满仍不支付的,物业服务人可以提起诉讼或者申请仲裁。物业服务人不得采取停止供电、供水、供热、供燃气等方式催交物业费。

物业服务合同生效后,双方当事人都负有给付义务,因此业主不得以未接受或者无须接受相关物业服务为由拒绝支付物业费。其理由与承租人不得以租赁合同生效后未使用租赁物为由拒绝支付租金相同。

物业服务合同与供水、供电合同相互独立,物业服务人并非供水、供电合同的当事人。业主因此受到损害的,可依《民法典》第 1165 条请求物业服务人承担侵权责任。

(五)物业服务合同终止后原物业服务人的义务

依据《民法典》第 949 条的规定,物业服务合同终止的,原物业服务人应当在约定期限或者合理期限内退出物业服务区域,将物业服务用房、相关设施、物业服务所必需的相关资料等交还给业主委员会、决定自行管理的业主或者其指定的人,配合新物业服务人做好交接工作,并如实告知物业的使用和管理状况。

原物业服务人违反前款规定的,不得请求业主支付物业服务合同终止后的物业费;造成业主损失的,应当赔偿损失。

第三节 技术合同

一、技术合同的概念与特征

依据《民法典》第 843 条的规定,技术合同是当事人就技术开发、转让、咨询或者服务订立的确立相互之间权利和义务的合同。以深圳市经济开发区为例,其 2023 年各类技术合同分布比例如图 14-3 所示。

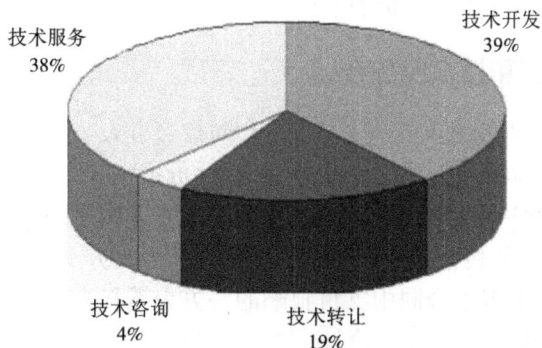

图 14-3 2023 年深圳市技术合同类型分布情况示意图

技术合同的当事人，一方须进行技术开发、技术转让、提供技术咨询或者服务，另一方须支付报酬或者价款。

技术合同具有以下特征：

（1）技术合同的标的是与技术成果相关的行为。

（2）技术合同的主体具有特殊性。

（3）技术合同为双务合同、有偿合同。

（4）技术合同的法律调整具有多样性。

二、技术开发合同

依据《民法典》第851条的规定，技术开发合同是指当事人之间就新技术、新产品、新工艺和新材料及其系统的研究开发所订立的合同。

技术开发合同包括委托开发合同和合作开发合同。委托开发合同是当事人一方（即委托人）委托另一方当事人（即研究开发人）研究开发新技术成果的合同。合作开发合同是当事人各方共同进行新技术成果的研究开发的合同。

技术开发合同具有以下特征：

（1）技术开发合同的标的是研究开发具有创造性的新技术成果。

（2）技术开发合同的主体应具备相应的条件。

（3）技术开发合同是诺成性合同、双务合同、有偿合同。

（4）技术开发合同的当事人须承担风险。

三、技术转让合同

技术转让合同包括：

（1）专利权转让合同。专利权人作为转让人将其发明创造的专利的所有权或者持有权转让给受让人，受让人为此支付价款的合同。

（2）专利申请权转让合同。转让人将特定的发明创造申请专利的权利转让给受让人，受让人为此支付价款的合同。

（3）技术秘密转让合同。转让人将其拥有的非专利技术秘密成果转让给受让人使用，受让人为此支付使用费的合同。

（4）专利实施许可合同。专利权人或者其授权的人作为转让人许可受让人在约定的范围内实施专利，受让人为此支付约定的使用费的合同。

四、技术咨询合同和技术服务合同

依据《民法典》第878条的规定，技术咨询合同指当事人一方为另一方就特定技术项目提供可行性论证、技术预测、专题技术调查、分析评价报告等，另一方支付报酬的合同。

依据《民法典》第883条的规定，技术服务合同指一方按照约定完成服务项目，解决技术问题，保证工作质量，并传授解决技术问题的知识，另一方支付报酬的合同。

技术咨询合同和技术服务合同中支付报酬的一方为委托人，提供技术咨询意见或者解决技术问题的一方为受托人。

技术咨询合同和技术服务合同主要具有以下特征：

(1)技术咨询合同和技术服务合同的标的是技术性劳务。

(2)技术咨询合同和技术服务合同为诺成性合同、双务合同、有偿合同。

✦ 小 结

买卖合同是出卖人转移标的物的所有权于买受人，买受人支付价款的合同。供用电合同是供电人向用电人供电，用电人支付电费的合同。赠与合同是赠与人将自己的财产无偿给予受赠人，受赠人表示接受赠与的合同。借款合同是借款人向贷款人借款，到期返还借款并支付利息的合同。租赁合同是出租人将租赁物交付承租人使用、收益，承租人支付租金的合同。融资租赁合同是出租人根据承租人对出卖人、租赁物的选择，向出卖人购买租赁物，提供给承租人使用，承租人支付租金的合同。承揽合同是承揽人按照定作人的要求完成工作，交付工作成果，定作人给付报酬的合同。建设工程合同是承包人进行工程建设，发包人支付价款的合同。运输合同是承运人将旅客或者货物从起运地点运输到约定地点，旅客、托运人或者收货人支付票款或者运输费用的合同。技术合同是当事人就技术开发、转让、咨询或者服务订立的确立相互之间权利和义务的合同。

✦ 知识点

融资租赁、客运、货运、多式联运、仓单、保证、保理、民事合伙

✦ 复习思考

一、简答

1. 简述各类转移财产、提供服务和技术合同的特征。

2. 归纳并总结几种特殊的合同订立方式。

3. 合同的生效要件有哪些？

4. 归纳并总结各种无效合同的特点。

5. 概括合同解除与终止的条件。

6. 简述缔约过失责任的类型及赔偿范围。

7. 简述各种违约行为与违约形态。

8. 简述技术许可合同的特征。

9. 简述中介合同、合伙合同的特征。

10. 简述准合同(无因管理、不当得利)的特征。

二、课后作业

技术委托开发合同和合作开发合同分别具有哪些特征？

第四编

人身权与继承法

第十五章　人格权

【导语】凡是享有权利能力的人就具有法律上的人格。

【重点】一般人格权、具体人格权

第一节　人格权概述

一、人格权的概念与特征

人格（personality）来源于拉丁语"persona"（人格），表示理性的个别（个体）的存在。罗马法上的人格指自由权，凡是享有权利能力的人就具有法律上的人格。

（1）人格指具有独立法律地位的民事主体。

（2）人格指民事权利能力，即成为民事主体所必须具备的资格。

（3）人格指人格权的客体，即民事主体在人格关系上所体现的与其自身不可分离，且受法律保护的利益。

现代民法上的人格权指民事主体专属享有，以人格利益为客体，为维护其独立人格所必备的固有权利。

（1）人格权是民事主体的固有权利。

（2）人格权是民事主体的专属权利。

（3）人格权是维护民事主体独立人格的必备权利。

（4）人格权是以人格利益为客体的基本权利。

依据《民法典》第990条的规定，人格权是民事主体享有的生命权、身体权、健康权、姓名权、名称权、肖像权、名誉权、荣誉权、隐私权等权利。除前款规定的人格权外，自然人享有基于人身自由、人格尊严产生的其他人格权益。

二、人格权的权能

（一）控制权

人格权是民事主体以自己的意思对自身的人格利益进行控制的权能。例如，自然人对

191

自己姓名、肖像等人格利益的控制，使自己享受精神活动的自由，通过对身体、健康、生命的控制，如锻炼身体以增进健康，患病、受伤进行诊治，改进卫生饮食习惯以延长生命，因而享受生命、身体安全的利益。

(二)利用权

人格权是权利主体以自己的意志去利用人格权的客体即人格利益，从事各种活动，以满足自身需要的权能。比如，法人具有民事权利能力和民事行为能力，是依法独立享受民事权利并承担民事义务的组织。法人之所以能够独立从事民事法律行为，就是因为其具有法律上的人格。

(三)有限转让权

人格权的转让权是利用权部分的、有限制的延伸，是将权利主体对其部分权利客体的利用适当转让于他人。例如，将自己的肖像利用权部分地转让给他人，以使用该肖像；又如，将自己个人的生活情报资料告知他人，由他人进行文学创作。

依据《民法典》第993条的规定，民事主体可以将自己的姓名、名称、肖像等许可他人使用，但是依照法律规定或者根据其性质不得许可的除外。

(四)适当处分权

人格权的权利人对于自己享有的人身利益可以进行适当自主支配，但有如下要求：

一是处分的人格利益范围的有限性，并不是所有的人格利益都可以自由处分，如自由、名誉等，不得抛弃、转让。

二是处分内容的有限性，如对于生命利益的支配，为了正义事业而献身，贡献生命、处分自己的生命利益，是合法行使处分权的行为；自杀则是法律所禁止的违法行为，并非合法处分生命利益的正当行为。

依据《民法典》第992条的规定，人格权不得放弃、转让或者继承。

三、人格权的种类

(一)一般人格权

基本的人格权，既是一个独立的又是一个抽象的权利。作为独立的权利有其独自的调整范围，作为抽象的权利对具体人格权具有指导和规定意义。

(二)物质性人格权

以自然人的物质载体所体现的人格利益为客体，概括保障这些物质性人格利益的权利，包括身体权、生命权、健康权三种。

(三)精神性人格权

以民事主体的精神性人格利益为客体，维护其不受侵害的人格权，包括姓名权、名称权、肖像权、名誉权、荣誉权、人身自由权、隐私权和性自主权。

四、人格权的民法保护

人格权的民法保护方法是指以人格权自身的请求权方法和确认侵害人格权的违法行为为侵权行为的方法，对人格权遭受侵害的权利人予以救济的法律保护方法。此方法分为请求权系统和侵权请求权系统。前者指民事主体在其人格权圆满状态受到妨害或有妨害的可能时，向加害人或者人民法院请求加害人为一定行为或不为一定行为，以回复人格权的圆满状态或防止妨害的权利。后者指确认侵害人格权的违法行为为侵权行为，赋予权利人以侵权请求权，通过行使该请求权，使损害得到救济，受到侵害的权利得到恢复，保持人格权的圆满状态。

依据《民法典》第 991 条的规定，民事主体的人格权受法律保护，任何组织或者个人不得侵害。依据《民法典》第 994 条的规定，死者的姓名、肖像、名誉、荣誉、隐私、遗体等受到侵害的，其配偶、子女、父母有权依法请求行为人承担民事责任；死者没有配偶、子女且父母已经死亡的，其他近亲属有权依法请求行为人承担民事责任。

依据《民法典》第 995 条的规定，人格权受到侵害的，受害人有权依照本法和其他法律的规定请求行为人承担民事责任。受害人的停止侵害、排除妨碍、消除危险、消除影响、恢复名誉、赔礼道歉请求权，不适用诉讼时效的规定。

依据《民法典》第 999 条的规定，为公共利益实施新闻报道、舆论监督等行为的，可以合理使用民事主体的姓名、名称、肖像、个人信息等；使用不合理侵害民事主体人格权的，应当依法承担民事责任。

英雄烈士的形象是民族精神的体现，是引领社会风尚的标杆。英雄烈士的姓名、肖像、名誉和荣誉等不仅属于英雄烈士本人及其近亲属，更是社会正义的重要组成内容，承载着社会主义核心价值观，具有社会公益性质。侵害英雄烈士名誉就是对公共利益的损害。

任何组织和个人以细节考据、观点争鸣等名义对英雄烈士的事迹和精神进行污蔑和贬损，属于歪曲、丑化、亵渎、否定英雄烈士事迹和精神的行为，应当依法承担法律责任。

对侵害英雄烈士名誉、荣誉等行为，英雄烈士的近亲属依法向人民法院提起诉讼的，人民法院应予受理。对于侵害英雄烈士名誉的行为，英雄烈士没有近亲属或者近亲属不提起诉讼时，检察机关应依法提起公益诉讼，捍卫社会公共利益。

第二节　一般人格权

一、一般人格权的概念和特征

一般人格权是指自然人和法人享有的概括人格独立、人格自由、人格尊严全部内容的一般人格利益，并由此产生具体人格权的基本权利。

一般人格权具有以下特征：

（1）权利主体具有普遍性。

（2）权利客体具有高度概括性。

（3）权利内容具有广泛性。

（4）一般人格权是人的基本权利。

二、一般人格权的内容

一般人格权客体的三大法益，可以概括为人格独立、人格自由、人格尊严与人格平等。

人格独立是民事主体对人格独立的享有，表现在人格上一律平等，在法律面前，任何民事主体都享有平等的主体资格，享有独立人格，不受他人的支配、干涉和控制。

人格自由指人格的自由地位，也指人格的自由权利，是权利主体参加社会活动、享有权利、行使权利的基本前提和基础。

人格尊严与平等指一个"人"所应有的最起码的社会地位，并受到社会和他人最起码的尊重。无论自然人职业、职务、政治立场、宗教信仰、文化程度、财产状况、民族、种族、性别有何差别，其人格尊严是相同的，绝无高低贵贱之分。

人格权的分类如图 15-1。

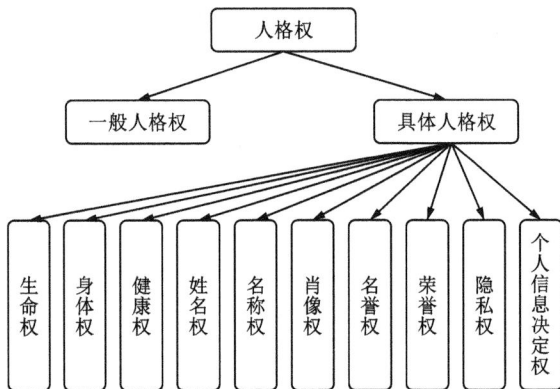

图 15-1　人格权的分类

第三节　具体人格权

一、生命权

生命权是以自然人的生命安全的利益为内容的、独立的具体人格权。

生命权的法律特征是：①以民事主体的生命安全为客体；②以维护人的生命活动延续为基本内容；③保护对象是人的生命。

依据《民法典》第 1002 条的规定，自然人享有生命权。自然人的生命安全和生命尊严受法律保护。任何组织或者个人不得侵害他人的生命权。

生命权的内容包括：①生命安全维护权；②司法保护请求权；③生命利益支配权。

二、身体权

身体是指自然人的身体，即自然人的生理组织的整体，由头颅、肢体、器官、其他组织以及附属部分(如毛发、指甲)所构成的一个整体。身体权是自然人享有的维护其身体组成部分完整，并支配其肢体、器官和身体组织的具体人格权。

身体权的法律特征包括：

(1)身体权以自然人的身体及其利益为客体。

(2)身体权还表现为对自己身体组成部分的肢体、器官和其他组织的支配权。

(3)身体权是自然人的基本人格权。

我国《宪法》第37条第2款、《民法典》第1003条都规定了身体权。

《最高人民法院关于确定民事侵权精神损害赔偿责任若干问题的解释》第1条明确规定身体权是自然人的人格权，这是我国司法文件第一次明确规定身体权是具体人格权。

依据《民法典》第1003条的规定，自然人享有身体权。自然人的身体完整和行动自由受法律保护。任何组织或者个人不得侵害他人的身体权。

三、健康权

健康权指自然人以其机体生理机能正常运作和功能完善发挥，因而维持人体生命活动的利益为内容的具体人格权。

健康权的法律特征：①以人体的生理机能正常运作和功能的正常发挥为具体内容，但不是以人体的整体构造为客体；②以维持人体正常生命活动为根本利益；③保护的是自然人身体功能的正常发挥，使其运作、运动自主。

健康权的内容包括：

(1)健康维护权。自然人保护自己、造福人类的重要权利。

(2)劳动能力。自然人从事创造物质财富和精神财富活动的脑力和体力的总和。

依据《民法典》第1004条的规定，自然人享有健康权。自然人的身心健康受法律保护。任何组织或者个人不得侵害他人的健康权。

依据《民法典》第1005条的规定，自然人的生命权、身体权、健康权受到侵害或者处于其他危难情形的，负有法定救助义务的组织或者个人应当及时施救。法定救助义务保护的范围限于生命权、身体权、健康权等物质性人格权。

根据《人民警察法》第21条、《人民武装警察法》第18条、《执业医师法》第24条、《消防法》第44条等规定，人民警察、武装警察、医师、消防队具有法定的救助义务。

依据《民法典》第1006条的规定，完全民事行为能力人有权依法自主决定无偿捐献其人体细胞、人体组织、人体器官、遗体。任何组织或者个人不得强迫、欺骗、利诱其捐献。完全民事行为能力人依据前款规定同意捐献的，应当采用书面形式，也可以订立遗嘱。自然人生前未表示不同意捐献的，该自然人死亡后，其配偶、成年子女、父母可以共同决定捐献，决定捐献应当采用书面形式。

根据《人体器官移植条例》第8条，有权决定捐献人体细胞、组织、器官和遗体的主体，必须是完全民事行为能力人，精神病人等限制民事行为能力的成年人不可以实施捐献行为。

依据《民法典》第1007条的规定，禁止以任何形式买卖人体细胞、人体组织、人体器官、遗体。违反前款规定的买卖行为无效。任何人体细胞、人体组织、人体器官以及遗体，都是人的身体组成部分，或者是人的身体的变异物，都不是交易的对象。出于救助他人的高尚目的，自然人可以将自己的身体组成部分或者遗体捐献给他人或者公益组织，但这不是买卖。进行人体细胞、人体组织、人体器官或者遗体的买卖行为，是违法行为。任何买卖人体细胞、人体组织、人体器官以及遗体的行为，都是无效的行为，都在被禁止之列。

依据《民法典》第1008条的规定，为研制新药、医疗器械或者发展新的预防和治疗方法，需要进行临床试验的，应当依法经相关主管部门批准并经伦理委员会审查同意，向受试者或者受试者的监护人告知试验目的、用途和可能产生的风险等详细情况，并经其书面同意。进行临床试验的，不得向受试者收取试验费用。

依据《民法典》第1009条的规定，从事与人体基因、人体胚胎等有关的医学和科研活动，应当遵守法律、行政法规和国家有关规定，不得危害人体健康，不得违背伦理道德，不得损害公共利益。

依据《民法典》第1010条的规定，违背他人意愿，以言语、文字、图像、肢体行为等方式对他人实施性骚扰的，受害人有权依法请求行为人承担民事责任。机关、企业、学校等单位应当采取合理的预防、受理投诉、调查处置等措施，防止和制止利用职权、从属关系等实施性骚扰。

依据《民法典》第1011条的规定，以非法拘禁等方式剥夺、限制他人的行动自由，或者非法搜查他人身体的，受害人有权依法请求行为人承担民事责任。

四、姓名权

姓名权是自然人在不违背公序良俗的情况下，决定、使用和依法变更自己姓名，并排除他人干涉或非法使用的权利。

依据《民法典》第1012条的规定，自然人享有姓名权，有权依法决定、使用、变更或者许可他人使用自己的姓名，但是不得违背公序良俗。公民选取或创设姓氏应当符合中华传统文化和伦理观念。仅凭个人喜好和愿望，在父姓、母姓之外选取其他姓氏或者创设新的姓氏，不属于有不违反公序良俗的其他正当理由。

法律上的姓名不仅包括正式的登记姓名，而且也包括其他类似于姓名的笔名、艺名、绰号、网名等非正式姓名。姓名权是自然人对其姓名享有的人身权，姓名权可以构成《商标法》规定的在先权利。

五、名称权

名称是指法人及特殊的自然人组合等主体在社会活动中，用以确定和代表自身，并区别于他人的文字符号和标记。名称权是指法人和非法人组织依法享有的决定、使用、变更或者依照法律规定许可他人使用自己名称，并排除任何组织和个人非法干涉、盗用或者冒用的具体人格权。名称权的主体限于法人和非法人组织。除了法人和非法人组织，有些自然人组合也有名称，例如合伙企业可以起字号。

依据《民法典》第1013条的规定，法人、非法人组织享有名称权，有权依法决定、使用、变更、转让或者许可他人使用自己的名称。对于具有一定的市场知名度、为相关社会公众所熟知并已经实际具有商号作用的企业或者企业名称的简称，可以视为企业名称。如果具有此种情形的，应当将在先企业的特定简称视为企业名称，并根据《反不正当竞争法》第 6 条的规定加以保护。

依据《民法典》第 1014 条的规定，任何组织或者个人不得以干涉、盗用、假冒等方式侵害他人的姓名权或者名称权。依据《民法典》第 1017 条的规定，具有一定社会知名度，被他人使用足以造成公众混淆的笔名、艺名、网名、译名、字号、姓名和名称的简称等，参照适用姓名权和名称权保护的有关规定。

六、肖像权

肖像是通过影像、雕塑、绘画等方式在一定载体上所反映的特定自然人可以被识别的外部形象。肖像权，是指自然人以自己肖像上所体现的人格利益为内容，享有的制作、使用、公开以及许可他人使用自己肖像的具体人格权。

依据《民法典》第 1018 条第 1 款的规定，自然人享有肖像权，有权依法制作、使用、公开或者许可他人使用自己的肖像。

依据《民法典》第 1019 条第 1 款的规定，任何组织或者个人不得以丑化、污损，或者利用信息技术手段伪造等方式侵害他人的肖像权。未经肖像权人同意，不得制作、使用、公开肖像权人的肖像，但是法律另有规定的除外。

七、名誉权

名誉是对民事主体的品德、声望、才能、信用等的社会评价。名誉权，是指自然人和法人、非法人组织就其自身属性和价值所获得的社会评价，享有的保有和维护的具体人格权。名誉权的基本内容是对名誉利益的保有和维护的权利。

依据《民法典》第 1024 条第 1 款的规定，民事主体享有名誉权。任何组织或者个人不得以侮辱、诽谤等方式侵害他人的名誉权。

依据《民法典》第 1025 条的规定，行为人为公共利益实施新闻报道、舆论监督等行为，影响他人名誉的，不承担民事责任，但是有下列情形之一的除外：捏造、歪曲事实；对他人提供的严重失实内容未尽到合理核实义务；使用侮辱性言辞等贬损他人名誉。正当的新闻报道和舆论监督等行为，具有社会正当性，是合法行为，也是履行媒体新闻批评职责的正当行为。媒体在新闻报道和舆论监督等正当的新闻行为中，即使发生了对他人名誉造成影响的后果，也不构成侵害名誉权，不承担民事责任。依据《民法典》第 1028 条的规定，民事主体有证据证明报刊、网络等媒体报道的内容失实，侵害其名誉权的，有权请求该媒体及时采取更正或者删除等必要措施。

八、荣誉权

荣誉是指特定民事主体在社会生产、社会活动中有突出表现或者突出贡献，政府、单位、团体等组织所给予的积极、肯定性的正式评价。

荣誉权是指民事主体对其获得的荣誉及其利益所享有的保持、支配、维护的具体人格权。

依据《民法典》第 1031 条的规定，民事主体享有荣誉权。任何组织或者个人不得非法剥夺他人的荣誉称号，不得诋毁、贬损他人的荣誉。获得的荣誉称号应当记载而没有记载的，民事主体可以请求记载；获得的荣誉称号记载错误的，民事主体可以请求更正。

九、隐私权

隐私权是自然人享有的人格权，是指自然人对享有的私人生活安宁和不愿为他人知晓的私密空间、私密活动和私密信息等私生活安全利益自主进行支配和控制，不得被他人侵扰的具体人格权。

依据《民法典》第 1032 条第 1 款的规定，自然人享有隐私权。任何组织或者个人不得以刺探、侵扰、泄露、公开等方式侵害他人的隐私权。公民的姓名、电话号码及行程安排等事项属于个人信息。个人信息一旦被收集、提取和综合，就完全可以与特定的个人相匹配，从而形成某一特定个人详细准确的整体信息。掌握上述整体信息的组织或个人应积极地、谨慎地采取有效措施防止信息泄露。任何人未经权利人的允许，都不得扩散和不当利用能够指向特定个人的整体信息，整体信息也属于隐私信息。

十、个人信息决定权

依据《民法典》第 1034 条第 2 款的规定，个人信息是以电子或者其他方式记录的能够单独或者与其他信息结合识别特定自然人的各种信息，包括自然人的姓名、出生日期、身份证件号码、生物识别信息、住址、电话号码、电子邮箱、健康信息、行踪信息等。

依据《民法典》第 1037 条的规定，自然人可以依法向信息处理者查阅或者复制其个人信息；发现信息有错误的，有权提出异议并请求及时采取更正等必要措施。自然人发现信息处理者违反法律、行政法规的规定或者双方的约定处理其个人信息的，有权请求信息处理者及时删除。信息处理者不得泄露或者篡改其收集、存储的个人信息；未经自然人同意，不得向他人非法提供其个人信息，但是经过加工无法识别特定个人且不能复原的除外。

小 结

一般人格权是指自然人和法人享有的概括人格独立、人格自由、人格尊严全部内容的一般人格利益，并由此产生和规定具体人格权的基本权利。生命权是以自然人的生命安全的利益为内容的、独立的具体人格权。健康权指自然人以其机体生理机能正常运作和功能完善发挥，因而维持人体生命活动的利益为内容的具体人格权。身体权以自然人的身体及其利益为客体，表现为对自己身体组成部分的肢体、器官和其他组织的支配权。

知识点

人格、人格权、一般人格权、具体人格权

复习思考

一、简答

1. 简述人格权的概念、特征和权能。
2. 归纳并总结一般人格权和具体人格权的内容。

二、课后作业

人格权的民法保护方法有哪些？谈谈你对保护英雄人物人格权的认识。

第十六章　身份权

【导语】身份权指自然人基于特定的身份关系产生并由其专属享有的权利。

【重点】亲属身份的发生和消灭、亲属身份与财产关系

第一节　身份权概述

一、身份与身份权的概念

身份是指自然人在亲属身份关系中所处的稳定地位，以及由此种地位所产生的与其自身不可分离，并受法律保护的利益。

身份权指自然人基于特定的身份关系产生并由其专属享有，以其体现的身份利益为客体，为维护该种关系所必需的权利。在我国的现实社会生活中确实存在身份权，如夫妻之间的配偶权，父母对未成年子女的亲权，以及其他近亲属之间的亲属权。

我国《民法典》婚姻家庭编规定了完整的身份权体系。

二、身份权的内容

以身份权的具体性质和功能为标准，身份权主要可以划分为以下几种类型。

(一)形成权性质的身份权

形成权性质的身份权，指基本身份权中关于依照权利人单方面的意思就能使一定的法律关系发生、变更或者消灭的派生身份权，如认领权。

(二)支配权性质的身份权

支配权性质的身份权，指基本身份权中关于对身份利益进行直接排他性支配和控制的权利，如照顾权。

(三)请求权性质的身份权

请求权性质的身份权，指基本身份权中权利主体可以要求对方亲属为特定行为的权利，如抚养请求权。

三、身份权的行使与消灭

身份权的行使方法指适用何种程序行使权利，具体可以划分为三种：①依诉讼程序行使权利的方法；②依行政程序行使权利的方法；③依行使民事权利一般方法行使权利的方法。

身份权依据一定的法定事由而消灭，具体包括：①因当事人死亡而消灭；②因法律事实而消灭；③因法律行为而消灭；④因行政登记行为而消灭；⑤因法院裁判而消灭。

第二节　亲属身份的发生和消灭

一、婚姻的概念和性质

婚姻的法律概念是指男女双方以共同生活为目的，以产生配偶之间的权利义务为内容的两性结合。婚姻作为最重要的身份关系，缔结婚姻的法律行为属于结婚的身份行为，是亲属法的调整内容。

按照我国法律规定，婚姻行为还须得到法律的确认，即结婚行为再加上婚姻登记行为才构成婚姻关系，产生配偶权。婚姻的本质是契约，是经过国家确认的、具有身份性质的、非一般财产法意义上的契约。结婚也称为婚姻成立，是指未婚男女双方依照法律规定的条件和程序，确立配偶关系并发生配偶权的身份法律行为。

二、结婚的必备条件

根据《民法典》婚姻家庭编的规定，结婚须具备以下四个要件：

1.具有结婚合意

当事人双方具有缔结婚姻的意思表示，并且确立夫妻关系的意思表示真实一致。法律要求男女双方完全自愿，禁止当事人的父母或者第三人对婚姻进行包办、强迫或者干预，排斥当事人非自愿的被迫同意。《民法典》第1046条规定："结婚应当男女双方完全自愿，禁止任何一方对另一方加以强迫，禁止任何组织或者个人加以干涉。"

2.达到法定婚龄

我国《民法典》第1047条规定，结婚年龄，男不得早于22周岁，女不得早于20周岁，当事人具有婚姻行为能力，达到法定婚龄才可以结婚。

3.符合一夫一妻制

这是婚姻制度的基本原则和结婚必备条件。我国法律禁止重婚，已经有配偶的人不得再结婚。构成重婚的依法追究刑事责任。《民法典》第1042条第2款规定，禁止重婚。禁止有配偶者与他人同居。

4.办理婚姻登记手续

当事人双方应当按照法律规定的缔结婚姻的形式要件，办理结婚登记手续。《民法典》第 1049 条规定："要求结婚的男女双方应当亲自到婚姻登记机关申请结婚登记。符合本法规定的，予以登记，发给结婚证。完成结婚登记，即确立婚姻关系。未办理结婚登记的，应当补办登记。"

三、结婚的禁止要件

1.禁止结婚的血亲

禁止结婚的血亲亦为"禁婚亲"，是指法律规定的禁止结婚的亲属范围。《民法典》第 1048 条规定："直系血亲或者三代以内的旁系血亲禁止结婚。"

2.禁止结婚的疾病

禁止结婚的疾病分为两类：一是精神性疾病，如精神病、痴呆病等；二是传染性或者遗传性疾病，如艾滋病、麻风病等。原《婚姻法》第 7 条规定"患有医学上认为不应当结婚的疾病"应当禁止结婚，后《民法典》删除该规定。

3.其他禁止结婚的条件

其他禁止结婚的条件：一是不能人道，指违反婚姻义务拒绝性交或者性交不能，包括具有生理缺陷和精神缺陷的情况。二是系监护人与被监护人的。为了维护被监护人的利益，很多国家立法规定禁止监护人和被监护人结婚。

四、无效婚姻和可撤销婚姻

无效婚姻是违反婚姻成立要件的违法婚姻，其自始不产生法律效力。

《民法典》第 1051 条规定，有下列情形之一的，婚姻无效：①重婚；②有禁止结婚的亲属关系；③未到法定婚龄。

可撤销婚姻，亦称可撤销婚，指已经成立的婚姻关系但因违反法定的有效要件，一方当事人可向婚姻登记机关或者人民法院申请撤销的两性结合。我国可撤销婚姻的法定事由包括被胁迫、被非法限制人身自由，以及一方患有重大疾病而未如实告知的情形，并且明确可撤销的期限为一年。

婚姻胁迫是指行为人以给另一方当事人或者其近亲属以生命、健康、身体、名誉、财产等方面造成损害为要挟，迫使另一方当事人违背自己的真实意愿而结婚的行为。

被非法限制人身自由是指行为人以非法手段限制另一方当事人的自由而结婚的行为。

《民法典》第 1052 条规定："因胁迫结婚的，受胁迫的一方可以向人民法院请求撤销婚姻。请求撤销婚姻的，应当自胁迫行为终止之日起一年内提出。被非法限制人身自由的当事人请求撤销婚姻的，应当自恢复人身自由之日起一年内提出。"

《民法典》第 1053 条规定："一方患有重大疾病的，应当在结婚登记前如实告知另一方；不如实告知的，另一方可以向人民法院请求撤销婚姻。请求撤销婚姻的，应当自知道或者应当知道撤销事由之日起一年内提出。"

五、离婚的法定理由

离婚是指在婚姻关系存续期间依法解除婚姻关系的法律行为。我国法律规定了判决离婚和登记离婚两种基本的离婚方式。

判决离婚是指在双方当事人未达成离婚合意的情形下，一方当事人依法请求法院判决解除婚姻关系的行为。判决离婚的基本法定事由是夫妻感情确已破裂，婚姻的成立基于感情，婚姻关系的解除也基于感情，把夫妻感情确已破裂作为判断离婚的标准，体现了婚姻关系的本质。

夫妻感情确已破裂的含义是：夫妻之间感情已不复存在，已经不能期待夫妻双方有和好的可能。确定夫妻感情确已破裂的标准是：第一，主观标准是夫妻共同生活不复存在，而且不能期待恢复共同生活。第二，客观标准是调解无效。

《民法典》第 1079 条第 3 款规定了以下事由为离婚法定事由：重婚或者与他人同居；实施家庭暴力或者虐待、遗弃家庭成员；有赌博、吸毒等恶习屡教不改；因感情不和分居满二年；其他导致夫妻感情破裂的情形。

登记离婚是指在双方当事人达成离婚合意的情形下，签订离婚协议并亲自去婚姻登记机关请求解除婚姻关系的行为。登记离婚是离婚自由的表现，但为防止轻率离婚，我国法律规定，双方当事人合意登记离婚的，还须经过一定期间的"离婚冷静期"。

《民法典》第 1077 条规定："自婚姻登记机关收到离婚登记申请之日起三十日内，任何一方不愿意离婚的，可以向婚姻登记机关撤回离婚登记申请。前款规定期限届满后三十日内，双方应当亲自到婚姻登记机关申请发给离婚证；未申请的，视为撤回离婚登记申请。"

六、离婚的法定后果

离婚的法律后果指离婚所发生的各种法律效力，包括身份关系方面的法律后果和财产关系方面的法律后果。离婚法律后果发生的时间指离婚的上述法律后果究竟在何时起生效。其原则是离婚的法律后果发生于婚姻关系正式解除之时。

离婚对亲属身份关系的法律后果：①配偶身份消灭。②结婚自由恢复。③相互之间的权利义务消灭。④配偶之间的继承权消灭。⑤姻亲关系消灭。⑥血亲关系继续存续。

离婚对亲属财产关系的法律后果：①夫妻共同财产清算、分割和共同债务的清偿。②一方对他方的经济补偿。③一方对他方的适当经济帮助。④离婚住房问题处理。⑤无过错方有权请求损害赔偿。

离婚对子女抚养的法律后果：①亲权变更。②直接抚养人、监护人的确定。③子女抚养关系变更。④子女对离异父母的赡养。⑤探望权。

第三节　亲属身份与财产关系

一、配偶权的内容与保护

配偶权指夫妻之间互为配偶的基本身份权，表明夫妻之间互为配偶的身份利益由权利人专属支配，其他任何人或组织不得侵犯。

（一）配偶权的主要内容

（1）婚姻住所决定权。即配偶双方有选择、决定婚姻后共同居住场所的权利。

（2）同居义务。即男女双方以配偶身份共同生活的义务。

（3）忠实义务。即不为婚外性生活的义务，是为保持爱情专一和感情忠诚而负担的义务。

（4）人身自由权，包括职业、学习和社会活动自由权。已婚者以独立身份，依法享有的其人身和行为支配的自由，包括按本人意愿决定社会职业、参加学习和社会活动，不受对方约束的权利。

（5）日常事务代理权。配偶一方在与第三人就家庭日常事务为一定法律行为时，享有代理对方行使权利的权利。

（6）相互扶养、扶助。配偶之间享有相互扶养、扶助以及继承遗产的权利，相对的一方负有扶养和扶助的义务。

（7）生育权和计划生育的义务。已婚夫妻享有生育的权利，依法生育是夫妻双方的法定义务。

（8）姓氏权。即配偶有决定、选择自己姓氏的权利。

（二）侵害配偶权的主要行为

（1）重婚行为。有配偶者而与他人结婚或者明知他人有配偶而与其结婚的行为。

（2）有配偶而与他人同居的行为。

（3）对配偶实施家庭暴力。侵害的客体不单纯是配偶权，同时侵害的还有健康权或者身体权。

（4）虐待、遗弃配偶者。

对于配偶权遭受侵害造成财产损失的，侵权人对财产损失也应当承担赔偿责任。

对于侵害配偶权的，应当根据实际情况确定其非财产民事责任，可以责令侵权人停止侵害、恢复名誉、消除影响、赔礼道歉。

二、亲权的法律特征与内容

亲权指父母对未成年子女在人身和财产方面的管教和保护的权利和义务。

（一）亲权的法律特征

（1）亲权的性质是基本身份权，是由若干派生身份权构成的权利。

（2）亲权是权利和义务的综合体，既包括父母的权利，未成年子女必须服从父母的教养与保护；又包括法定的义务，父母应对其未成年子女的养育和照顾尽全责。

（3）亲权的主体是父母和未成年子女，子女成年即脱离父母亲权的保护。

（4）亲权以教育、保护未成年子女为目的，只为父母所专有，亲权的行使仅限于监护子女的必要范围且符合子女的利益。

（二）亲权的主要内容

（1）身上照护权。①住居所指定权；②管教权；③子女交还请求权；④子女身份行为及身上事项同意权与代理权；⑤抚养义务；⑥赔偿义务。

（2）财产照护权。①财产行为代理权；②管理权；③使用收益权；④处分权。

三、亲权的侵害行为与保护

（一）侵害亲权的行为

（1）第三人侵害亲权的行为：①非法剥夺亲权行为。②侵害亲权权利行为。③侵害亲权人的人身而致其未成年子女抚养来源断绝的行为。④非法使被监护人脱离监护导致亲权受到严重损害的行为。

（2）亲权人侵害未成年子女合法权益的行为：①违反法定义务。③滥用亲权。

（二）侵害亲权的救济方法

亲权损害的救济方法主要适用侵权责任，同时对于违反抚养义务的行为应强制其履行抚养义务。

四、亲属权的性质与内容

亲属权指除配偶、未成年子女与父母以外的其他近亲属之间的基本身份权。

亲属权是独立的基本身份权，除了配偶身份关系和亲子身份关系以外的其他亲属身份关系是其基础，具有独立的特征。亲属权与配偶权、亲权一道构成完整的身份权体系。

亲属权的一般内容包括：①孝敬尊重权；②帮助、体谅义务；③祭奠权。

另外，我国扶养权分为三种：一是抚养权，是父母对子女的权利义务关系和祖父母外祖父母对孙子女外孙子女的权利义务关系；二是赡养权，是子女对父母、孙子女外孙子女对祖父母外祖父母的权利义务关系；三是扶养权，是配偶之间的权利义务关系以及平辈亲属间的权利义务关系。

五、亲属财产关系的概念和种类

亲属财产关系指亲属之间在财产关系上的权利义务关系。亲属财产关系的种类主要为夫妻财产、家庭财产以及个人财产。

1. 夫妻财产

夫妻财产制也叫作婚姻财产制，指关于夫妻婚前财产和婚后所得财产的归属、管理、使用、收益、处分，以及债务的清偿、婚姻关系解除时财产清算等方面的法律制度。夫妻约定财产指夫妻以契约形式决定婚姻关系存续期间所得财产所有关系的夫妻财产制度。夫妻财产约定的性质为夫妻财产契约，订立还是不订立这种契约，订立何种内容，在婚前还是婚后订立，订立后可否变更或撤销，原则上均由当事人自主决定。

2. 家庭财产

家庭财产关系通常是以夫妻财产关系为基础，基于亲属的共同生活和财产投入而发生。家庭共有财产指全体或部分家庭成员在家庭共同生活关系存续期间，对共同所得和各自所得的财产约定为共同共有的权利义务关系。家庭共同财产包括：①夫妻共同财产。②共同继承财产。③其他家庭成员投入家庭的财产。④其他列为家庭共同财产的财产。

标准普尔家庭资产象限图如图 16-1 所示。

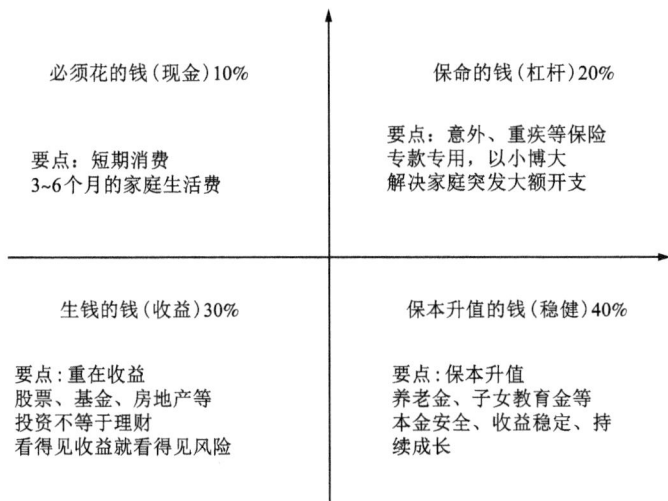

必须花的钱（现金）10%

要点：短期消费
3~6个月的家庭生活费

保命的钱（杠杆）20%

要点：意外、重疾等保险
专款专用，以小博大
解决家庭突发大额开支

生钱的钱（收益）30%

要点：重在收益
股票、基金、房地产等
投资不等于理财
看得见收益就看得见风险

保本升值的钱（稳健）40%

要点：保本升值
养老金、子女教育金等
本金安全、收益稳定、持
续成长

图 16-1 标准普尔家庭资产象限图

3.夫妻个人财产

夫妻个人财产指夫妻在婚姻存续期间，于夫妻共同财产之外享有个人所有权的财产。一是独立于夫妻共同财产；二是其权利主体是单个的人，是夫或者妻；三是其权利属于单独所有权，而不是共有权。

《民法典》第 1063 条规定，夫妻个人财产的范围是：①一方的婚前财产；②一方因受到人身损害获得的赔偿或者补偿；③遗嘱或者赠与合同中确定只归一方的财产；④一方专用的生活用品；⑤其他应当归一方的财产。其中，婚前个人所有的货币及一般的生产资料、生活资料归个人所有，不属于夫妻共同财产。

4.夫妻共有财产

夫妻共有财产指夫妻在婚姻关系存续期间，一方或双方取得，依法由夫妻双方共同享有所有权的共有财产。

依据《民法典》第 1062 条的规定，夫妻在婚姻关系存续期间所得的下列财产，为夫妻的共同财产，归夫妻共同所有：①工资、奖金、劳务报酬；②生产、经营、投资的收益；③知识产权的收益；④继承或者受赠的财产，但是《民法典》第 1063 条第 3 项规定的除外；⑤其他应当归共同所有的财产。夫妻对共同财产，有平等的处理权，包括从事劳动所获得的报酬和奖金，经营承包、租赁企业、私营企业、个体工商业、合伙等其所获收益。夫妻共同写作的书籍、论文，共同发明的专利等其所得经济利益，以及取得的债权，获得的资助、捐助等。

对于侵害亲属财产关系的行为，可以在离婚时请求行为人少分或者不分财产。《民法典》第 1092 条规定："夫妻一方隐藏、转移、变卖、毁损、挥霍夫妻共同财产，或者伪造夫妻共同债务企图侵占另一方财产的，在离婚分割夫妻共同财产时，对该方可以少分或者不分。离婚后，另一方发现有上述行为的，可以向人民法院提起诉讼，请求再次分割夫妻共同财产。"

第四节　收养

一、收养关系的成立

收养是指领养他人的子女为自己的子女，依法创设拟制血亲关系的身份行为。收养关系的主体包括被收养人、送养人以及收养人。

被收养人是指以下主体：丧失父母的孤儿；查找不到生父母的未成年人；生父母有特殊困难无力抚养的子女。送养人是指以下主体：孤儿的监护人；儿童福利机构；有特殊困难无力抚养子女的生父母。收养人实施收养行为的，须满足以下条件：无子女或者只有一名子女；有抚养、教育和保护被收养人的能力；未患有在医学上认为不应当收养子女的疾病；无不利于被收养人健康成长的违法犯罪记录；年满三十周岁。

收养关系的成立须由收养人作出收养的意思表示，并依法办理相关登记手续。

《民法典》第 1105 条规定："收养应当向县级以上人民政府民政部门登记。收养关系自登记之日起成立。收养查找不到生父母的未成年人的，办理登记的民政部门应当在登记前予以公告。收养关系当事人愿意签订收养协议的，可以签订收养协议。收养关系当事人各方或者一方要求办理收养公证的，应当办理收养公证。县级以上人民政府民政部门应当依法进行收养评估。"

二、收养的效力

收养关系成立后，收养人与被收养人可产生拟制血亲的法律效力，并同时解除被收养人与亲生父母的亲属关系。

《民法典》第 1111 条规定："自收养关系成立之日起，养父母与养子女间的权利义务关系，适用本法关于父母子女关系的规定；养子女与养父母的近亲属间的权利义务关系，适用本法关于子女与父母的近亲属关系的规定。养子女与生父母以及其他近亲属间的权利义务关系，因收养关系的成立而消除。"

收养行为违反法律规定而无效的，自始不产生法律效力。

三、收养关系的解除

收养关系成立后，可以通过单方解除或协议解除的方式解除。

单方解除是指在收养人不履行抚养义务，有虐待、遗弃等侵害未成年养子女合法权益行为的情况下，送养人有权向法院申请解除养父母与养子女间的收养关系。

协议解除是指收养人、送养人双方达成解除收养关系的协议，并依法办理解除收养关系登记手续。

收养关系解除后，可以产生如下法律后果：养子女与养父母以及其他近亲属间的权利义务关系即行消除；养子女与其生父母以及其他近亲属间的权利义务关系自行恢复；经养父母抚养的成年养子女，对缺乏劳动能力又缺乏生活来源的养父母，应当给付生活费；生父母要求解除收养关系的，养父母可以要求生父母适当补偿收养期间支出的抚养费。

小　结

身份权的形成权指依照权利人单方面意思就能使一定法律关系发生、变更或者消灭的派生身份权。身份权的支配权指对身份利益进行直接排他性支配和控制的权利。身份权的请求权指权利主体可以要求对方亲属为特定行为的权利。婚姻的本质是契约。无效婚姻指男女因违反法律规定的结婚要件而不具有法律效力的两性结合。配偶权指夫妻之间互为配偶的基本身份权，表明夫妻之间互为配偶的身份利益由权利人专属支配。亲权指父母对未成年子女在人身和财产方面的管教和保护的权利和义务。

知识点

身份权、无效婚姻、离婚冷静期、配偶权、亲权、亲属权、收养

复习思考

一、简答

1. 结婚的必备条件和禁止要件有哪些？
2. 归纳并总结配偶权和亲权的内容。
3. 概括夫妻共同财产的分割方法。
4. 收养关系解除的法律后果。

二、案例分析

甲男和乙女婚后感情不和，一直在协商离婚。最近甲男偷偷转让公司股份，公司股份是夫妻俩在婚后共同出资认购的。乙女认为甲男偷偷把公司股份转给他姐姐，就是要为离婚分割财产做准备。甲男辩称欠他姐姐一大笔钱，没钱还只好把股份转给她。乙女坚持认为股份是婚后共同出资认购的，甲男无权擅自处分，于是将其告上了法院。问：本案中的甲男是否有权擅自处分股份？为什么？

三、辨识判断

甲男为一无业青年，小学文化，好赌。因看上同村的乙女，多次向其示爱求婚均遭拒绝，于是找到乙的父母并采取威逼利诱等手段让其接受了10万元彩礼，后来乙在其父母的胁迫之下与甲男结婚，半年后乙向法院起诉要求撤销与甲的婚姻关系，法院受理了此案。下列选项中哪个是正确的？
A. 本案中的婚姻关系违法，自始无效
B. 本案中的婚姻关系有效，不能单方解除

C. 本案中的婚姻关系无效，可以撤销

D. 本案中的婚姻关系有效，可以协议解除

四、课后作业

家庭共有财产应如何进行合法分割？

第十七章 继承法与遗产继承

> 【导语】自然人死亡时遗留的个人合法财产归指定的或者法定的亲属依法继承。
>
> 【重点】法定继承、遗嘱继承、遗产赠与和处置

第一节 继承法与继承权

一、继承与继承法

继承法使用的继承概念是指财产继承，指自然人死亡时，其遗留的个人合法财产归死者生前在法定范围内指定的或者法定的亲属依法承受的法律制度。

以继承人继承财产的方式为标准，可以将继承分为遗嘱继承和法定继承。

以继承人继承被继承人财产权利义务的范围为标准，可以分为限定继承和无限继承。

以参与继承的人数为标准，继承可以分为共同继承和单独继承。

以继承人参与继承时的地位为标准，可以将继承分为本位继承和代位继承。

继承法指调整因自然人死亡而发生的继承法律关系的法律规范的总称。身份关系对继承法具有重要作用。尽管继承法在本质上属于财产法，但继承权是以一定的身份关系为前提，没有亲属身份关系，就没有继承的发生，也就没有继承制度。

《宪法》第13条关于"国家依照法律规定保护公民的私有财产权和继承权"的规定，确立了宪法保护公民继承权的基本原则。《民法典》第1119条规定："本编调整因继承产生的民事关系。"《民法典》也是保护公民继承权原则的法律依据。同时，《民法典》还规定了男女继承权平等原则、遗嘱自由原则、权利义务相一致原则等。

二、继承法律关系的要素

继承法律关系是由继承法规范调整的，因自然人死亡而发生的继承人与其他人在财产继承上的民事权利义务关系。其要素主要包括：

(一)继承人

继承人指依照继承法的规定在法定继承或遗嘱继承中有权获得被继承人遗产的自然人。继承能力也称继承权利能力,指能够享有继承权的法律资格,也称继承人的资格。法定继承人是直接依照继承法有关法定继承人的范围、顺序、继承份额等规定,对被继承人的遗产享有继承权的人。遗嘱继承人是在遗嘱继承中存在的,按照被继承人生前订立的合法有效的遗嘱指定而有权承受遗产的继承人。胎儿也可以作为继承人。《民法典》第16条规定:"涉及遗产继承、接受赠与等胎儿利益保护的,胎儿视为具有民事权利能力。但是,胎儿娩出时为死体的,其民事权利能力自始不存在。"

(二)遗产

《民法典》第1122条规定:"遗产是自然人死亡时遗留的个人合法财产。依照法律规定或者根据其性质不得继承的遗产,不得继承。"遗产的范围包括自然人的收入;个人的房屋、储蓄和生活用品;林木、牲畜和家禽;文物、图书资料;法律允许自然人所有的生产资料、著作权、专利权中的财产权利以及其他合法财产。

三、继承权与受遗赠权、酌情分得遗产权

继承权是指自然人按照被继承人所立的合法有效遗嘱或法律的直接规定而享有的继承被继承人财产的权利。《民法典》第124条规定:"自然人依法享有继承权。自然人合法的私有财产,可以依法继承。"

受遗赠权是指法定继承人之外的自然人、法人或者国家、集体组织享有的接受被继承人生前在遗嘱中所遗赠的财产的权利。酌情分得遗产权即能够分得适当遗产的权利,依据《民法典》第1131条的规定,对继承人以外的依靠被继承人扶养的人,或者继承人以外的对被继承人扶养较多的人,可以分给适当的遗产。

继承权不同于物权和债权,是一项独立的民事权利,继承权人可以基于自身的权利请求为某项事项,比如接受或放弃继承,请求遗产分割,享有继承回复请求权等。另外,继承回复请求权,又称继承恢复请求权,指在发生继承权侵害情形时,真正继承权人所享有的请求侵害人或者通过法院诉讼程序,将自己的权利回复到继承开始时的状态的权利。

第二节 法定继承

一、法定继承的概念和适用范围

法定继承是指继承人范围、继承顺序、继承条件、继承份额、遗产分配原则及继承程序均由法律直接规定的继承方式。

《民法典》第1154条对我国法定继承的具体适用范围作了规定:①被继承人生前未立遗嘱;②被继承人所立遗嘱未处分的财产;③被继承人所立遗嘱无效所涉及的遗产;④遗嘱继承人放弃继承或者受遗赠人放弃受遗赠;⑤遗嘱继承人丧失继承权或受遗赠人丧失受

遗赠权；⑥遗嘱继承人、受遗赠人先于遗嘱人死亡或者终止。

二、法定继承人的范围和顺序

法定继承人范围指在适用法定继承方式时能继承遗产的继承人。

确定法定继承人范围的主要因素包括：一是血缘关系或拟制血亲关系；二是婚姻关系；三是扶养关系；四是民族传统和习惯。

我国《民法典》第1127条和第1129条对法定继承人范围作了规定：①配偶；②子女；③父母；④兄弟姐妹；⑤祖父母、外祖父母；⑥对公婆或岳父母尽了主要赡养义务的丧偶儿媳或丧偶女婿。确定了两个继承顺序，第一顺序的有配偶、子女、父母，以及对公婆或岳父母尽了主要赡养义务的丧偶儿媳或女婿，第二顺序的有兄弟姐妹、祖父母与外祖父母。

《民法典》第1127条规定——"遗产按照下列顺序继承：（一）第一顺序：配偶、子女、父母；（二）第二顺序：兄弟姐妹、祖父母、外祖父母。继承开始后，由第一顺序继承人继承，第二顺序继承人不继承；没有第一顺序继承人继承的，由第二顺序继承人继承。本编所称子女，包括婚生子女、非婚生子女、养子女和有扶养关系的继子女。本编所称父母，包括生父母、养父母和有扶养关系的继父母。本编所称兄弟姐妹，包括同父母的兄弟姐妹、同父异母或者同母异父的兄弟姐妹、养兄弟姐妹、有扶养关系的继兄弟姐妹。"

《民法典》第1128条规定："被继承人的子女先于被继承人死亡的，由被继承人的子女的直系晚辈血亲代位继承。被继承人的兄弟姐妹先于被继承人死亡的，由被继承人的兄弟姐妹的子女代位继承。代位继承人一般只能继承被代位继承人有权继承的遗产份额。"

《民法典》第1152条规定："继承开始后，继承人于遗产分割前死亡，并没有放弃继承的，该继承人应当继承的遗产转给其继承人，但是遗嘱另有安排的除外。"

第三节 遗嘱继承

一、遗嘱继承的概念和适用条件

遗嘱继承，与法定继承相对应，是指在继承开始后，继承人按照被继承人合法有效的遗嘱，继承被继承人遗产的继承方式。在遗嘱继承中，具体的继承人、继承顺序、应继份、遗产管理、遗嘱执行等，都可由被继承人在遗嘱中指定，故遗嘱继承也被称作指定继承。指定的继承人可以是法定继承人中的一人或者数人，也可以是国家、集体或者法定继承人以外的组织、个人。

依据《民法典》的规定，只有具备以下条件时才按遗嘱继承办理：①立遗嘱人死亡；②被继承人立有合法有效的遗嘱；③指定继承人未丧失或放弃继承权；④指定继承人继承开始后尚生存；⑤没有遗赠扶养协议。

二、遗嘱的订立形式和内容

我国《民法典》第 1134 条至第 1139 条规定了自书遗嘱、代书遗嘱、打印遗嘱、录音录像遗嘱、口头遗嘱、公证遗嘱等法定形式：①自书遗嘱又称为亲笔遗嘱，是指由遗嘱人亲笔书写的遗嘱形式；②代书遗嘱亦称为代笔遗嘱，是指由他人代为书写的遗嘱形式；③打印遗嘱是指以打印的方式记录的遗嘱形式；④录音录像遗嘱是指以录音或者录像方式录制下来的遗嘱人的口述遗嘱；⑤口头遗嘱是指由遗嘱人口头表述，由见证人予以见证的遗嘱，也称为口授遗嘱；⑥公证遗嘱是指通过法律规定的公证形式订立的，有关的订立程序、形式都由法律规定的遗嘱。其中，代书遗嘱、打印遗嘱、录音录像遗嘱、口头遗嘱应当有两个以上见证人在场见证。

我国《民法典》第 1140 条规定："下列人员不能作为遗嘱见证人：（一）无民事行为能力人、限制民事行为能力人以及其他不具有见证能力的人；（二）继承人、受遗赠人；（三）与继承人、受遗赠人有利害关系的人。"

遗嘱的内容应当包括以下方面：①指定遗嘱继承人、受遗赠人；②指定遗产的分配办法或份额；③对遗嘱继承人、受遗赠人附加的义务；④再指定继承人、受遗赠人，以防指定继承人无法继承；⑤指定遗嘱执行人；⑥遗嘱人的签名以及遗嘱制作的日期；⑦其他事项。

三、遗嘱的效力

遗嘱的效力是指遗嘱人设立的遗嘱所产生的法律后果。根据遗嘱订立后的具体情形，遗嘱的效力可以划分为：

（1）遗嘱有效。遗嘱有效是指遗嘱符合法律规定的要素，能够发生遗嘱人预期的法律后果，有关当事人可以请求执行该遗嘱。

（2）遗嘱无效。遗嘱无效是指遗嘱因不符合法律规定而不能发生法律效力，遗嘱人在遗嘱中的意思表示不能实现，不能发生遗嘱人所预期的法律后果。依据《民法典》的规定，遗嘱无效的情形包括：①无民事行为能力人或者限制民事行为能力人所立的遗嘱；②受欺诈、胁迫所立的遗嘱；③伪造的遗嘱；④遗嘱被篡改的，篡改的内容无效。

（3）遗嘱不生效。遗嘱不生效是指遗嘱虽然合法成立，但由于某种客观原因的发生，遗嘱人死亡时该遗嘱不发生法律效力，不能执行遗嘱，遗嘱人的意思表示无法实现。

（4）遗嘱撤回和变更。遗嘱撤回和变更是指遗嘱人在遗嘱订立后对遗嘱内容撤回或者进行部分修改。《民法典》第 1142 条规定："遗嘱人可以撤回、变更自己所立的遗嘱。立遗嘱后，遗嘱人实施与遗嘱内容相反的民事法律行为的，视为对遗嘱相关内容的撤回。立有数份遗嘱，内容相抵触的，以最后的遗嘱为准。"

（5）遗嘱撤销。遗嘱撤销是指遗嘱人在订立遗嘱后又通过一定的方式取消原来所立的遗嘱。

《民法典》第 1133 条第 4 款规定："自然人可以依法设立遗嘱信托。"

《民法典》第 1133 条第 1 款规定："自然人可以依照本法规定立遗嘱处分个人财产，并可以指定遗嘱执行人。"

第四节　遗产赠与和处置

一、遗赠、遗托、特留份

遗赠指自然人在生前订立遗嘱，将其个人财产赠与法定继承人以外的自然人或者国家、集体的单方民事法律行为。概括遗赠是把全部财产权利和义务一并遗赠给受遗赠人。特定遗赠是将其某一特定财产遗赠给受遗赠人，而不能将财产义务一并遗赠。

单纯遗赠指不附任何条件或义务的遗赠，遗赠人就遗赠附加某种义务或某种条件的遗赠为附负担的遗赠，即遗托。我国《民法典》第 1144 条规定的制度实际上就是遗托。该条规定："遗嘱继承或者遗赠附有义务的，继承人或者受遗赠人应当履行义务。没有正当理由不履行义务的，经利害关系人或者有关组织请求，人民法院可以取消其接受附义务部分遗产的权利。"

特留份指法律规定的遗嘱人不得以遗嘱取消的，由特定的法定继承人继承的遗产份额。《民法典》第 1155 条规定："遗产分割时，应当保留胎儿的继承份额。胎儿娩出时是死体的，保留的份额按照法定继承办理。"我国法律还规定了必留份制度，即《民法典》第 1141 条规定的"遗嘱应当对缺乏劳动能力又没有生活来源的继承人保留必要的遗产份额"。

二、遗赠扶养协议

遗赠扶养协议是指遗赠人和扶养人为明确相互间遗赠和扶养的权利义务关系所订立的协议。

在遗赠扶养协议中，需要他人扶养并愿将自己的合法财产全部或部分遗赠给扶养人的为遗赠人，也称为受扶养人；对遗赠人尽扶养义务并接受遗赠的人为扶养人。接受扶养的遗赠人只能是自然人，而进行扶养的扶养人既可以是自然人，也可以是有关组织，比如基层居委会。《民法典》第 1158 条规定："自然人可以与继承人以外的组织或者个人签订遗赠扶养协议。按照协议，该组织或者个人承担该自然人生养死葬的义务，享有受遗赠的权利。"

遗赠扶养协议是我国《民法典》中一项独特的继承法律制度，符合我国国情，实现了"规范人事，而服务人世"的立法主旨，对我国现实生活具有重要意义：第一，有利于保护老年人的合法权益。第二，有利于发扬我国的优良传统。第三，有利于减轻国家和社会的负担。

三、继承的程序

(一) 继承开始

(1) 确定遗产的范围。
(2) 确定继承人的范围。
(3) 确定遗产所有权的转移。

（4）确定继承人的应继份。

（5）确定放弃继承权及遗产分割的溯及力。

（6）确定遗嘱的效力及执行力。

（7）确定 20 年最长时效的起算点。

（二）继承开始时间的确定

（1）自然死亡时间的确定。

（2）宣告死亡时间的确定。

（3）互有继承权的继承人在同一事故中死亡的时间确定。

（三）继承开始处所的确定

继承人参与继承法律关系，行使继承权，接受遗产的场所，即继承开始的处所。

（四）继承开始的通知

继承开始的通知，即将被继承人死亡的事实通知继承人或遗嘱执行人，以便继承人及时处理有关继承问题。

四、遗产管理

遗产管理是指对死者遗产负责保存和管理的制度。在继承开始后，为了保护遗产不被损毁或散失，必须确定遗产管理人，对遗产进行管理。

我国《民法典》只规定存有遗产的人保管遗产，对于其他情形下的遗产管理人未能明确。对此可以采取以下四种方式确定遗产管理人：①继承人推选遗产管理人；②遗嘱指定遗产管理人；③法院指定遗产管理人；④默认的遗产管理人。对于以上遗产管理人，如果是法定继承人、村民委员会、居民委员会担任遗产管理人的，不得辞任。为使遗产债权人、受遗赠人等遗产权利人的利益得到可靠保障，遗产管理人应负善良管理人的注意义务。

五、共同继承

共同继承是指依法律规定由两个或者两个以上的继承人共同继承被继承人的遗产。享有并且行使继承既得权的数个继承人，只能是同一顺序的法定继承人。

共同继承财产是指继承开始之后，两个或者两个以上的继承人共同继承遗产，或者数个继承人没有分割遗产之前，对继承的遗产为共同共有。

共同继承财产为共同共有财产，由全体共同继承人对该财产共同享有权利，共同承担义务。共同遗产的范围，就是被继承人的遗产范围，应当按照《民法典》第 1122 条规定确定。

六、遗产分割

遗产分割是指各共同继承人按其应继份进行分配，以消灭遗产的共同所有关系为目的的法律行为。在继承人为复数的共同继承中，遗产被分割前，各继承人对遗产是一种共同共有的关系，只有经过遗产分割，各共同继承人才能分别享有其权利及负担其义务。

遗产分割的时间必须在继承开始之后。按照遗产分割自由原则，在继承开始后的任何时间内，继承人都有权要求分割遗产。遗产分割方法是指继承人取得遗产应继份的具体方法。

遗产分割应当以有利于生产和生活需要，不损害遗产的效用为原则，对于不宜分割的遗产，可以采取折价、适当补偿或者共有等方法处理。至于遗产分割的具体形式，包括当事人协商、人民调解委员会调解和法院裁判三种方法。共同遗产的分割程序：①确定共同遗产的增减；②偿还应当缴纳的税款和债务；③在共同遗产中保留必留份；④确定各人应当分得的份额。

◆ 小 结

确定法定继承人范围的主要因素包括血缘关系、拟制血亲关系、婚姻关系、扶养关系、民族传统和习惯。在遗嘱继承中，具体的继承人、继承顺序、应继份、遗产管理、遗嘱执行等，都可由被继承人在遗嘱中指定。遗赠扶养协议是指遗赠人和扶养人为明确相互间遗赠和扶养的权利义务关系所订立的协议。共同继承是指依法律规定由两个或者两个以上的继承人共同继承被继承人的遗产。按照遗产分割自由原则，继承人都有权要求分割遗产。

◆ 知识点

遗产、法定继承、遗嘱继承、遗赠、共同继承、遗产分割、代位继承、转继承、遗嘱信托、遗嘱执行、特留份制度、析产

◆ 复习思考

一、简答

1. 简述继承法律关系的要素。
2. 简述法定继承人的范围和顺序。
3. 简述遗嘱的订立形式和内容。
4. 为什么说遗赠扶养协议是我国一项独特的继承法律制度？
5. 遗产的处置主要包括哪几项内容？

二、辨识判断

1. 甲是非婚生子，其生父因意外去世，留下一笔可观的财产，但其生父的妻子丙一直瞧不起他和他的母亲乙，认为甲和乙是来跟她抢遗产的。乙却坚持认为甲的生父死了，作为他的儿子，也应该分到他的一部分财产。最终乙和丙因为此事闹到了法院。那么本案中的甲有没有遗产继承权呢？
   A. 有
   B. 没有

2. 甲的一对子女，均定居在国外。乙是甲的邻居，一直照料甲从 60 岁退休至 80 岁逝世。在处分甲的遗产时，乙认为他照顾了甲 20 年，要求参与分配甲的遗产，但甲的子女认为乙照料甲是道义上的事，他们作子女顶多给乙一点补偿。但乙参与分配甲的遗产是不可能的，因为乙不是法定继承人。那么本案中的乙能不能参与分配遗产呢？

A. 能

B. 不能

三、课后作业

为什么说遗赠扶养协议是我国一项独特的继承法律制度？

第五编

侵权责任法

第十八章　侵权行为与归责

> **【导语】**行为人因过错侵害他人民事权益,应当承担侵权责任。
> **【重点】**侵权行为的概念和特征、侵权责任的概念与特征、侵权行为的归责原则

第一节　侵权行为的概念和特征

一、侵权行为的概念

侵权行为是指行为人违反法定义务,由于过错侵害他人民事权益,依法应当承担侵权责任的行为;以及侵害他人民事权益,无论有无过错,依照法律规定应当承担侵权责任的行为。

关于过错的侵权行为包括过错和推定过错两种情形。《民法典》第 1165 条规定:"行为人因过错侵害他人民事权益,应当承担侵权责任。依照法律规定推定行为人有过错,其不能证明自己没有过错的,应当承担侵权责任。"

关于无过错的侵权行为主要是法律规定的情形。《民法典》第 1166 条规定:"行为人损害他人民事权益,不论行为人有无过错,法律规定应当承担侵权责任的,依照其规定。"

二、侵权行为的特征

(1)侵权行为是侵害他人合法民事权益的行为。

(2)侵权行为是违反法定义务的行为。

(3)侵权行为是由于过错而实施的行为,以及法律明确规定无论有无过错均构成侵权行为的行为。

(4)侵权行为是造成他人损害的行为。

(5)侵权行为是应当承担侵权责任的不法事实行为。

第二节　侵权责任的概念与特征

一、侵权责任的概念

侵权责任是指行为人因其侵权行为而依法承担的民事法律责任。

侵权责任是民事责任，而不是行政责任或者刑事责任。但是，因侵权行为产生民事责任的同时，也可能产生行政责任或者刑事责任。侵权人因同一行为应当承担行政责任或者刑事责任的，不影响其依法承担侵权责任。

二、侵权责任的特征

第一，侵权责任是因违反法律规定的义务而应承担的法律后果。一般情况下违反法律规定的义务会构成侵权。

第二，侵权责任以侵权行为的存在为前提。有侵权行为一般就会有侵权责任，另外，有侵权责任，一定有侵权行为。

第三，侵权责任的承担方式具有法定性。损害发生后，当事人可以协商赔偿费用的支付方式。

第四，侵权责任形式具有多样性。承担侵权责任的方式主要有停止侵害、排除妨碍、消除危险、返还财产、恢复原状、赔偿损失、赔礼道歉、消除影响、恢复名誉。

第五，侵权责任具有优先性。因同一行为应当承担侵权责任、行政责任和刑事责任，侵权人的财产不足以支付的，先承担侵权责任。

第三节　侵权行为的归责原则

一、侵权行为归责原则的概念

归责原则，指在加害行为人的行为致他人损害发生之后，据以确定责任由何方当事人承担的原则。

侵权行为归责原则，指归责的一般规则，是据以确定行为人承担民事责任的根据和标准，也是贯穿于侵权行为法之中，并对各个侵权行为规则起着统帅作用的指导方针。

侵权行为归责原则受民法基本原则的指导，是民法基本原则在侵权行为法中的具体体现，体现着民法平等、公平、诚信的原则和精神。

二、过错责任原则

过错责任原则，也称过失责任原则，是指以行为人的过错作为归责根据的原则。

依据《民法典》第1165条的规定，行为人因过错侵害他人民事权益造成损害的，应当承担侵权责任。依照法律规定推定行为人有过错，其不能证明自己没有过错的，应当承担侵权责任。

过错责任原则的功能：①确定侵权责任，救济侵权损害。②确定民事主体的行为标准。③纠正侵权行为，预防损害发生。

三、过错推定原则

过错推定也叫过失推定，指在受害人能够举证证明损害事实、违法行为和因果关系三个要件的情况下，如果加害人不能证明损害的发生自己没有过错，则从损害事实的本身推定加害人在致人损害的行为中有过错，并为此承担赔偿责任。

过错推定原则指在法律有特别规定的场合，从损害事实的本身推定加害人有过错，并据此确定造成他人损害的行为人赔偿责任的归责原则。适用过错推定原则，从损害事实中推定行为人有过错，就使受害人免除了举证责任而处于有利地位，而行为人则因担负举证责任而加重了责任，因而更有利于保护受害人的合法权益。

四、无过错责任原则

无过错责任原则指在法律有特别规定的情况下，以已经发生的损害结果为价值判断标准，与该损害结果有因果关系的行为人，不问其有无过错，都要承担侵权赔偿责任的归责原则。行为人损害他人民事权益，无论行为人有无过错，法律规定应当承担侵权责任的，依照其规定。

适用无过错责任原则的意义在于加重行为人的责任，使受害人的损害赔偿请求权更容易实现，受到损害的权利及时得到救济。在适用无过错责任原则的情况下，受害人不用证实加害人的过错；在举证责任倒置的内容上，举证责任在加害人，证明的内容是损害系由受害人的过错所引起；但在实践中，加害人证明损害是由受害人的故意引起，实属不易。法律确认无过错责任原则，说明主观过错不是责任构成要件，行为人无论有无过错，都应当承担赔偿责任。

✦ 小　结

行为人损害他人民事权益，不论行为人有无过错，法律规定应当承担侵权责任的，依照其规定。被侵权人有权请求侵权人承担侵权责任。侵权人因同一行为应当承担行政责任或者刑事责任的，不影响其依法承担侵权责任。

✦ 知识点

侵权行为、侵权责任、过错责任原则、过错推定原则、无过错责任原则

复习思考

一、简答

1. 简述侵权行为的归责原则。
2. 侵权责任的特征。

二、课后作业

归纳并总结侵权行为的归责原则。

第十九章　一般侵权行为

【导语】侵权行为危及他人人身、财产安全的，被侵权人可以请求侵权人承担停止侵害、排除妨碍、消除危险等侵权责任。

【重点】一般侵权行为责任构成要件、一般侵权责任的主要类型

第一节　一般侵权行为责任构成要件

一、构成要件概述

一般侵权行为的构成要件指构成一般侵权行为所必须具备的条件。

侵权行为的构成要件是以构成损害赔偿责任的侵权行为为基础的。除损害赔偿之外，构成停止侵害、排除妨碍、消除危险、返还财产等责任的侵权行为，并不需要以损害后果为要件；承担停止侵害、排除妨碍、消除危险、返还财产等责任时，并不需要以过错为要件。

依据《民法典》第1167条的规定，侵权行为危及他人人身、财产安全的，被侵权人可以请求侵权人承担停止侵害、排除妨碍、消除危险等侵权责任。

二、违法行为

违法行为是指自然人或者法人违反法律而实施的作为或不作为。侵权行为是指侵犯他人权利或者合法利益的加害行为。

《民法典》第1166条为合法利益受侵权法保护提供了解释空间。

加害行为包括作为和不作为。作为侵权行为的作为是指不该为一定行为而为；作为侵权行为的不作为是指该为一定行为而不为。作为的侵权行为，违反的是权利不得非法侵犯的一般义务。作为的违法行为是侵权行为的主要行为方式。人身权、财产权均为绝对权，其他任何人都负有不得侵犯的法定义务，即使是债权，第三人也负有不可侵犯的义务。而不作为的违法行为亦可构成侵权行为的客观行为方式。

三、损害事实

损害事实是指他人财产或者人身权益所遭受的不利影响，包括财产损害、非财产损害，非财产损害又包括人身损害、精神损害。

作为侵权行为构成要件的损害事实必须具备以下特征：①损害事实是侵害合法权益的结果；②损害事实具有可补救性；③损害事实具有确定性。

作为侵权行为构成要件的损害可分为财产损害和非财产损害。①财产损害。因为侵害权利人的财产、人身而造成受害人经济上的损失。②非财产损害。因侵害权利人的人身权益而造成受害人无法用金钱计量的损害。

四、因果关系

因果关系是指各种现象之间引起与被引起的关系。侵权法上的因果关系包括两种因果关系，即责任成立的因果关系和责任范围的因果关系。责任成立的因果关系，是指行为与权益受侵害之间的因果关系。责任范围的因果关系，是指权益受侵害与损害之间的因果关系。

相当因果关系指如果行为与权益被侵害之间具有相当因果关系，在其他构成要件具备的情况下，则构成侵权行为。

《民事诉讼证据的若干规定》第4条第1款第3项规定，因环境污染引起的损害赔偿诉讼，由加害人就其行为与损害结果之间不存在因果关系承担举证责任；第7项规定，因共同危险行为致人损害的侵权诉讼，由实施危险行为的人就其行为与损害结果之间不存在因果关系承担举证责任；第8项规定，因医疗行为引起的侵权诉讼，由医疗机构就医疗行为与损害结果之间不存在因果关系承担举证责任。

五、过错

过错是指行为人应受责难的主观状态。过错考察的是行为人在行为当时的主观状态，其与行为本身不同。例如，某甲因为违反交通法规致某乙受伤。某甲有违反交通法规之行为，而过错考察的是某甲违反交通法规时的主观状态。此种主观状态与行为本身应当区别开来。

过错分为故意和过失两种。其中，故意的过错是指行为人明知自己的行为会发生侵害他人权益的结果，并且希望或者放任这种结果发生的主观状态。过失的过错是指行为人应当预见自己的行为可能发生侵害他人权益的结果，却因为疏忽大意而没有预见，或者已经预见而轻信能够避免的主观状态。

第二节　一般侵权责任的主要类型

一、故意或者过失侵害人身

故意或者过失侵害人身的侵权行为，是故意或者过失地以生命权、健康权或者身体权及其相关人格利益为侵害对象的侵权行为。在侵害人身的侵权行为中，还包括侵害胎儿和侵害死者遗体的侵权行为。这种侵权行为所侵害的客体，仍然是物质性人格利益。

故意或者过失侵害人身侵权行为的具体形式主要包括：①侵害身体权；②故意或者过失侵害健康权；③故意或者过失侵害生命权；④侵害胎儿人身利益；⑤侵害尸体。

二、故意或者过失侵害人格

故意或者过失侵害一般人格权和精神性人格权及其利益的侵权行为，构成故意或者过失侵害人格的侵权行为。这种侵权行为所侵害的客体，包括人身自由权、名誉权、隐私权、性自主权、肖像权、姓名权、名称权、荣誉权、信用权、人格尊严和其他人格利益。

凡是故意或者过失侵害人格及其利益的侵权行为，在归责上都适用过错责任原则，不适用过错推定原则，也不适用无过错责任原则。

故意或者过失侵害人格及其利益侵权行为的具体形式：①侵害姓名权；②侵害名称权；③侵害肖像权；④侵害名誉权；⑤侵害信用权；⑥侵害荣誉权；⑦侵害人身自由权；⑧侵害隐私权；⑨侵害性自主权；⑩侵害死者人格利益；⑪侵害一般人格权。

三、妨害家庭关系

妨害家庭关系的侵权行为，就是侵害配偶权、亲权和亲属权等身份权的侵权行为。妨害家庭关系的侵权行为所侵害的客体就是配偶权、亲权和亲属权。上述三种权利都是身份权，调整的都是亲属之间的法律地位和相互之间的权利义务关系。

(1)妨害婚姻关系。妨害婚姻关系的违法行为，就是以通奸的方式致使配偶一方享有的配偶身份利益受到损害而违反配偶权保护法律的行为。

(2)妨害亲权关系。侵害亲权关系，就是以亲权作为侵害客体的侵权行为。

(3)侵害亲属权。违反亲属权绝对义务的违法行为，为侵权行为。

四、侵害物权

侵害他人所有权和他物权，造成财产利益损失的，应当承担恢复原状、返还原物、赔偿损失的民事责任。侵害他人合法占有的，应当承担返还原物、恢复原状的责任；造成损失的，应当赔偿损失。主要包括：

(1)侵占财产。没有法律根据而非法占有属于他人所有的财产，是非法侵占财产。

(2)损坏财产。侵害他人所有的财产，造成损害，使财产的价值或者使用价值受到破坏的行为。

(3)妨害物权行使。行为人妨害物权人依法行使其权利的，不论是所有权、他物权还是占有权，都构成侵权行为，应当承担侵权责任。

(4)造成财产危险。行为人的行为给他人动产、不动产造成危险。

(5)非法侵入。侵入土地和建筑物的行为，为侵权行为，是侵害所有权的侵权行为。

五、侵害债权

侵害债权指以他人享有的合法债权为侵害客体，故意实施侵害行为，造成该债权不能实现的损害后果的侵权行为。侵害债权是侵害财产权的侵权行为，其责任方式为损害赔偿。赔偿的标的，就是债权没有实现造成的债权预期利益损失。具体形式主要包括：

（1）诱使违约。债的关系以外的第三人作为加害人，以诱惑的方式，使债务人相信侵权人的诱惑而不履行债务，进而使债权人的债权不能实现，债权受到损害。

（2）阻止债务履行。债的关系以外的第三人侵害债权，是以损害他人债权为目的，行为方式是散布虚假信息或者采取非法手段，以此来阻止或妨害债务人履行债务的行为，致使其不能履行债务。

（3）第三人与债务人通谋妨害债权实现。第三人与债务人恶意串通，隐匿财产或者设置财产担保，使债权不能实现。此种行为构成第三人与债务人共同侵权。

六、侵害知识产权

侵害知识产权的侵权行为，是侵害著作权、专利权、商标权等无形财产权的侵权行为，主要由知识产权的单行法规定。侵害他人的著作权、专利权、商标权等造成损害的，应当承担停止侵害、赔偿损失等民事责任。具体形式主要包括：

（1）侵害著作权。侵害著作人身权的违法行为，即违反了《著作权法》关于著作人身权保护的法律规定。凡是未经著作权人许可而使用其作品的行为，以及使用著作权人的作品而不按照规定或者约定给付报酬的行为，都是侵害著作财产权的违法行为。

（2）侵害专利权。专利权人所独占享有的专利被他人以经营为目的而生产、使用、销售，或者专利发明方法被使用，或者专利产品被假冒的事实。

（3）侵害商标权。侵权人实施侵害他人的商标专用权的行为，致使被侵权人合法的注册商标权益损害的违法行为。

七、媒体侵权

媒体侵权概括的是新闻侵权、文学作品侵权和网络侵权三种以媒体实施的侵害他人权利的行为。这三种侵权行为实际上都是以文字或者语言的形式侵害他人的民事权利和利益。

（1）新闻侵权。即新闻单位和新闻从业人员故意或者过失实施的侵害他人人格权的行为。新闻侵权行为所侵害的客体，主要是名誉权及其他人格权，例如肖像权、姓名权、隐私权、荣誉权等。

（2）文学作品侵权。文学作品的作者，以及文学作品的编辑、出版单位，写作、编辑、出版文学作品侵害他人人格权的，都构成文学作品侵权行为，应当承担侵权责任。作者故意或者过失地在作品中表现了侵害他人人格权的内容，造成了他人人格权的损害，构成侵权。

八、商业侵权

商业侵权是现代侵权行为法中正在发展的一种特殊的侵权行为。这类侵权行为的基本特点是发生在商业领域中，行为主体或者受害人是从事商业活动的人，包括法人和自然人。具体形式包括：①商业诽谤；②不正当竞争；③违反竞业禁止；④盗用商业信息进行交易；⑤商业欺诈；⑥妨害经营；⑦证券侵权。

小 结

妨害家庭关系的侵权行为是侵害配偶权、亲权和亲属权等身份权的侵权行为。故意或者过失侵害人身的侵权行为是故意或者过失地以生命权、健康权或者身体权及其相关人格利益为侵害对象的侵权行为。侵害他人所有权和他物权，造成财产利益损失的，应当承担恢复原状、返还原物、赔偿损失的民事责任。侵害债权是侵害财产权的侵权行为，其责任方式为损害赔偿。侵害他人的著作权、专利权、商标权等造成损害的，应当承担停止侵害、赔偿损失等民事责任。媒体侵权是新闻侵权、文学作品侵权和网络侵权三种以媒体实施的侵害他人权利的行为。商业侵权是一种特殊的侵权行为。

知识点

违法行为、侵权行为、损害事实、一般侵权行为责任

复习思考

一、简答

1. 一般侵权行为责任的构成要件有哪些？
2. 归纳并总结一般侵权行为责任的主要类型。

二、课后作业

归纳并总结媒体侵权行为的主要类型和特征。

第二十章　特殊侵权行为

【导语】我国监护人责任的归责原则是过错推定原则，并以公平分担责任作补充。

【重点】责任主体特殊的侵权责任类型、其他特殊侵权责任

第一节　责任主体特殊的侵权责任类型

一、监护人责任

监护人责任是指无民事行为能力人或者限制民事行为能力人因自己的行为致人损害，由行为人的父母或者其他监护人承担赔偿责任的特殊侵权责任。

我国《民法典》确认了我国监护人责任的归责原则是过错推定原则，并以公平分担责任作为补充。法律适用的基本规则如下：

（1）监护人承担责任。无民事行为能力人、限制民事行为能力人造成他人损害的，由监护人承担侵权责任。

（2）适用公平分担责任。监护人尽到监护责任的，可以减轻其侵权责任。监护人证明自己没有过失，也就是能够证明自己已经尽到监护责任的，适用公平分担责任规则，减轻其责任，由双方当事人分担损失。

（3）被监护人自己有财产的自己支付。有财产的无民事行为能力人、限制民事行为能力人造成他人损害的，从本人财产中支付赔偿费用。

（4）监护人补充责任。如果行为人的财产不足以支付全部赔偿责任，则由监护人承担补充责任。

二、用人者责任

用人者责任，即用人单位的工作人员或者劳务派遣人员，以及个人劳务关系中的提供劳务一方，因执行工作任务或者在提供劳务过程中造成他人损害，用人单位或者劳务派遣单位，以及接受劳务一方应当承担赔偿责任的特殊侵权责任。

（1）用人单位责任。《民法典》第1191条规定："用人单位的工作人员因执行工作任务造成他人损害的，由用人单位承担侵权责任。"用人单位责任应当适用过错推定责任。

（2）劳务派遣责任。劳务派遣期间被派遣的工作人员因执行工作任务造成他人损害的，由接受劳务派遣的用工单位承担责任，劳务派遣单位有过错的，承担相应的责任。

（3）个人劳务责任。在个人之间形成的劳务关系中，提供劳务一方因劳务造成他人损害，接受劳务一方应当承担替代赔偿责任。

《民法典》第1193条规定："承揽人在完成工作过程中造成第三人损害或者自己损害的，定作人不承担侵权责任。但是，定作人对定作、指示或者选任有过错的，应当承担相应的责任。"

三、网络侵权责任

《民法典》第1194条规定的是网络用户和网络服务提供者的侵权责任，即"网络用户、网络服务提供者利用网络侵害他人民事权益的，应当承担侵权责任"。

网络用户利用网络，侵害他人民事权益，构成侵权责任，应当由网络用户对被侵权人承担赔偿责任。例如，自己在网络上发表作品或信息诽谤、侮辱他人，网络服务提供者在网络上抄袭、剽窃他人著作，未经著作权人同意而在网站上发表他人作品等，按照《民法典》第1165条第1款的规定，都构成侵权责任，应当承担赔偿责任。

网络服务提供者的连带责任，是指网络用户利用网络实施侵权行为，网络服务提供者在何种情况下与网络用户一起承担连带责任的网络侵权特殊形式。其中网络服务提供者即为用户提供信息交流和技术服务空间的平台。

四、学生伤害事故责任

学生伤害事故是指无民事行为能力或者限制民事行为能力的学生在幼儿园、学校或者其他教育机构学习、生活期间，受到人身损害，应当由幼儿园、学校或者其他教育机构承担赔偿责任的特殊侵权责任。

《民法典》第1199条至第1201条对此作了明确规定。学生伤害事故责任的类型主要为：①无民事行为能力人受到损害的学校责任；②限制民事行为能力人受到损害的学校责任；③第三人伤害学生的责任。

无民事行为能力人或者限制民事行为能力人在幼儿园、学校或者其他教育机构学习、生活期间，受到幼儿园、学校或者其他教育机构以外的人员人身损害的，由侵权人承担侵权责任。在此基础上，学校等教育机构承担相应的补充责任。第三人造成学生人身损害，如果第三人能够承担全部赔偿责任，则按照该规定，由第三人承担全部赔偿责任，不存在学校的相应补充责任问题。幼儿园、学校或者其他教育机构未尽到管理职责的，承担相应的补充责任。

第二节　其他特殊侵权责任

一、产品责任

产品责任是指产品生产者、销售者因生产、销售缺陷产品，致使他人遭受人身伤害、财产损失或有致使他人遭受人身、财产损害之虞，而应承担的赔偿损失、消除危险、停止侵害等责任的特殊侵权责任。

产品责任适用无过错责任原则。根据无过错责任原则的规定，构成产品责任须具备以下要件：①产品存在缺陷。②人身、财产受到损害。③因果关系。

《产品质量法》第46条对产品缺陷作了界定："本法所称缺陷，是指产品存在危及人身、他人财产安全的不合理的危险；产品有保障人体健康、人身、财产安全的国家标准、行业标准的，是指不符合该标准。"

《民法典》第1202条至第1203条规定的是生产者与销售者承担产品责任的基本责任形态。不论受害人向法院起诉生产者还是起诉销售者，只要生产或者销售的产品有缺陷造成了损害，就应当由被起诉的被告承担责任，如果起诉的是销售者，而产品缺陷又是生产者造成的，那么，销售者在承担了侵权责任之后，可以向生产者追偿。

二、机动车交通事故责任

机动车交通事故，是指机动车与非机动车驾驶人员、行人、乘车人以及其他在公路、城市道路和虽在单位管辖范围但允许社会机动车通行的地方，以及广场、公共停车场等用于公众通行的场所上，进行交通活动的人员，因违反《道路交通安全法》和其他道路交通管理法规、规章的行为，过失或者意外造成的人身伤亡或者财产损失的事件。

机动车交通事故责任就是损害赔偿责任，其基本责任形态是替代责任和直接责任。

在机动车交通事故责任中特殊责任主体，机动车保有人和机动车使用人是应当根据具体情况确定由谁承担侵权责任。主要责任类型包括：①出租、出借机动车损害责任。②买卖未办理过户登记的机动车损害责任。③非法转让拼装或者报废机动车损害责任。④盗抢机动车损害责任。

三、医疗损害责任

我国司法实务长期以来实行由三个双轨制构成的二元化结构医疗损害责任制度。

当前的医疗改革应当遵循的基本目标是：建立一个一元化结构的医疗损害责任制度，改变二元化结构医疗损害责任的法律适用矛盾状况，建立统一的、完善的医疗损害责任制度，统筹兼顾，公平、妥善地处理受害患者的利益保护、医疗机构的利益保护以及全体患者利益保护之间的平衡关系，推进社会医疗保障制度的健全发展，保障全体人民的医疗福利。

《民法典》重新构造了我国的医疗损害责任制度，其基本内容包括以下六个方面：①医疗损害责任概念的统一；②医疗损害责任的类型；③医疗损害责任的归责原则；④医疗过失的证明及举证责任；⑤医疗损害责任的举证责任；⑥医疗机构的免责事由和对患者及医疗机构的特别保护。

1. 医疗损害责任的类型

（1）医疗技术损害责任。医疗机构及医务人员在医疗活动中，违反医疗技术上的高度注意义务，具有违背当时的医疗水平的技术过失，造成患者人身损害的医疗损害责任。

（2）医疗伦理损害责任。医疗机构和医务人员违背医疗良知和医疗伦理的要求，违背医疗机构和医务人员的告知或保密义务，具有医疗伦理过失，造成患者人身以及其他合法权益损害的医疗损害责任。

（3）医疗产品损害责任。医疗机构在医疗过程中使用有缺陷的药品、消毒药剂、医疗器械以及血液及制品等医疗产品，因此造成患者人身损害，医疗机构或者医疗产品生产者、销售者应当承担的医疗损害赔偿责任。

《民法典》第1223条规定的是医疗产品损害责任。医疗产品损害责任既是医疗损害责任，也是产品责任，是兼有两种性质的侵权行为类型，是医疗损害责任的基本类型。

《民法典》摒弃医疗事故责任和医疗过错责任两个不同概念，使用统一的"医疗损害责任"概念。其中，第1218条规定，医疗技术损害责任和医疗伦理损害责任适用过错责任原则。第1223条规定，医疗产品损害责任适用无过错责任原则。

医疗过失是指医疗机构在医疗活动中，医务人员未能按照当时的医疗水平通常应当提供的医疗服务，或者按照医疗良知、医疗伦理应当给予的诚信、合理的医疗服务，没有尽到高度注意义务，通常采用违反医疗卫生管理法律、行政法规、部门规章、医疗规范或常规，或者未尽法定告知、保密义务等的医疗失职行为作为标准进行判断的主观心理状态，以及医疗机构存在的对医务人员疏于选任、管理、教育的主观心理状态。

2. 医疗过失

医疗过失就是医疗机构及医务人员未尽必要注意义务的疏忽和懈怠。

（1）医疗技术过失的认定标准是当时的医疗水平。认定医疗技术过失的注意义务应当采纳"当时的医疗水平"为标准确定，同时参考地区、医疗机构资质和医务人员资质，确定医疗机构和医务人员应当达到的高度注意义务。

（2）医疗伦理过失的证明及举证责任。医疗伦理过失是指医疗机构或医护人员从事医疗行为时，违反医疗职业良知或职业伦理应遵守的告知、保密等法定义务的疏忽和懈怠。确定医疗伦理过失，判断标准采用医疗良知和医疗伦理，法律、法规、规章规定的医务人员应当履行的告知义务为标准，违反之，即为有过失，因此，通常并不需要对医疗过失进行鉴定，法官即可推定。同样，医疗机构未履行保密等义务，也推定其有过失。

3. 法定免责事由

《民法典》第1224条规定了医疗机构免除责任的法定事由。

由于医疗活动和医疗事故的特殊性，医疗事故责任的免除事由与一般侵权责任免除事由并不相同。

（1）患者或者其近亲属不配合医疗机构进行符合诊疗规范的诊疗。按照过错责任原则，如果损害后果完全是由于患者及其家属延误治疗造成的，就证明医疗机构对损害的发生没有过错，应免除医疗机构赔偿责任。

（2）医务人员在抢救生命垂危的患者等紧急情况下已经尽到合理诊疗义务。为了挽救患者生命，对紧急措施可能出现的不良后果不再考虑，两相衡量，抢救生命是第一位的，只要医务人员已经尽到合理注意义务的，即使造成不良后果，也不认为构成医疗损害责任。

（3）限于当时的医疗水平难以诊疗的。在当时的医疗水平条件下，医疗机构对所发生的不良医疗后果无法预料，或者已经预料到了但没有办法避免，因此而造成的不良后果，不构成医疗技术损害责任。

四、环境污染责任

1. 环境污染责任的概念和特征

环境污染责任是指污染者违反法律规定的义务，以作为或者不作为的方式污染环境，造成损害，依法不问过错，应当承担损害赔偿等法律责任的特殊侵权责任。

《民法典》规定的环境污染责任有以下几个特征：①适用无过错责任原则的特殊侵权责任。②保护的环境为广义概念，包括生活和生态环境。③污染行为是污染者的作为或者不作为。④保护被侵权人。⑤责任方式范围广泛，可以适用停止侵害、排除妨碍、消除危险、返还财产、恢复原状、赔偿损失等多种责任方式，而不局限于损害赔偿责任。

2. 环境污染责任适用无过错责任

《民法典》规定环境污染责任为无过错责任。其理由是：

第一，环境污染责任适用无过错责任是各国立法的通例，采用这一立法例，可以顺应世界侵权法的发展潮流，有利于我国民商法与国际民商法接轨。

第二，适用无过错责任，有利于使社会关系参加者增强环境保护观念，强化污染环境者的法律责任，履行环保义务，严格控制和积极治理污染。

第三，适用无过错责任，可以减轻被侵权人的举证责任，加重加害人的举证责任，更有利于保护被侵权人的合法权益。

3. 环境污染责任因果关系推定规则

《民法典》第1230条规定了环境污染责任因果关系推定规则：

第一，被侵权人证明存在因果关系有相当程度的可能性，其标准是一般人以通常的知识经验观察即可知道二者之间具有因果关系。

第二，法官对因果关系实行推定，在原告证明了因果关系盖然性标准的基础上，由法官实行推定。

第三，举证责任倒置由污染者证明污染行为与损害没有因果关系，只要举证证明污染行为与损害事实之间无因果关系，就可以推翻因果关系推定，能够免除自己的责任。

第四，如果污染者无因果关系的证明是成立的，则推翻因果关系推定，不构成侵权责任；污染者不能证明或者证明不足的，因果关系推定成立，具备因果关系要件。

4. 环境污染责任的特别规则

（1）市场份额规则的适用。

在环境污染责任中，存在适用市场份额规则的条件。在两个以上的污染者污染环境，不能确定究竟是谁的污染行为造成的损害，但都存在造成损害的可能性。此时适用市场份额规则确定各自的责任，这种情况与产品责任中适用市场份额规则的条件完全相同，应当适用同样的规则，根据污染物的种类、排放量等因素确定。同时，每一个可能造成损害的污染者承担按份责任。

（2）第三人过错的不真正连带责任。

《民法典》第1233条规定了环境污染责任中第三人过错的不真正连带责任规则，第三人过错造成环境污染损害的，不适用关于"损害是由第三人造成的，第三人应当承担侵权责任"的一般性规定，而采用不真正连带责任规则，即因第三人的过错污染环境造成损害的，被侵权人可以向污染者请求赔偿，也可以向第三人请求赔偿。污染者赔偿后，有权向第三人追偿。

五、高度危险责任

高度危险责任指高度危险行为人实施高度危险活动或者管领高度危险物，造成他人的人身损害或者财产损害，应当承担损害赔偿责任的特殊侵权责任。

《民法典》第1236条明确规定，高度危险责任应当适用无过错责任原则。

（1）民用核设施发生核事故损害责任。

（2）民用航空器损害责任。

（3）占有或者使用易燃、易爆、剧毒、放射性危险物损害责任。

（4）从事高空、高压、地下挖掘、使用高速轨道运输工具损害责任。

（5）遗失、抛弃高度危险物损害责任。

（6）非法占有高度危险物损害责任。

承担高度危险责任，法律规定赔偿限额的，应当依照该规定确定限额赔偿。

高度危险责任的限额赔偿分为两种类型：一是限定最高赔偿数额的总额，如国务院《关于核事故损害赔偿责任问题的批复》第7条规定，一次事故的损害赔偿限额，企业承担的最高限额为3亿元，不足部分，国家承担的仍然是限额赔偿，为8亿元。二是限定个人赔偿总额，《国内航空运输承运人赔偿责任限额规定》第3条规定，对每名旅客的赔偿责任限额为人民币40万元。

六、饲养动物损害责任

饲养动物损害责任是指动物饲养人或者管理人在饲养的动物造成他人损害时，根据致害动物的种类和性质承担赔偿责任的特殊侵权责任。

《民法典》确定我国饲养动物损害责任的二元化归责原则体系，根据具体情形分别适用无过错责任与过错推定责任。对于一般的饲养动物致人损害案件，适用无过错责任。在特别规定的饲养动物损害责任中，违反管理规定未对动物采取安全措施造成他人损害的，以及禁止饲养的烈性犬等动物造成他人损害的，以及遗弃动物或者逃逸动物造成他人损害的责任，实行更为严格的责任，不得免除责任或者减轻责任。

确定为过错推定原则的饲养动物损害责任，是《民法典》第1248条规定的动物园的动物造成他人损害的责任。饲养动物损害责任是典型的对物替代责任，即责任人对自己管领下的动物造成的损害所承担的责任。唆使、利用物侵害他人是直接行为，是一般侵权责任。对物管束不当致使物造成他人损害是间接行为，是特殊侵权责任。对于第三人过错造成饲养动物损害责任适用不真正连带责任，受害人既可以向动物饲养人或者管理人请求赔偿，也可以向第三人请求赔偿。

饲养动物损害责任的免责事由：①受害人的故意。依据《民法典》第 1245 条的规定，受害人故意造成损害的，应当免除或者减轻动物饲养人或者管理人的赔偿责任。②被侵权人有重大过失。饲养动物造成他人损害，能够证明损害是因被侵权人的重大过失造成的，可以减轻或者免除责任。

七、物件损害责任

物件损害责任，即为自己管领下的物件造成他人损害，应当由物件的所有人或者管理人承担侵权责任的特殊侵权责任。物件致人损害通常是物件本身存在某种缺陷，这就表明所有人没有及时发现或者消除隐患，是有过错的，这种缺陷不是受害人能够发现或者举证的，应当适用过错推定责任。

《民法典》规定了物件损害责任的赔偿责任主体是物件的所有人和管理人。根据实际情况，其赔偿责任主体有以下几种：①所有人。物件致人损害的最直接的赔偿责任主体。②管理人。非所有人管理、使用物件时作为赔偿责任主体。③其他占有人。依承包、租赁等法律行为经营、使用他人物件的，原则上由承包、租赁者承担责任；原则上其他占有人不对物件损害他人承担赔偿责任。

各种具体的物件损害责任：

(1)建筑物、构筑物或者其他设施及其搁置物、悬挂物因设置或保管不善而脱落、坠落等的损害责任。

(2)建筑物、构筑物或者其他设施设置时因为设置缺陷(设计不良、位置不当、基础不牢、施工质量低劣)或管理缺陷(维护不周、保护不当、疏于修缮检修)致使倒塌的损害责任；适用过错推定原则。

(3)抛掷物、坠落物的损害责任，由可能加害的建筑物使用人作为赔偿责任主体；承担的责任是补偿责任，而不是赔偿责任；平均承担补偿责任中自己的份额，不连带负责；能够证明自己不是加害人的免除责任。

(4)堆放物滚落、滑落或者倒塌的损害责任，谁堆放谁赔偿。

(5)公共道路上堆放、倾倒、遗撒妨碍通行的障碍物损害责任，谁妨碍谁赔偿。

(6)林木折断造成他人人身损害、财产损害的责任，由林木的所有人承担。

(7)在地下工作(挖坑、修缮、安装地下设施等)造成他人损害，没有设置明显标志和采取安全措施的，应承担损害赔偿责任。

✦ 小 结

无民事行为能力人或者限制民事行为能力人因自己的行为致人损害，由行为人的父母或者其他监护人承担赔偿责任。用人单位的工作人员或者劳务派遣人员以及个人劳务关系中的提供劳务一方，因执行工作任务或者在提供劳务过程中造成他人损害，用人单位或者劳务派遣单位以及接受劳务一方应当承担赔偿责任。网络用户、网络服务提供者利用网络侵害他人民事权益的，应当承担侵权责任。无民事行为能力或者限制民事行为能力的学生在幼儿园、学校或者其他教育机构学习、生活期间，受到人身损害，应当由幼儿园、学校或者其他教育机构承担赔偿责任。产品生产者、销售者因生产、销售缺陷产品致使他人遭受人身伤害、财产损失或有致使他人遭受人身、财产损害之虞而应承担赔偿损失、消除危险、停止侵害等责任。机动车交通事故责任是损害赔偿责任，其基本责任形态是替代责任和自己责任。医疗产品损害责任既是医疗损害责任，也是产品责任，是兼有两种性质的侵权行为类型，是医疗损害责任的基本类型。医疗技术损害责任和医疗伦理损害责任适用过错责任原则，医疗产品损害责任适用无过错责任原则。污染者违反法律规定的义务，以作为或者不作为的方式污染环境，造成损害，依法不问过错，应当承担损害赔偿等法律责任。

知识点

监护人责任、雇主责任、用人单位责任、网络侵权责任、特殊侵权责任、学生伤害事故、产品责任、机动车交通事故、医疗损害责任、医疗技术过失、医疗伦理过失、环境污染责任、高度危险责任、饲养动物损害责任、物件损害责任

复习思考

一、简答

1. 责任主体特殊的侵权责任类型有哪些？
2. 归纳并总结医疗机构归责原则与免责事由。
3. 概括环境污染责任采用无过错责任的主要理由。

二、辨识判断

1. 甲和幼儿园同学乙在小区门口玩耍，后来一言不合就开始打架！打架的结果是乙的门牙脱落，于是乙的妈妈找到甲的爸爸讨要说法。甲的爸爸解释说他的孩子有时是调皮了一点，但是小孩打架时，他不在场，再说小孩一时兴起打架，大人也管不住，并诚恳地跟对方道了歉。但是，乙的妈妈仍不依不饶，坚持要对方赔偿。下列哪个选项是正确的？

A. 甲的爸爸应该向对方进行合理的赔偿
B. 甲的爸爸不必向对方进行合理的赔偿

2. 丁请某搬家公司搬家并支付了搬运费 2000 元。在搬运途中，公司员工甲不慎将丁家的一只名贵瓷器花瓶摔碎，于是丁要求搬家公司赔偿。公司认为丁应该找甲索赔，而丁坚持认为甲是该公司的员工，应该由公司负责。公司只好把甲找来，当甲了解到花瓶市值5000 元后当场表示："老板，我一打工的，哪有那么多钱啊？你把我卖了也赔不起啊！"下列哪个选项是正确的？

A. 员工甲应该向丁进行合理的赔偿
B. 搬家公司应该向丁进行合理的赔偿

3. 天气炎热，某老人过马路时晕倒在地，行人马上拨打 120 电话求助，当救护车赶到现场时，发现情况危急，得赶紧给该老人实施手术！可老人身上没钱，也没有身份证，没有家人的联系方式。按照医院的制度，手术之前需要家属在手术单上签字同意。现场的救护医生权衡片刻后决定先救人再说，立即开始实施手术并取得成功！如果您是医生遇到这

种情况会作哪项选择?

    A. 立即实施手术救人

    B. 先找到其家属同意后再实施手术救人

三、课后作业

如何追究网络服务提供者的连带责任?

第二十一章　侵权责任与损害赔偿

> **【导语】**侵权责任由侵权法律关系中的不同当事人按照侵权责任承担的规则承担。
>
> **【重点】**特殊侵权行为与替代责任、共同侵权行为与连带责任、分别侵权行为与按份责任、竞合侵权行为与不真正连带责任、侵权损害赔偿

第一节　特殊侵权行为与替代责任

一、侵权责任形态的概念与特征

侵权责任形态指侵权法律关系当事人承担侵权责任的不同形式，即侵权责任由侵权法律关系中的不同当事人按照侵权责任承担的规则承担责任的不同表现形式。

侵权责任形态具有以下法律特征：

(1)侵权责任形态所关注的不是行为的表现，而是行为的法律后果，即侵权行为发生并符合侵权责任构成要件之后，由应当承担责任的当事人承担行为的后果。

(2)侵权责任形态表现的是侵权行为的后果由侵权法律关系当事人承担的不同形式，与侵权责任方式不同。

(3)这些责任形态是经过法律所确认的、合乎法律规定的侵权责任基本形式。

二、侵权责任形态的作用和意义

(1)连接侵权责任的构成和方式。侵权责任构成和侵权责任方式都是侵权责任法的基本概念，侵权责任形态是连接这两个基本概念的概念。

(2)落实侵权责任的归属。侵权责任形态就是将侵权责任落实到具体的责任人身上，由具体的行为人或者责任人承担侵权责任。

(3)实现补偿和制裁的功能。侵权责任的基本功能就是补偿和制裁。如果没有侵权责任形态，侵权责任无法落实，侵权责任的补偿功能和制裁功能就无法实现。

三、特殊侵权行为的性质与特征

特殊侵权行为是相对于一般侵权行为而言的，有很多特殊之处，例如归责原则的特殊、法规形式的特殊等，与一般侵权行为的本质区别，就是其责任形态为替代责任。

特殊侵权行为的特征：①归责原则适用的特殊性。②责任构成要件的特殊性。③举证责任的特殊性。④其责任形态是替代责任。

四、替代责任的概念和特征

替代责任是指责任人为他人的行为和行为人的行为以外的自己管领下的物件所致损害承担的侵权赔偿责任形态。

替代责任的法律特征：①责任人与致害行为人或致害物相分离。②责任人为加害人或致害物承担责任须以他们之间的特定关系的存在为前提。③责任人是赔偿责任主体，承担赔偿责任。

特殊侵权行为的法律关系是替代责任的赔偿法律关系。构成替代责任赔偿法律关系还必须具备以下要件：①替代责任人与加害人或致害物之间须有特定关系。②替代责任人应处于特定地位。③加害人应处于特定状态。

第二节　共同侵权行为与连带责任

一、共同侵权行为的概念与特征

共同侵权行为是指数人基于主观的或者客观的关联共同，实施侵权行为，造成他人人身、财产损害，应当承担连带责任的侵权行为。

《民法典》第1168条规定："二人以上共同实施侵权行为，造成他人损害的，应当承担连带责任。"

共同侵权行为具有以下法律特征：①共同侵权行为的主体须为多个人；②共同侵权行为的行为人之间具有主观的意思联络或者客观的关联共同；③数个共同加害人的共同行为所致损害是同一的、不可分割的；④数个共同加害人的行为与损害结果之间具有因果关系。

二、共同侵权行为的主要类型

（1）主观共同侵权行为。数人基于共同故意产生共同侵害他人权利造成损害的行为，加害人为实行行为人、教唆人和帮助人。

（2）客观共同侵权行为。数人虽然没有共同的意思联络，但是数个行为人实施的行为是损害发生的共同原因，造成同一损害结果，且该损害结果不可分割的侵权行为。

（3）叠加共同侵权行为。行为人并没有主观上的意思联络，也没有共同过失，而是分别实施侵权行为，造成了同一个损害，但每一个行为人的行为都足以造成全部损害。

（4）共同危险行为。二人或二人以上共同实施有侵害他人权利危险的行为，并且已造成损害结果，但不能判明其中谁是加害人。

三、连带责任与单向连带责任

共同侵权行为的法律后果,是由共同行为人承担连带责任。侵权连带责任是指受害人有权向共同侵权人或共同危险行为人中的任何一个人或数个人请求赔偿全部损失,而任何一个共同侵权人或共同危险行为人都有义务向受害人负全部赔偿责任;共同加害人中的一人或数人已全部赔偿了受害人的损失,则免除其他共同加害人向受害人应负的赔偿责任。

单向连带责任是连带责任中的一种特殊类型,是指在连带责任中,被侵权人有权向承担侵权责任的责任人主张承担全部赔偿责任并由其向其他责任人追偿,不能向只承担相应赔偿责任的责任人主张承担全部责任并向其他连带责任人追偿的特殊连带责任形态。

《民法典》第 1169 条规定的连带责任是单向连带责任。

第三节　分别侵权行为与按份责任

一、分别侵权行为

分别侵权行为,是指数个行为人分别实施侵权行为,既没有共同故意,也没有共同过失,只是由于各自行为在客观上的联系,造成同一个损害结果的多数人侵权行为。

分别侵权行为的法律特征为:第一,两个以上的行为人分别实施侵权行为;第二,数个行为人实施的行为在客观上针对同一个侵害目标;第三,每一个人的行为都是损害发生的原因;第四,造成了同一个损害结果且该结果可以分割。

二、按份责任

按份责任是指无过错联系的数人实施的行为结合在一起,造成了一个共同的损害结果,每个人按照自己的过错和原因力,按份承担责任的侵权责任形态。

《民法典》第 1171 条规定:"二人以上分别实施侵权行为造成同一损害,能够确定责任大小的,各自承担相应的责任;难以确定责任大小的,平均承担责任。"

确定分别侵权行为人的责任,应当依照以下规则处理:

(1)各行为人对各自的行为所造成的后果承担责任。

(2)按份各自承担责任。

(3)对于无法区分原因力的,应按照公平原则区分各行为人的责任份额。

(4)对无过错联系的共同加害行为人不实行连带责任。

第四节　竞合侵权行为与不真正连带责任

一、竞合侵权行为

竞合侵权行为是指两个以上的民事主体作为侵权人,有的实施直接侵权行为,与损害结果具有直接因果关系，有的实施间接侵权行为，与损害结果的发生具有间接因果关系，行为人承担不真正连带责任的侵权行为形态。

竞合侵权行为类型分为以下四种：①必要条件的竞合侵权行为；②"必要条件+政策考量"的竞合侵权行为；③提供机会的竞合侵权行为；④特殊保险关系的竞合侵权行为。

二、不真正连带责任

不真正连带责任，即不真正连带债务，在侵权责任法领域是指多数行为人违反法定义务，对一个受害人实施加害行为，或者不同的行为人基于不同的行为而致使受害人的权利受到损害，各个行为人产生同一内容的侵权责任，各负全部赔偿责任，并因行为人之一的履行而使全体责任人责任消灭，或者依照特别规定多数责任人均应当承担责任的侵权责任形态。

根据《民法典》和最高人民法院的司法解释，不真正连带责任有四种类型：一是典型的不真正连带责任，也是狭义的不真正连带责任；二是先付责任；三是补充责任；四是并合责任。

四种不同的竞合侵权行为类型，分别对应不同的不真正连带责任类型，如表21-1所示。

表21-1　侵权行为与侵权责任

	侵权行为形态	侵权责任形态
	共同侵权行为	连带责任
竞合多数人侵权	分别侵权行为	按份责任
	竞合侵权行为	不真正连带责任
	第三人侵权行为	第三人责任

第五节　侵权损害赔偿

一、侵权损害赔偿规则

侵权损害赔偿是指侵权人实施侵权行为对被侵权人造成损害，在侵权人和被侵权人之间产生请求赔偿权利和给付赔偿责任的法律关系。《民法典》规定了人身损害赔偿、财产损害赔偿和精神损害赔偿。侵权损害赔偿规则为：

（1）全部赔偿。侵权行为加害人承担赔偿责任的大小，应当以行为所造成的实际财产损失的大小为依据，全部予以赔偿。

（2）财产赔偿。侵权行为无论是造成财产损害、人身损害还是精神损害，均以财产赔偿作为唯一方法。

（3）损益相抵。赔偿权利人基于发生损害的同一原因受有利益者，应由损害额内扣除利益，而由赔偿义务人就差额予以赔偿的确定赔偿责任范围的规则。

(4)过失相抵。在损害赔偿之债中，由于与有过失的成立，而减轻加害人的赔偿责任。

(5)衡平原则。在确定侵权损害赔偿范围时，必须考虑诸如当事人的经济状况等因素，使赔偿责任的确定更公正。

二、人身损害赔偿

人身损害赔偿是指自然人的生命权、健康权、身体权受到不法侵害，造成致伤、致残、致死的后果以及其他损害时，要求侵权人以财产赔偿等方法进行救济和保护的侵权法律制度。

人身损害赔偿包括：①医疗费赔偿；②误工减少的收入赔偿；③护理费赔偿；④转院治疗的交通费、住宿费的赔偿；⑤伙食补助费和营养费的赔偿。

丧失劳动能力的赔偿：①残疾赔偿金；②残疾辅助器具费的赔偿。

造成死亡的赔偿：①丧葬费赔偿；②死亡赔偿金。

三、财产损害赔偿

财产损害是指侵权行为侵害财产权，使财产权的客体遭到破坏，其使用价值和价值的贬损、减少或者完全丧失，或者破坏了财产权人对于财产权客体的支配关系，使财产权人的财产利益受到损失，从而导致权利人拥有的财产价值的减少和可得财产利益的丧失。

确定财产损害赔偿范围，应当以全部赔偿为原则。即财产损害赔偿数额的确定，以客观的财产、财产利益所损失的价值为客观标准，损失多少赔偿多少。可以参照下列方式计算：

原物价值＝原物价格−原物价格/可用时间×已用时间

间接损失赔偿以间接损失价值的数额，作为对间接损失的赔偿数额。

四、精神损害赔偿

精神损害赔偿是民事主体因其人身权益受到不法侵害，使其人格利益和身份利益受到损害或遭受精神痛苦，要求侵权人通过财产赔偿等方法进行救济和保护的民事法律制度。

《民法典》第 1183 条规定："侵害他人人身权益，造成他人严重精神损害的，被侵权人可以请求精神损害赔偿。"

精神利益损害在客观上表现为：①精神利益损害所引起的直接财产损失；②精神利益中的财产利益因素的损失；③纯粹的精神利益的损害。计算精神损害赔偿金的原则：①法官自由裁量原则；②区别对待原则；③适当限制原则。

《民法典》第 1182 条规定："侵害他人人身权益造成财产损失的，按照被侵权人因此受到的损失或者侵权人因此获得的利益赔偿；被侵权人因此受到的损失以及侵权人因此获得的利益难以确定，被侵权人和侵权人就赔偿数额协商不一致，向人民法院提起诉讼的，由人民法院根据实际情况确定赔偿数额。"

小　结

侵权责任由侵权法律关系中的不同当事人按照侵权责任承担的规则分别承担责任。

二人以上共同实施侵权行为造成他人损害的，应当承担连带责任。受害人有权向共同侵权人或共同危险行为人中的任何一个人或数个人请求赔偿全部损失。二人以上分别实施侵权行为造成同一损害，能够确定责任大小的，各自承担相应的责任；难以确定责任大小的，平均承担赔偿责任。竞合侵权是指两个以上的民事主体作为侵权人，有的实施直接侵权行为，与损害结果具有直接因果关系，有的实施间接侵权行为，与损害结果的发生具有间接因果关系，行为人承担不真正连带责任。《民法典》规定了人身损害赔偿、财产损害赔偿和精神损害赔偿。

✦ 知识点

特殊侵权行为、替代责任、共同侵权行为、连带责任、分别侵权行为、按份责任、竞合侵权行为、不真正连带责任

✦ 复习思考

一、简答

1. 特殊侵权责任的类型有哪些？
2. 简述共同侵权行为的主要类型及连带责任。
3. 简述各种竞合侵权行为及对应的不真正连带责任。
4. 简述侵权损害赔偿的主要规则。

二、案例分析

胡丙为挖掘清理自己的池塘，遂与赵乙协商：由赵乙承揽挖塘作业，胡丙给付劳务报酬，赵乙遂雇佣驾驶员何某为其开挖掘机负责清塘作业；同时，胡丙又将其塘埂上的树卖给匡丁。2015年3月17日，吴甲自愿无偿帮匡丁将塘埂上活树用电锯锯断，其在锯第二棵活树时，何某正在池塘里开挖掘机施工作业，为避免锯断的树砸向挖掘机，遂用挖掘机大臂挡住将要被锯倒的树，结果树梢倒在挖掘机上，这时挖掘机抖动了一下，树往前移动，树根撞到吴甲的左侧肋骨，致其受伤。吴甲住院治疗花去医疗费用等，要求赵乙、胡丙、匡丁及何某赔偿其各项损失合计144925.9元。问：本案中的吴甲是否应该获得赔偿？谁来赔？

三、课后作业

如何区分共同侵权行为与竞合侵权行为？请举例说明。

第六编

代理与民事诉讼时效

第二十二章　代理与代理权

> 【导语】代理是以被代理人的名义进行的民事法律行为。
> 【重点】代理权

第一节　代理概述

一、代理的概念

代理是指代理人依据代理权，以被代理人的名义与第三人实施民事法律行为，直接对被代理人发生效力。即：①代理是一种法律关系；②代理行为是民事法律行为。

狭义的代理指直接代理，即以被代理人的名义进行的民事法律行为，后果直接归属于被代理人。广义的代理还包括间接代理。间接代理是指代理人以自己的名义进行民事法律行为，而使其后果归属于被代理人。在代理关系中，被代理人又称为本人，代理他人从事民事行为的人称为代理人，与代理人实施民事行为的人称为相对人。

依据《民法典》第162条的规定，代理人在代理权限内，以被代理人名义实施的民事法律行为，对被代理人发生效力。可见，《民法典》采取的是直接代理的概念。

代理包括三种法律关系：一是本人和代理人之间的授权关系；二是代理人和相对人之间的关系，代理人依据代理权实施代理行为，以被代理人的名义向相对人为意思表示或接受意思表示；三是效果承担关

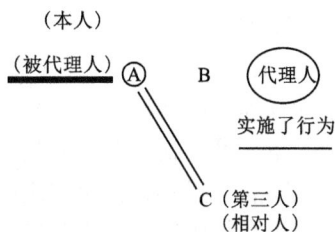

图 22-1　代理关系示意图

系，代理人在代理权限内，以被代理人的名义同第三人所实施的行为，其法律效果由本人完全承担。比如，代理人 B 在代理权限内以被代理人 A 的名义与第三人 C 实施法律行为，由此产生的法律后果直接由被代理人 A 承担。如图 22-1 所示。

代理行为的主要特点：①代理行为是民事法律行为；②代理人以被代理人的名义作出民事法律行为；③代理人是在代理权限内独立向第三人作出意思表示；④代理人所为的民

事法律行为的法律效果归属于被代理人。

代理行为主要类型：①民事法律行为；②民事诉讼行为；③某些财政、行政行为，如代理专利申请、商标注册。后两种实际上属于准民事法律行为。

二、代理的特征

（一）代理人在代理权限之内实施代理行为

代理人进行代理活动的依据是代理权，因此代理人必须在代理权限内实施代理行为。委托代理人应根据被代理人的授权进行代理。法定代理人或者指定代理人也只能在法律规定或者指定的代理权限内进行代理行为。

（二）代理人以被代理人的名义实施代理行为

依据《民法典》第161条的规定，民事主体可以通过代理人实施民事法律行为。依照法律规定、当事人约定或者民事法律行为的性质，应当由本人亲自实施的民事法律行为，不得代理。代理人只有以被代理人的名义进行代理活动，才能直接为被代理人取得权利、设定义务。

（三）代理行为是具有法律意义的行为

代理人为被代理人实施的能够产生民事权利义务的行为才是代理行为，如代签合同。

（四）代理行为直接对被代理人发生效力

被代理人享有因代理行为产生的民事权利，同时也应承担代理行为产生的民事义务和民事责任。

（五）代理与其他民事法律行为的区分

（1）传达与代理。传达是指传达人（使者）传送委托人已确定的意思表示，传达人（使者）不为自己的意思表示。①传达人（使者）只是转达委托人的意思，不必有行为能力，而代理人必有行为能力。②传达人（使者）本身不需要与第三人发生交易行为，也不需要参与缔约活动；而代理人要直接与相对人发生关系，直接参与谈判、缔约。③传达人（使者）传达不实或违约，本人可以撤销或追究传达人（使者）的违约责任，但由此造成第三人的损失由本人承担。代理人因自己的过错给被代理人造成损失的，通常由代理人承担民事责任。

（2）委托与代理。委托是指双方当事人约定一方以他方的名义和费用为他方处理事务的合同。代理与委托的联系表现在委托代理中，委托合同常常是授权行为的基础。①委托仅仅是发生在本人和代理人之间的内部关系。代理则涉及代理人与第三人、本人的关系，是三方关系。②代理的形式有多种，委托合同只是代理权授予的一种基础关系。③委托合同的受托人，以委托人的名义进行行为时，如果有授权，则可能是有权代理；如果没有授权，则可能构成表见代理或无权代理。④代理要求代理人作出或接受意思表示，代理的事务主要是法律行为；而委托合同中的受托人既可以根据委托实施法律行为，也可以根据委托实施事实行为。

（3）代理与代表。代理与代表：①代表人与法人之间是民事主体内部的法律关系，二者是一个民事主体；代理人与被代理人是两个独立的民事主体。②代表人为法人实施的行为即为法人的行为，不发生另外的效力归属问题；代理人的行为不是被代理人的行为，仅其效力归属于被代理人。③代表人为法人所为的行为，包括民事法律行为和事实行为；代理人为代理行为不包括事实行为。

（4）代理与行纪：行纪是指由特定的行纪机构接受客户的委托，以自己的名义与第三人订立合同，并独立承担法律后果的行为。行纪人和代理人都必须取得委托人的授权，都涉及三方法律关系。①行纪人是以自己的名义为民事法律行为；代理人是以被代理人的名义为民事法律行为。②行纪的后果直接归属于行纪人，然后由行纪人转移于委托人；代理的后果直接归属于被代理人。③行纪必为有偿行为；代理不以有偿为要件。④代理是独立的民事法律制度；行纪是一种具体的合同关系。

（5）居间指居间人向委托人报告订立合同的机会或提供订立合同的媒介服务，委托人支付报酬。居间与代理有相似之处，但居间是居间人与委托人之间的权利义务关系，而代理则发生被代理人与相对人之间的权利义务关系。①居间人并没有获得代理权，其义务不是代理或独立完成某种法律行为，只是为委托人提供商业机会供其选择。而代理人要获得代理权。②居间人不需要对相对人独立作出或接受意思表示，其活动仅限于提供信息和媒介。③居间行为本身并不产生一定的法律效果，至少不能产生使委托人承受的效果。居间人不对相对人独立承担合同上的责任。

三、代理的适用范围

代理的适用范围主要包括：①代理各种民事法律行为。如代签合同、代履行债务等。②代理实施某些财政、行政行为。如代理专利申请、商标注册，代理缴税，代理法人登记等。③代理民事诉讼。《民事诉讼法》规定了诉讼代理行为，这是当事人实现和保护其民事权利的重要方式。

代理的适用范围很广，但仍受法律规定和当事人约定的限制。①具有人身性质的民事法律行为不得代理。例如，立遗嘱、解除婚姻关系、作者履行约稿合同、剧团履行演出合同等行为。②被代理人无权进行的行为不得代理。内容违法的行为和侵权行为不产生代理权和代理后果。③双方当事人约定应由本人亲自实施的民事法律行为不适用代理。

四、代理的意义

代理的意义表现为两个方面：一是扩大民事主体的活动范围。民事主体从事民事法律行为，主观上受知识和认识能力的限制，客观上受时间和空间的限制，特别是法人如仅靠法定代表人实施民事法律行为，法人的业务将大受限制。二是补充某些民事主体的行为能力不足。无民事行为能力人和限制民事行为能力人不能或者不能完全通过自己的行为，以自己的意思为自己设定权利、履行义务，而代理能使这类民事主体的行为能力得以补充。

五、代理的分类

（一）委托代理、法定代理与指定代理

委托代理又称授权代理，指代理人根据被代理人的委托而进行的代理。委托代理人所

享有的代理权是被代理人授予的。委托代理关系如图 22-2 所示。依据《民法典》第 163 条的规定，代理包括委托代理和法定代理。委托代理人按照被代理人的委托行使代理权。法定代理人依照法律的规定行使代理权。这是按照代理权产生根据的不同划分的，从法律上作出的对代理最基本、最重要的分类。

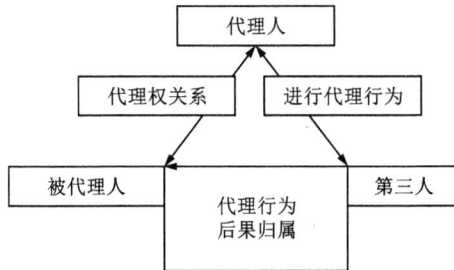

图 22-2　委托代理关系示意图

例如，代理人 B 在被代理人 A 的授权委托书的授权范围内，以 A 的名义与第三人 C 实施法律行为，此时为委托代理。假设委托书授权不明，被代理人 A 应当向第三人 C 承担民事责任，代理人 B 负连带责任。

依据《民法典》第 165 条的规定，委托代理授权采用书面形式的，授权委托书应当载明代理人的姓名或者名称、代理事项、权限和期限，并由被代理人签名或者盖章。

法定代理是指根据法律直接规定而发生的代理关系。法定代理主要是为无民事行为能力人和限制民事行为能力人设立代理人的方式。依据《民法典》第 23 条的规定，无民事行为能力人、限制民事行为能力人的监护人是其法定代理人。对限制民事行为能力人订立的合同效力的确认如图 22-3 所示。

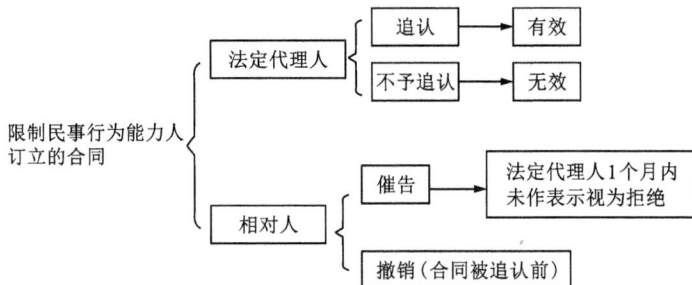

图 22-3　限制民事行为能力人订立合同的效力确认

指定代理是指代理人根据人民法院或者指定机关的指定而进行的代理。指定代理是在没有委托代理人和法定代理人的情况下，为无民事行为能力人和限制民事行为能力人设立的代理。有权指定代理人的，一是人民法院；二是未成年人或者精神病人住所地的居民委员会、村民委员会或民政部门。

依据《民法典》第 31 条的规定，对监护人的确定有争议的，由被监护人住所地的居民委员会、村民委员会或者民政部门指定监护人，有关当事人对指定不服的，可以向人民法院申请指定监护人；有关当事人也可以直接向人民法院申请指定监护人。居民委员会、村民委员会、民政部门或者人民法院应当尊重被监护人的真实意愿，按照最有利于被监护人的原则在依法具有监护资格的人中指定监护人。

（二）一般代理与特别代理

以代理权限范围为标准，可分为一般代理与特别代理。

一般代理主要是指不涉及处分被代理人实体权利和义务的诉讼代理行为。比如代理起诉、应诉、参加法律调查、调解、开庭，提供有关证据和代为陈述以及发表法律意见等。一般代理是特别代理的对称，是指代理权范围及于代理事项的全部的代理，故又称概括代理。在实践中，如未指明为特别代理时则为概括代理。特别代理主要是指代理人享有处分被代理人实体权利和义务的诉讼代理行为。即有权代为承认、放弃、变更诉讼请求，进行和解以及提起反诉或上诉。特别代理是指代理权被限定在一定范围或者一定事项的某些方面的代理，又称部分代理、特定代理或者限定代理。

（三）单独代理与共同代理

以代理权属于一人还是多人，代理可划分为单独代理与共同代理。

单独代理，又称独立代理，指代理权属于一人的代理。至于被代理人为一人还是多人，在所不问。另外，无论法定代理还是委托代理都可产生单独代理。共同代理，指代理权属于两人以上的代理。凡未共同行使代理权者，该行为属行为人自己的行为，而非共同代理行为。共同代理人应共同行使代理权，如其中一人或者数人未与其他代理人协商，其实施的行为侵害被代理人权益的，由实施行为的代理人承担民事责任。

依据《民法典》第166条的规定，数人为同一代理事项的代理人的，应当共同行使代理权，但是当事人另有约定的除外。

（四）本代理与复代理

以代理权是由被代理人授予，还是由代理人转托为标准，可以把代理划分为本代理与复代理。

本代理是指基于被代理人选任代理人或者依法律规定而产生的代理，又称原代理。本代理是相对于复代理而言的，没有复代理存在，也就无本代理。

复代理是指代理人为被代理人的利益将其所享有的代理权转托他人而产生的代理，故又称再代理、转代理。因代理人的转托而享有代理权的人，称为复代理人。代理人选择他人作为复代理人的权利称为复任权。复代理关系如图22-4所示。

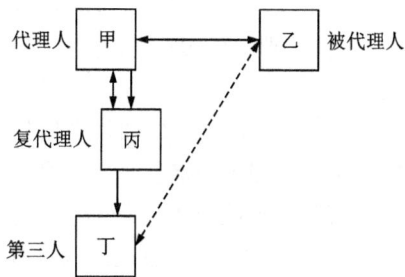

图22-4　复代理关系示意图

复代理的主要特征有：

（1）复代理人是由代理人以自己的名义选任的，不是由被代理人选任的。

（2）复代理人不是原代理人的代理人，而仍然是被代理人的代理人，复代理人行使代理权时仍应以被代理人的名义进行，法律后果直接归属于被代理人，而不归属于原代理人，也不是先归属于原代理人，再转移于被代理人。

（3）复代理权不是由被代理人直接授予的，而是由原代理人转托的，但以原代理人的代理权限为限，不能超过原代理人的代理权。

依据《民法典》第169条的规定，代理人需要转委托第三人代理的，应当取得被代理人的同意或者追认。转委托代理经被代理人同意或者追认的，被代理人可以就代理事务直接指示转委托的第三人，代理人仅就第三人的选任以及对第三人的指示承担责任。转委托代理未经被代理人同意或者追认的，代理人应当对转委托的第三人的行为承担责任；但是，在紧急情况下代理人为了维护被代理人的利益需要转委托第三人代理的除外。

（五）直接代理与间接代理

直接代理是指代理人在代理权限范围内，以被代理人的名义为民事行为，直接对被代理人发生法律效力的代理。直接代理也称为显名代理，要贯彻完全的公开性原则。在直接代理情况下，只要代理人是在授权范围内行为，都会使代理行为直接对被代理人产生效力。

间接代理是指代理人以自己的名义为民事行为，其效果转移于被代理人的代理。

第二节　代理权

一、代理权的概念与性质

代理权是代理制度的核心，指代理人基于被代理人的意思表示或者法律的直接规定或者有关机关的指定，能够以被代理人的名义为意思表示或者受领意思表示，其法律效果直接归于被代理人的资格。

（1）否定说。法国学者首先提出，其理由是：代理不过是特定法律关系如委任关系的外部效力，并非独立的制度，也无代理权。代理是基础关系效力的外化，受基础关系的支配。《法国民法典》第1984条规定，委任或委任书为一方授权他方以委任人的名义处理其事务的行为。

（2）权力说。此说为德国学者所提出。该说认为代理权是一种法律上之力。首先是对本人的约束，代理人凭借代理权，可以改变本人与第三人的法律关系，本人必须承担代理人在代理权限内所实施的法律行为的后果。其次是代理人的权力不是由被代理人授予的，而是由法律授予的，只是被代理人和代理人的行为使法律规则发生作用，其结果是代理人得到了这种权力。

（3）权利说。此说认为代理权是一种民事权利。而权利总是与某种利益相联系的，有学者认为代理权并不包含任何利益。代理权无任何利益可言，代理行为的结果，直接归属于被代理人，对代理人而言并非权利。

（4）资格说。代理权并非权利，而是一种资格和地位。代理权从本质上说只是一种资格，代理人取得代理权只是意味着他可以被代理人的名义与第三人进行民事活动，其行为后果直接归属于被代理人。

二、代理权的发生

代理权因具备法律规定的法律事实而取得。这种事实既可以是《民法典》规定的亲属或其他具备资格的自然人、社会组织，也可以是在与有该资格的人发生争议时，由法院判决指定或由有指定权的机关选定。

（一）基于法律规定而发生

这是法定代理权的发生原因。依据《民法典》第 27 条的规定，父母是未成年子女的监护人。未成年人的父母因具有监护人身份而成为未成年人的代理人，其监护人身份是依法律规定产生法定代理权的根据。

（二）基于人民法院或者其他机关的指定而发生

这是指定代理权的发生原因。人民法院为失踪人所指定的财产代管人，在不损害失踪人利益的范围内享有指定代理权，如代清偿失踪人的债务。依据《民法典》第 42 条的规定，失踪人的财产由其配偶、成年子女、父母或者其他愿意担任财产代管人的人代管。代管有争议，没有前款规定的人，或者前款规定的人无代管能力的，由人民法院指定的人代管。

（三）基于被代理人的授权行为而发生

这是委托代理权的发生原因。授权行为指被代理人对代理人授予代理权的行为。依据《民法典》第 165 条的规定，委托代理授权采用书面形式的，授权委托书应当载明代理人的姓名或者名称、代理事项、权限和期限，并由被代理人签名或者盖章。委托书授权不明的，被代理人应当向第三人承担民事责任，代理人负连带责任。

三、授权行为

授权行为是以发生代理权为目的的单方行为。代理权因被代理人单方的意思表示而发生，既不必取得相对人的承诺，也不必因此使代理人负担义务。

授权行为是委托人的单方民事法律行为，授权的意思表示可向受托人或者第三人为之，受托人或者第三人为授权行为的相对人。

授权行为的形式可以是口头形式，也可以是书面形式。授权行为是否可采用默示方式，应依意思表示解释的一般原则来认定。

授权行为的内容由本人决定或者依行为的性质决定，通常包括代理事项、代理权限和代理期限。在书面授权不明的情况下，被代理人向第三人承担民事责任，代理人负连带责任。

四、代理权的行使

代理权的行使是指代理人在代理权限范围内，以被代理人的名义独立、依法有效地实施民事法律行为，以达到被代理人所希望的或者客观上符合被代理人利益的法律效果。代理人在行使代理权的过程中应当遵循以下原则：

（1）代理人应在代理权限范围内行使代理权，不得无权代理。依据《民法典》第 171 条的规定，行为人没有代理权、超越代理权或者代理权终止后，仍然实施代理行为，未经被代理人追认的，对被代理人不发生效力。

（2）代理人应亲自行使代理权，不得任意转托他人代理。在法定代理中代理人与被代理人之间多为亲属关系或者监护关系，亦应亲自行使代理权；在指定代理中代理人更应亲自行使代理权。依据《民法典》第 169 条的规定，代理人需要转委托第三人代理的，应当取得被代理人的同意或者追认。

（3）代理人应积极行使代理权，尽勤勉和谨慎的义务。首先，代理人应认真工作，尽相当的注意义务。其次，在委托代理中，代理人应根据被代理人的指示进行代理活动。再次，代理人应尽报告与保密的义务。

五、滥用代理权的禁止

滥用代理权，是指代理人行使代理权时，违背代理权的设定宗旨和代理行为的基本准则，作出有损被代理人利益的行为。滥用代理权的行为是违背诚实信用原则的行为，各国法律一般予以禁止。构成滥用代理权应具备以下三个要件：①代理人有代理权。这一要件使滥用代理权的行为与无权代理行为区别开来。②代理人行使代理权的行为违背了诚实信用原则，违背了代理权的设定宗旨和基本准则。③代理人的代理行为有损被代理人的利益。

滥用代理权包括以下三种类型：

（1）自己代理。自己代理是指代理人以被代理人名义与自己进行民事法律行为。在实务中，对于自己代理的法律效力，有两种主张：一是无效说。自己代理违背了代理的本质特征，因此，自己代理无效。二是效力未定说。自己代理属于效力未定的行为，如事后得到被代理人同意或者追认的，自己代理的法律后果就归属于被代理人。

依据《民法典》第 168 条第 1 款的规定，代理人不得以被代理人的名义与自己实施民事法律行为，但是被代理人同意或者追认的除外。

（2）双方代理。双方代理又称同时代理，是指一人同时担任双方的代理人为同一民事法律行为。例如，甲受乙的委托购买电视机，又受丙的委托销售电视机，甲此时以乙丙双方的名义订立购销电视机合同。在通常情况下，双方代理由于没有第三人参加进来，交易由一人包办，一个人同时代表双方利益，难免顾此失彼，难以达到利益平衡。

依据《民法典》第 168 条第 2 款的规定，代理人不得以被代理人的名义与自己同时代理的其他人实施民事法律行为，但是被代理的双方同意或者追认的除外。

（3）代理人和第三人恶意串通，进行损害被代理人利益的行为。代理人的职责是为被代理人进行一定的民事行为，维护被代理人的利益。代理人与第三人恶意串通损害被代理人的利益，违背了代理关系中被代理人对代理人的信任，属于滥用代理权的极端表现。

六、代理权的消灭

代理权的消灭，又称代理权的终止，指代理人与被代理人之间的代理关系消灭，代理人不再具有以被代理人名义进行民事活动的资格。

(一)委托代理权消灭的原因

《民法典》第173条规定了委托代理消灭的原因。
(1)代理期限届满或者代理事务完成。
(2)被代理人取消委托或者代理人辞去委托。
(3)代理人丧失民事行为能力。
(4)代理人或者被代理人死亡。
(5)作为被代理人或者代理人的法人、其他组织终止。

(二)法定代理权、指定代理权的消灭原因

《民法典》第175条规定了法定代理或指定代理消灭的原因。
(1)被代理人取得或者恢复民事行为能力。
(2)代理人丧失民事行为能力。
(3)被代理人或者代理人死亡。
(4)指定代理的人民法院或者指定单位取消指定。
(5)由其他原因引起的被代理人和代理人之间的监护关系消灭。

在代理关系终止以后,代理权归于消灭,代理人不得再以被代理人的身份从事代理活动,否则构成无权代理。

代理关系一旦终止,代理人应当依据法律规定和诚实信用原则履行如下义务:①及时报告代理事宜和移交财产;②及时交回代理证书;③履行忠实、保密等附随义务。

小 结

代理人基于被代理人的意思表示或者法律的直接规定或者有关机关的指定,能够以被代理人的名义为意思表示或者受领意思表示。未成年人的父母因具有监护人身份而成为未成年人的代理人。授权行为是委托人的单方民事法律行为,受托人或者第三人为授权行为的相对人。代理人在代理权限范围内,以被代理人的名义独立、依法有效地实施民事法律行为。滥用代理权包括自己代理、双方代理、代理人和第三人恶意串通三种类型。代理人与被代理人之间的代理关系消灭,代理人将不再具有以被代理人名义进行民事活动的资格。

知识点

代理诉讼、委托代理、法定代理、指定代理、勤勉义务、忠实义务

复习思考

一、简答

1. 简述代理的特征与分类。

2. 滥用代理权有哪些类型，如何禁止？

二、案例分析

1. 李先生拥有一家大型公司并希望可以帮助更多学生完成学业，将每年提拨盈余百分之五作为母校高中学生奖助学金，但考虑到设立财团法人须设有主事务所、办理法人登记、聘任专职人员等繁杂程序及支出，且资金运用方式设有限制，希望能另寻他途以回馈社会。李先生的美意透过公益信托能更完善达成。公益信托经主管机关核准成立后，公司即可将财产交付公益信托，受托人依信托契约的宗旨充分运用信托财产，确实执行信托事务达成信托目的；而且对于公益信托的捐赠如符合一定条件，不仅无须缴纳赠与税，更能减免企业所得税和综合所得税，是新金融时代参与社会公益的最佳渠道。问：上述说法是否正确？

2. 某市商场经理委派休探亲假的采购员丘某在回家途中为商场订购一批被面。在与其签订的委托合同中言明所购被面的规格、数量、价格等，之后交予其盖有公章的空白合同书一张。丘某在途经某县时发现某服装厂生产的滑雪衫在市场上畅销，为商场利益着想，用该空白合同书与该厂签订购买滑雪衫合同一份，并规定货到付款。丘某回到某市后，货已到，却发现此类滑雪衫在当地成为滞销品。为此，商场经理坚决拒付货款，认为当时未委托丘某购买滑雪衫，并以委托合同为据认为买卖合同无效。服装厂则认为所订买卖合同合法有效，遂起诉至法院，要求商场承担违约责任。问：买卖合同是否合法有效？

三、辨识判断

1. 下列行为中，属于代理行为的是：

A. 居间行为

B. 行纪行为

C. 代保管物品行为

D. 保险公司兼职业务员的揽保行为

2. 下列各项行为中，适用民事代理行为的是：

A. 婚姻登记

B. 甲委托乙继承遗产

C. 丙受甲之托办理收养事宜

D. 甲委托丁办理房产登记

3. 下列哪些情形属于代理？

A. 甲请乙从国外代购 1 套名牌炊具，乙自己要买 2 套，故乙共买 3 套一并结账

B. 甲请乙代购茶叶，乙将甲写好茶叶名称的纸条交给销售员，告知其是为自己朋友买

茶叶

C. 甲律师接受法院指定担任被告人乙的辩护人

D. 甲介绍歌星乙参加某演唱会并与主办方签订了三方协议

4. 根据《民法典》的规定，被代理人出具的授权委托书授权不明的，应当如何处理？

A. 被代理人对第三人承担民事责任，代理人不负责

B. 代理人对第三人承担民事责任，被代理人不负责

C. 被代理人对第三人承担民事责任，代理人负连带责任

D. 被代理人对第三人不承担民事责任，代理人不负责任

四、课后作业

区分自己代理、双方代理、代理人和第三人恶意串通滥用代理权的实施特点。

第二十三章　无权代理与表见代理

> 【导语】无权代理是指行为人没有代理权的代理。
> 【重点】无权代理、表见代理

第一节　无权代理

一、无权代理的概念

无权代理是指行为人既没有代理权，也没有令相对人相信其有代理权的事实或理由，而以被代理人的名义所为的代理。

这里所称的无权代理仅指狭义的无权代理，广义的无权代理包括表见代理。无权代理具有如下特征：

(1)行为人所实施的民事法律行为，符合代理行为的表面特征。

(2)行为人实施代理行为不具有代理权。

(3)无权代理行为并非绝对不能产生代理的法律效果。

二、无权代理的类型

(1)行为人自始没有代理权。行为人既未基于授权行为取得意定代理权(委托代理权)，也未基于人民法院或者有关机关的指定取得指定代理权，或者基于法律的直接规定取得法定代理权，但行为人却以被代理人的名义与相对人实施民事行为。

(2)行为人超越代理权。行为人享有代理权，但超越代理权与相对人实施民事行为。

(3)代理权终止后的代理。在代理权终止以后，行为人仍以代理人的名义与相对人进行民事法律行为。

三、无权代理的效力

无权代理，被代理人不予追认的，对于被代理人不发生法律效力，由行为人承担责任。没有代理权、超越代理权或者代理权终止后的行为，只有经过被代理人的追认，被代理人才承担民事责任。未经追认的行为，由行为人承担民事责任。本人知道他人以本人名义实施民事行为而不作否认表示的，视为同意。

依据《民法典》第 171 条的规定，行为人没有代理权、超越代理权或者代理权终止后，仍然实施代理行为，未经被代理人追认的，对被代理人不发生效力。

第二节　表见代理

一、表见代理的概念

表见代理指行为人没有代理权，但使相对人有理由相信其有代理权，法律规定被代理人应负授权责任的无权代理。表见代理制度的根本目的是维护交易安全与交易秩序等社会公共利益。

依据《民法典》第 172 条的规定，行为人没有代理权、超越代理权或者代理权终止后，仍然实施代理行为，相对人有理由相信行为人有代理权的，代理行为有效。

由此可见，《民法典》对表见代理作了完整规定，肯定了表见代理的制度价值。

二、表见代理的构成要件

表见代理的构成要件如图 23-1 所示。

(1)行为人无代理权，即无权代理人并没有获得本人的授权。

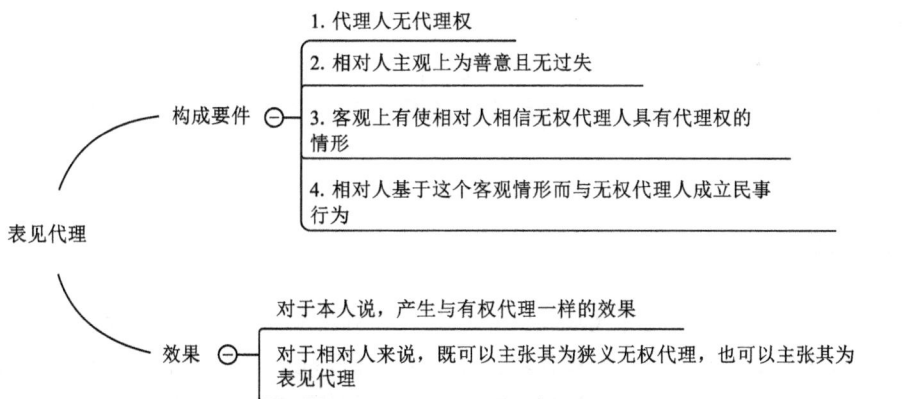

图 23-1　表见代理的构成要件

(2)第三人有合理的理由相信——权利外观。即有使相对人相信行为人具有代理权的事实或者理由。权利外观是指本人的授权行为已经在外部形成了一种表象，即能够使第三人有合理的理由相信无权代理人已经获得了授权。

(3)相对人为善意，即相对人主观上是善意的、无过失的。主观上的善意，是指相对人不知道或不应当知道无权代理人实际上没有代理权。

(4)行为人与相对人之间的行为具备民事法律行为的有效要件。无权代理行为的发生与本人有关。

三、表见代理的类型

（1）表见授权的表见代理。表见授权是指由自己的行为表示授予代理权，实际上并未授予代理权。表见授权可能是口头的，实践中多为书面形式，包括：①代理证书；②单位印章；③单位介绍信；④空白合同书；⑤其他证明材料。

（2）容忍的表见代理。本人（被代理人）知道他人以本人（被代理人）名义实施民事行为而不作否认表示的，视为本人（被代理人）以默示的方式授权代理行为。

（3）特定身份关系中的表见代理。例如夫妻之间的身份关系决定其对外产生"外表授权"，形成表见代理权，对夫妻一方所为之行为后果，他人有理由相信其为夫妻双方共同意思表示，夫妻另一方不得以不同意或不知道为由抗辩。

比如，张三原为 A 公司的员工，在职期间主要负责代理 A 公司与供应商签订合同，后张三被辞退，但离职后仍然以 A 公司的名义与善意的某供应商签订了一份合同，此时该供应商有理由相信张三仍然有代理权，那么张三的行为构成表见代理，该供应商可以向 A 公司主张合同权利。

四、表见代理的效力

表见代理对被代理人产生有权代理的效力，即在相对人与被代理人之间产生民事关系，被代理人应受表见代理人与相对人之间实施的民事法律行为的约束，享有该行为设定的权利和履行该行为约定的义务。

被代理人不得以无权代理为抗辩，不得以行为人具有故意或者过失为理由而拒绝承受表见代理的后果，也不得以自己没有过失作抗辩。

表见代理对相对人来说，既可主张狭义无权代理，也可主张成立表见代理。表见代理成立后，被代理人因承受表见代理的后果而遭受损害的，有权向表见代理人主张损害赔偿。

◆ 小　结

无权代理是指行为人既没有代理权，也没有令相对人相信其有代理权的事实或理由，却以被代理人的名义进行代理。无权代理，被代理人不予追认的，对于被代理人不发生法律效力，而是由行为人承担责任。表见代理的行为人没有代理权，但使相对人有理由相信其有代理权，法律规定被代理人应负授权责任。表见代理对被代理人产生有权代理的效力，被代理人不得以无权代理为抗辩。

◆ 知识点

指定代理、无权代理、追认、撤销、表见代理

复习思考

一、简答

1. 无权代理和表见代理分别指什么？
2. 无权代理和表见代理主要有哪些类型？

二、辨识判断

1. 如果 A 知道 B 以 A 的名义实施民事行为而不作否认表示的，下列哪个选项正确。

A. 视为有权代理

B. 该代理行为无效

C. B 与第三人进行的民事行为的法律后果属于 A

D. 是表见代理，该代理行为有效

2. 下列说法正确的是?

A. 无权代理经被代理人追认后，视为有权代理

B. 无权代理时被代理人知道他人以本人名义实施民事行为而不作否认表示的，视为有权代理

C. 善意相对人有理由相信代理人有代理权的，被代理人应当承担代理的法律后果

D. 代理双方当事人进行同一民事行为，视为无权代理

3. 甲用伪造的乙公司公章，以乙公司名义与不知情的丙公司签订食用油买卖合同，以次充好，将劣质食用油卖给丙公司。合同没有约定仲裁条款。下列哪一项表述正确?

A. 如乙公司追认，丙公司有权通知乙公司撤销

B. 如乙公司追认，丙公司有权请求法院撤销

C. 无论乙公司是否追认，丙公司均有权通知乙公司撤销

D. 无论乙公司是否追认，丙公司均有权要求乙公司履行

4. 张某是甲企业的销售人员，随身携带盖有甲企业公章的空白合同书，后来张某被甲企业开除。张某以此合同书与不知情的李某签订了一份买卖合同。该合同的效力是?

A. 不成立

B. 有效

C. 无效

D. 效力待定

5. 吴某是甲公司员工，持有甲公司授权委托书。吴某与温某签订了借款合同，该合同由温某签字，且吴某用甲公司合同专用章盖章。后温某要求甲公司还款。下列哪些情形有助于甲公司否定吴某的行为构成表见代理?

A. 温某明知借款合同上的盖章是甲公司合同专用章而非甲公司公章，未表示反对

B. 温某未与甲公司核实，即将借款交给吴某

C. 吴某出示的甲公司授权委托书载明，甲公司仅授权吴某参加投标活动

D. 吴某出示的甲公司空白授权委托书已届期满

三、课后作业

如何辨识无权代理和表见代理的不同构成要件。

第二十四章　诉讼时效概述

【导语】诉讼时效经过以后，权利人向人民法院提起诉讼，人民法院应予受理。

【重点】诉讼时效

第一节　时效制度概述

一、时效制度的概念

时效指一定事实状态在法定期间持续存在，从而产生与该事实状态相适应的法律效力的法律制度。

时效应具备两个条件：

(1)要有法律规定的一定事实状态存在，如占有某物或者权利人不行使权利等。

(2)一定的事实状态必须持续一定的时间，即不间断地经过法律规定的期间。

时效具有以下特征：①时效是法律事实；②时效是状态；③时效具有强制性。

二、时效的作用

(1)稳定法律秩序。因法定期间的经过而使原权利人丧失权利，使长期存在的事实状态合法化，有利于稳定法律秩序。

(2)促使权利人行使权利。权利人如不及时行使权利，就可能导致权利的丧失或不受法律保护，或者使义务人取得权利，这就促使权利人在法定期间内行使权利，以维护自己的利益。

(3)避免诉讼时举证困难。实行时效制度，凡时效期间届满，即认为权利人丧失权利或者不受法律保护，便于及时确定法律关系。

第二节　诉讼时效

一、诉讼时效的含义与效力

诉讼时效指权利人在法定期间内不行使权利，义务人便享有抗辩权，从而导致权利人无法胜诉的法律制度。即诉讼时效经过以后，权利人向人民法院提起诉讼，人民法院应予受理。

依据《民法典》第 192 条的规定，诉讼时效期间届满的，义务人可以提出不履行义务的抗辩。诉讼时效期间届满后，义务人同意履行的，不得以诉讼时效期间届满为由抗辩；义务人已经自愿履行的，不得请求返还。

《诉讼时效若干规定》第 4 条规定："当事人在一审期间未提出诉讼时效抗辩，在二审期间提出的，人民法院不予支持，但其基于新的证据能够证明对方当事人请求权已过诉讼时效期间的情形除外。""当事人未按照前款规定提出诉讼时效抗辩，以诉讼时效期间届满为由申请再审或者提出再审抗辩的，人民法院不予支持。"

二、诉讼时效的适用范围

诉讼时效的适用范围，又称诉讼时效的客体，主要包括：①债权请求权；②继承权请求权；③物权请求权；④人身权请求权；⑤基于特殊身份而产生的请求权；⑥基于不动产相邻关系的请求权；⑦基于共有关系产生的请求权；⑧停止侵害、排除妨碍、消除危险、返还财产请求权。

三、诉讼时效的期间与分类

诉讼时效期间指权利人向人民法院请求保护其民事权利的法定期间。其特征是：

(1)诉讼时效期间是法定期间。

(2)诉讼时效期间是可变期间。

(3)诉讼时效期间是权利人向人民法院请求保护其民事权利的法定期间，超过该期间，当事人的权利将不会受人民法院保护。

一般诉讼时效指在一般情况下普遍适用的诉讼时效。依据《民法典》第 188 条的规定，向人民法院请求保护民事权利的诉讼时效期间为三年。法律另有规定的，依照其规定。

特别诉讼时效指法律规定的仅适用于某些特殊民事法律关系的诉讼时效。依据《民法典》第 188 条的规定，诉讼时效期间自权利人知道或者应当知道权利受到损害以及义务人之日起计算。法律另有规定的，依照其规定。但是，自权利受到损害之日起超过二十年的，人民法院不予保护，有特殊情况的，人民法院可以根据权利人的申请决定延长。

四、诉讼时效的起算、中止、中断与延长

诉讼时效期间的起算，即诉讼时效期间的开始，指从什么时候开始计算诉讼时效。具体如表 24-1 所示。

依据《民法典》第195条的规定，有下列情形之一的，诉讼时效中断，从中断、有关程序终结时起，诉讼时效期间重新计算：①权利人向义务人提出履行请求；②义务人同意履行义务；③权利人提起诉讼或者申请仲裁；④与提起诉讼或者申请仲裁具有同等效力的其他情形。

表 24-1　诉讼时效期间起算示意图

一般情况	诉讼时效从知道或应当知道权利被侵害时起开始计算
附条件的或附期限的债的请求权	从条件成就或期限届满之日起算
定有履行期限的债的请求权	从清偿期届满之日起算。当事人约定同一债务分期履行的，诉讼时效期间从最后一期履行期限届满之日起计算
未定有履行期限或者履行期限不明确的债的请求权	依法可以确定履行期限的，诉讼时效期间从履行期限届满之日起计算；不能确定履行期限的，诉讼时效期间从债权人要求债务人履行义务的宽限期届满之日起计算，但债务人在债权人第一次向其主张权利之时明确表示不履行义务的，诉讼时效期间从债务人明确表示不履行义务之日起计算
因侵权行为而产生的赔偿请求权	从受害人知道或者应当知道其权利被侵害或者损害时起算。人身伤害损害赔偿的诉讼时效期间，伤害明显的，从受伤之日起算；伤害当时未发现，后经检查确诊的，从伤势确认之日起算
请求他人不作为的债权的请求权	自义务人违反不作为义务时起算
国家赔偿的诉讼时效的起算	自国家机关及其工作人员行使职权时的行为被依法确认为违法之日起算
可撤销合同	合同被撤销后，返还财产、赔偿损失请求权的诉讼时效期间从合同被撤销之日起计算

在司法实践中，几种主要的具体法律关系的时效期间起算如下：

(1) 有约定履行期限的债权请求权，从期限届满之日的第二天开始起算。

(2) 当事人约定同一债务分期履行的，诉讼时效期间从最后一期履行期限届满之日起计算。

(3) 请求他人不作为的债权请求权，应当自知道或者应当知道义务人违反不作为义务时起算。

(4) 因侵权行为而产生的赔偿请求权，从受害人知道或者应当知道其权利被侵害或者损害发生时起算。

(5) 返还不当得利请求权的诉讼时效期间，从当事人知道或者应当知道不当得利事实及对方当事人之日起计算。

(6) 管理人因无因管理行为产生的给付必要管理费用、赔偿损失请求权的诉讼时效期间，从无因管理行为结束并且管理人知道或者应当知道本人之日起计算；本人因不当无因管理行为产生的赔偿损失请求权的诉讼时效期间，从其知道或者应当知道管理人及损害事实之日起计算。

(7)合同被撤销产生的返还财产、赔偿损失请求权的诉讼时效期间，从合同被撤销之日起计算。

表 24-2　诉讼时效期间中止、中断、延长

	原因	发生时间	效果
中止	客观因素：不可抗力、其他障碍	诉讼时效期间的最后 6 个月内	暂停
中断	主观因素：(1)权利人提起诉讼；(2)当事人一方提出要求；(3)当事人一方同意履行义务	诉讼时效进行中	重新计算（最长 20 年）
延长	人民法院决定		延长

诉讼时效的中止是指在诉讼时效进行中，因一定的法定事由的发生而使权利人无法行使请求权，暂时停止计算诉讼时效期间。依据《民法典》第 194 条的规定，在诉讼时效期间的最后 6 个月内，因下列障碍，不能行使请求权的，诉讼时效中止：①不可抗力；②无民事行为能力人或者限制民事行为能力人没有法定代理人，或者法定代理人死亡、丧失民事行为能力、丧失代理权；③继承开始后未确定继承人或者遗产管理人；④权利人被义务人或者其他人控制；⑤其他导致权利人不能行使请求权的障碍。自中止时效的原因消除之日起满六个月，诉讼时效期间届满。

诉讼时效中止的事由是法定事由。在诉讼时效期间的最后 6 个月内才发生诉讼时效的中止。因此，法定事由只有发生在时效期间的最后 6 个月内，才能引起诉讼时效中止的效力。法定事由发生在最后 6 个月之前并延续到最后 6 个月之内的，诉讼时效的中止也从诉讼时效期间的最后 6 个月开始。

诉讼时效中止的效力。即中止诉讼时效的原因消除后，时效期间继续计算。中止前已经进行的时效期间仍然有效，中止时效的法定事由消除后，继续以前计算的诉讼时效期间至届满为止。

诉讼时效的中断指在诉讼时效进行中，因法定事由的发生致使已经进行的诉讼时效期间全部归于无效，诉讼时效期间重新计算。依据《民法典》第 195 条的规定，有下列情形之一的，诉讼时效中断，从中断、有关程序终结时起，诉讼时效期间重新计算：①权利人向义务人提出履行请求；②义务人同意履行义务；③权利人提起诉讼或者申请仲裁；④与提起诉讼或者申请仲裁具有同等效力的其他情形。

诉讼时效中断的法定事由：①提起诉讼；②当事人一方提出请求；③义务人同意履行义务。诉讼时效中断的效力：①对人的效力；②对期间计算的效力。

诉讼时效的延长是指在诉讼时效期间届满以后，权利人基于某种正当理由，向人民法院提起诉讼时，经人民法院调查确有正当理由而将法定时效期间予以延长。诉讼时效的延长既可适用于 1 年的短期时效、2 年的普通时效，也可适用于 4 年的特别时效和 20 年的特别时效。

小　结

诉讼时效是指权利人在法定期间内不行使权利，义务人便享有抗辩权，从而导致权利人无法胜诉的法律制度。《民法典》规定，向人民法院请求保护民事权利的诉讼时效期间为三年。诉讼时效的中止是指在诉讼时效进行中，因法定事由的发生而使权利人无法行使请求权，暂时停止计算诉讼时效期间。诉讼时效的中断指在诉讼时效进行中，因法定事由的发生致使已经进行的诉讼时效期间全部归于无效，诉讼时效期间重新计算。

知识点

一般诉讼时效、特别诉讼时效

复习思考

一、简答

1. 简述诉讼时效的期间与分类。
2. 简述诉讼时效的起算、中止、中断与延长。

二、辨识判断

1. 甲公司与乙银行签订借款合同，约定借款期限自 2010 年 3 月 25 日起至 2011 年 3 月 24 日止。乙银行未向甲公司主张过债权，直至 2013 年 4 月 15 日，乙银行将该笔债权转让给丙公司并通知了甲公司。2013 年 5 月 16 日，丁公司通过公开竞拍购买并接管了甲公司。下列哪一选项是正确的？

A. 因乙银行转让债权通知了甲公司，故甲公司不得对丙公司主张诉讼时效的抗辩

B. 甲公司债务的诉讼时效从 2013 年 4 月 15 日起中断

C. 丁公司债务的诉讼时效从 2013 年 5 月 16 日起中断

D. 丁公司有权向丙公司主张诉讼时效的抗辩

2. 关于诉讼时效，下列哪一选项是正确的？

A. 甲借乙 5 万元，向乙出具借条，约定 1 周之内归还。乙债权的诉讼时效期间从借条的出具之日起计算。

B. 甲对乙享有 10 万元贷款债权，丙是连带保证人，甲对丙主张权利，会导致 10 万元贷款债权诉讼时效中断

C. 甲向银行借款 100 万元，乙提供价值 80 万元的房产作抵押，银行实现对乙的抵押权后，会导致剩余的 20 万元主债务诉讼时效中断

D. 甲为乙欠银行的 50 万元债务提供一般保证。甲不知 50 万元主债务诉讼时效期间届满，放弃先诉抗辩权，承担保证责任后不得向乙追偿。

三、课后作业

举例说明司法实践中几种具体法律关系时效期间的起算。

第二十五章　除斥期间与期限

【导语】除斥期间是某种权利存续的期间。
【重点】除斥期间、期限

第一节　除斥期间概述

一、除斥期间的概念与特征

除斥期间又称预定期间，指法律规定或者当事人依法确定的对于某种权利所预定的存续期间。

(1)除斥期间一般是法律规定的。如我国《民法典》关于当事人撤销权期间的规定和债权人撤销权期间的规定。

(2)除斥期间是某种权利存续的期间。与诉讼时效相比，除斥期间适用的范围比较窄。这里说的存续期间是预定的期间，即适用除斥期间的权利自始就有存续期间的限制。

二、除斥期间的适用与计算

除斥期间是一种民事法律事实。除斥期间届满，权利即消灭。除斥期间适用于形成权，如撤销权、解除权等。适用除斥期间的情形主要有：撤销因重大误解订立的合同或者显失公平的合同的期间；撤销因欺诈或者胁迫订立的合同的期间；债权人行使撤销权的期间；赠与人行使撤销权的期间；行使合同解除权的期间等。

除斥期间为不变期间，故除斥期间的计算主要涉及起算时间的问题。法律对某些除斥期间规定了起算时间。例如，当事人自知道或者应当知道撤销事由之日起 1 年内行使撤销权。除斥期间届满，权利即消灭。除斥期间届满后，其利益不得抛弃。

除斥期间与诉讼时效的区别如表 25-1 所示。

表 25-1　除斥期间与诉讼时效

用对象不同	诉讼时效适用于债权请求权；除斥期间一般适用于形成权
可以援用的主体不同	诉讼时效须由当事人主张后，人民法院才能审查；人民法院不能主动援用；除斥期间无论当事人是否主张，人民法院均可以主动审查
法律效力不同	诉讼时效届满只是导致胜诉权的消灭，实体权利不消灭；除斥期间届满，实体权利消灭
期间性质不同	诉讼时效是可变期间，可以因主客观原因中断、中止或延长；除斥期间是不变期间，不适用时效中断、中止和延长的规定

第二节　期限

一、期限的概念与意义

期限指民事法律关系发生、变更和消灭的时间，分为期间和期日。期间指从某一特定的时间点到另一特定的时间点所经过的时间。它是某一特定的时间段，如 2005 年 5 月 1 日至 2006 年 5 月 1 日即一个期间。期日指不可分割的一定时间。它是时间的某一特定的点，如 2006 年 10 月 1 日即一个期日。

期限可以由法律规定，也可以由人民法院裁判确定，还可以由双方当事人约定，在有些情况下还可以由当事人一方依法指定。无论采用什么方式，期限一旦确定之后，对双方当事人都具有法律约束力，任何一方不得擅自变更。

期限对民事法律关系的产生、变更和消灭具有重要的意义：

(1)决定民事主体的民事权利能力和民事行为能力享有和消灭的时间。如自然人出生之日是其享有法定民事权利能力之始。

(2)决定某些事实的推定时间。如失踪宣告和死亡宣告中失踪人失踪时间的推定。

(3)决定权利的取得和丧失时间。如专利权取得的时间、所有权丧失的时间等。

(4)权利行使和义务履行的期限。如使用商标专用权的期限、合同义务履行的期限等。

(5)决定法律关系效力的期限。如合同的有效期限、支票的有效期限等。

二、期限的确定和计算方法

依据《民法典》第 200 条的规定，民法所称的期间按照公历年、月、日、小时计算。大致有以下几种方式：

(1)规定一定的期日。如某年某月某日、某年某月月底、某年年底等。

(2)规定一定的期间。如某年某月某日至某年某月其中、某年某日起 4 个月等。

(3)规定未来某一特定的时间。如公路通车之日、工程验收完毕之日、货物交付之日等。

（4）规定以当事人提出请求的时间为准。如债权人请求偿还债务之日等。

期限的计算有期日计算和期间计算两种情况。期日计算一般以法定期日、指定期日和约定期日为准。如当事人约定某年某月某日交付货物，则该日期即为履行义务的期日。涉及期间的起点和终点的时间跨度计算问题，还有最后一天的延期计算问题。

依据《民法典》第201~203条的规定，期间的起点，按小时计算的，其期间"从规定时开始计算"，即规定的分或者秒，就是期间的起算点。按照日、月、年计算期间的，开始的当天不计入在内，从下一天开始计算，即次日为期间的起点。如果期间的最后一天是法定休假日的，以休假日的次日为期间的最后一天，此为期间的顺延。期间的终点，为最后一天的24时。有业务时间的，到停止业务活动的时间截止。

当事人约定的期间不是以月、年第一天起算的，1个月为30日，1年为365日。

此外，依据《民法典》第1259条的规定："民法所称的'以上'、'以下'、'以内'、'届满'，包括本数；所称的'不满'、'超过'、'以外'，不包括本数。"该条是对这些词的含义的解释性规定。

小　结

民法所称的期间按照公历年、月、日、小时计算。

知识点

除斥、期限

复习思考

一、简答

1. 什么是除斥期间，除斥期间如何适用和计算？
2. 试述期限的确定和计算方法。

二、辨识判断

下列哪些请求不适用诉讼时效？
A. 当事人请求撤销合同
B. 当事人请求确认合同无效
C. 业主大会请求业主缴付公共维修基金
D. 按份共有人请求分割共有物

三、课后作业

诉讼时效与除斥期间有何区别？

参考文献

法律法规

中华人民共和国民法通则(1987)(2021年失效)

中华人民共和国民法总则(2017)(2021年失效)

中华人民共和国物权法(2007)(2021年失效)

中华人民共和国合同法(1999)(2021年失效)

中华人民共和国著作权法(2010)

中华人民共和国商标法(2013)

中华人民共和国专利法(2008)

中华人民共和国婚姻法(2001)(2021年失效)

中华人民共和国继承法(1985)(2021年失效)

中华人民共和国侵权责任法(2010)(2021年失效)

中华人民共和国民法典(2020)

专著

王利明, 等.民法学[M].北京:法律出版社,2017.

《民法学》编写组.民法学[M].北京:高等教育出版社,2019.

魏振瀛.民法[M].北京:北京大学出版社,2016.

江平.民法学[M].北京:中国政法大学出版社,2016.

徐国栋.民法哲学[M].北京:中国法制出版社,2015.

杨代雄.民法总论[M].北京:北京大学出版社,2024.

李双元、温世扬.比较民法学[M].武汉:武汉大学出版社,2016.

梁慧星.民法解释学[M].北京:法律出版社,2015.

柳经纬.当代中国私法进程[M].北京:中国法制出版社,2013.

王泽鉴.民法物权[M].北京:北京大学出版社,2012.

崔建远.合同法总论:上中下[M].北京:中国人民大学出版社,2024.

杨大文.婚姻家庭法[M].北京:中国人民大学出版社,2012.

杨立新.侵权责任法典型案例与法律适用[M].北京:中国法制出版社,2013.

龙卫球、王文杰.两岸民商法前沿[M].北京:中国法制出版社,2015.

谢怀拭.外国民商法精要[M].北京:法律出版社,2014.

博克.民法总论[M].谢远扬,郝丽燕,译.北京:北京大学出版社,2024.

克茨.欧洲合同法[M].2版.北京：北京大学出版社,2024.

赖希.欧洲民法基本原则[M].北京：北京大学出版社,2024.

梅迪库斯.德国民法总论[M].北京：法律出版社,2000.

拉伦茨.德国民法通论：上下册[M].北京：法律出版社,2003.

山本敬三.民法讲义上总则[M].北京：北京大学出版社,2012.

鲍尔,施蒂尔纳.德国物权法：上册[M].北京：法律出版社,2004.

阿蒂亚.合同自由的兴起与衰落：上下册[M].北京：中国法制出版社,2022.

波斯纳.法律的经济分析[M].北京：(上)中国大百科全书出版社,1997.

尧厄尼希.民事诉讼法[M].周翠,译.北京：法律出版社,2003.

巴尔.欧洲比较侵权行为法：下卷[M].北京：法律出版社,2001.

施瓦布.德国家庭法[M].北京：法律出版社,2010.

格劳斯,梅耶.美国家庭法精要[M].陈苇,等译.北京：中国政法大学出版社,2010.

相关网站

中国民商法律网 http://www.civillaw.com.cn/

中国私法网 http://www.privatelaw.com.cn/new2004/index/

中国法院网 http://www.chinacourt.org/index.shtml

中国人民大学 http://www.ruc.edu.cn/home1024

中国政法大学 http://www.cupl.edu.cn/

北京大学法学院 http://www.law.pku.edu.cn/

西南政法大学 http://www.swupl.edu

法律教育网 http://www.chinalawedu.com/

中国法学网 http://www.iolaw.org.cn/index.asp

北大法律信息网 http://www.chinalawinfo.com/

中国法治网 http://www.sinolaw.net.cn/

经济与法网 http://www.jjyf.com/